山东省研究生教育优质课程建设项目：马克思主义发展史专题研究（编号：SDYKC18075）

泰山学者工程专项经费资助

山东省重点马克思主义学院建设经费资助项目

马克思主义发展史专题研究

陈文殿 孙迪亮 | 编著

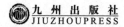
九州出版社
JIUZHOUPRESS

图书在版编目（CIP）数据

马克思主义发展史专题研究／陈文殿，孙迪亮编著
. −−北京：九州出版社，2020. 11
ISBN 978−7−5108−9851−8

Ⅰ.①马… Ⅱ.①陈… ②孙… Ⅲ.①马克思主义—
历史—专题研究 Ⅳ.①A81

中国版本图书馆 CIP 数据核字（2020）第 228763 号

马克思主义发展史专题研究

作　　者　陈文殿　孙迪亮　编著
出版发行　九州出版社
地　　址　北京市西城区阜外大街甲 35 号（100037）
发行电话　（010）68992190/3/5/6
网　　址　www. jiuzhoupress. com
电子信箱　jiuzhou@ jiuzhoupress. com
印　　刷　三河市华东印刷有限公司
开　　本　710 毫米×1000 毫米　16 开
印　　张　16
字　　数　270 千字
版　　次　2021 年 1 月第 1 版
印　　次　2021 年 1 月第 1 次印刷
书　　号　ISBN 978−7−5108−9851−8
定　　价　68. 00 元

目 录
CONTENTS

导　言

研学导引

1. 明确《马克思主义发展史》的学习与研究任务和目的。
2. 厘清《马克思主义发展史》课程中的主要概念与含义。
3. 厘清马克思主义理论发展的阶段性与连续性的内在逻辑。
4. 把握马克思主义理论发展进程中代表性文献的内容与理论地位。
5. 领会马克思主义理论发展与时代问题和历史发展的密切关系。
6. 深入理解马克思主义理论的根本特性及其对中国和世界的意义。

马克思主义发展史是以马克思主义理论的萌芽、形成、创立和发展的特殊规律为研究对象的一门科学。作为一门课程，马克思主义发展史是为马克思主义基本原理、马克思主义中国化和思想政治教育等专业的研究生所开设的专业基础课程。本课程以专题的形式对研究生进行深入系统的马克思主义发展史教学，其着眼点是讲授马克思主义发展史研究中的重点、难点及热点问题。通过本门课程的学习，使研究生能够对马克思主义理论进行较为深入系统的了解与把握，树立较强的问题意识和研究意识，进一步提高马克思主义理论水平和研究能力，掌握科学的研究方法，具备相应的研究能力，为将来在本学科领域继续深造，或从事教学、研究及相关实际工作打下坚实的基础。

作为一门历史科学，马克思主义发展史的分期原则和主要分期，是以史论结合的方式正确地考察马克思主义理论的范畴、概念和原理之间的内在联系，以逻辑与历史相统一原则为基础，把握马克思主义理论的发展过程及整个理论体系。对于马克思主义发展史的分期依据，也存在着不同的看法：有的主张以无产阶级革命发展的阶段为依据；有的主张以理论思想本身发展的阶段性为依据；有的主张把重要的历史事件的先后、重要著作的发表的先后以及人物的重要活动综合起来研究。本书努力依据马克思主义发展史自身的逻辑体系状况，初步把马克思主义发展史分为六个时期。第一个时期从 1837 年至 1847 年，为马克思主义理论的形成时期。这一时期的主要标志是马克思和恩格斯发现了唯物史观，初步形成了唯物史观的理论体系。第二个时期从 1848 年至 1871 年，为马克思主义理论由假说到科学的时期，主要标志是《资本论》第 1 卷的出版。第三个时期从 1871 年至 1895 年，为马克思主义理论体系进一步论证的时期。这一时期的主要标志是恩格斯在阐述和发挥辩证唯物主义自然观方面所作的理论创造。第四个时期从 1895 年至 1917 年，开始了马克思主义理论的苏俄发展阶段，特别是列宁为马克思主义理论体系所作的全面发挥。这一阶段的主要标志是列宁在唯物论、认识论和辩证法等方面对马克思主义理论的丰富和发展。第五个时期从 1917 年至 1956 年，为马克思主义理论的广泛应用时期，主要标志是列宁、斯大林、毛泽东等思想家对马克思主义理论的贡献和发展。第六个时期从 1956 年到现在，它的主要特点和主要标志有待于深入系统研究。在这个时期，由于世界形势出现了一些新特点，也由于自然科学的飞速发展向哲学提出了一系列新问题，马克思主义理论遇到了新的考验。

另外，本课程还将西方马克思主义的一些流派、观点和思想作为单独一讲讲授，目的在于初步使学生了解西方马克思主义理论的概貌及其与马克思主义的关系。

任何真正的哲学都是自己时代精神的精华。时代性是社会科学的内在维度和突出特征。马克思主义在历史发展中不断呈现出其时代性和真理性。马克思主义承认真理是开放的和发展的，马克思主义的生命力也只能在新的实践中保持和发展。马克思主义是一个博大精深的理论体系。马克思主义哲学、马克思主义政治经济学和科学社会主义是其三个基本组成部分，它们有机统一并共同构成了马克思主义理论的主体内容。此外，马克思主义还包含其他许多知识领域，如历史学、政治学、法学、文化学、新闻学、军事学等，并随着实践和科学的发展而不断丰富自身的内容。习近平指出："马克思主义理论体系和知识体系博大精深，涉及自然界、人类社会、人类思维各个领域，涉及历史、经济、政治、文化、社会、生态、科技、军事、党建等各个方面，不下大气力、不下苦功夫是难以掌握真谛、融会贯通的。"① 因此，在新的历史条件下，我们不但坚信马克思主义基本原理的科学性、正确性，而且要以马克思主义基本原理为指导，研究新情况，总结新经验，以丰富和发展马克思主义。

---

① 习近平．在哲学社会科学工作座谈会上的讲话［M］．北京：人民出版社，2016：11.

専题一

马克思恩格斯新世界观的孕育与创立 （1837—1847）

学习导引

1. 马克思主义理论产生的历史背景和理论条件。

2. 从经济、制度、文化等方面厘清资本主义的内在矛盾。

3. 马克思和恩格斯是如何转向唯物主义自然观的？

4. 马克思和恩格斯是如何转向共产主义的？

5. 马克思和恩格斯尝试建立新世界观的主要文献及内容。

6. 马克思新世界观初步形成的代表文献及主要内容。

7. 马克思新世界观理论力量是如何初步显现出来的？

1837 年—1847 年为马克思主义新世界观的形成时期。马克思和恩格斯是马克思主义的创始人，他们出生于 19 世纪初期的德国莱茵省。此时的德国正处于一个十分重要的社会和历史转型时期，在经济、政治、思想文化等各个方面，既表现出了当时整个欧洲的时代特征，又呈现出德国所特有的一些传统和民族地域色彩。在经济水平和政治制度上，19 世纪初的德国远远落后于英国和法国。但是伴随着工业革命的深入以及法国大革命的影响，德国资本主义经济有了迅速的发展，封建的政治体制也逐渐开始动摇，人们的观念和思维方式也开始发生巨大的改变，德国进入了一个转型时期。工业革命的不断深入使德国资本主义经济成分不断发展，资产阶级力量不断增长，参政意识越来越强烈。与此同时，无产阶级也逐渐发展起来，并逐渐由自发状态走向自觉状态，有了自己的理论、运动和代表性人物。这一切从各个方面都动摇了德意志帝国的封建体制。德国自此进入了一个社会和思想动荡变革的年代。此时，在哲学等主要思想文化领域中，激进与保守的思潮纷纷呈现，各方势力——新生的德国资产阶级、工人阶级、保守的落后的德国封建落后势力——激烈角逐。马克思和恩格斯就出生在这样一个时代，并在这样一个社会矛盾激化、思潮碰撞的氛围中生活、成长，寻求着改变现实的真理。

第一节　马克思主义产生的历史背景与理论条件

任何一种科学理论都是自己时代的产物。马克思主义诞生于 19 世纪 40 年代的欧洲。19 世纪 40 年代的时代条件孕育了马克思主义。在这一时期，一方面，工业革命、产业革命在欧洲主要国家迅速推进，资本主义的各种矛盾和弊端日益显现。工业革命大大地提高了社会劳动生产率，促进了资本主义社会生产力及其经济的发展，也把资本主义推进到一个新的阶段。资本主义制度既促进了生产力的巨大发展和社会文明的巨大进步，同时又产生了自身无法克服的矛盾。周期性的经济危机暴露出资本主义生产方式的内在矛盾的对抗性，暴露出资本主义生产关系开始成为现代社会化生产力进一步发展的阻碍力量，同时又引发和加剧了资本主义制度下两个最基本的阶级——资产阶级和无产阶级两大阶级之间的矛盾、对立和斗争。因此，资本主义固有矛盾的发展预示着社会革命的性质和历史发展的方向，这为马克思主义的产生提供了经济社会的条件和基础。另一方面，随着资本主义社会生产力的发展和内在矛盾的不断激化，作为资产阶级对立面的工人阶级在大工业发展进程中不断壮大，开始作为独立的政治力量登上历史的舞台，为反抗资本主义的压迫和封建专制制度而进行着不停息的革命斗争，这又为无产阶级科学世界观的诞生提供了阶级基础。工业革命在创造了一个大工业资本家阶级的同时，也创造出了一个与大工业相联系的人数众多的无产阶级。社会化大生产的发展，工业中心城市的形成和工厂制度的建立，使无产阶级的队伍迅速壮大。机器大工业在资本主义基础上的发展，不仅没有使工人的劳动条件和生活境遇得到改善，相反地却使工人日益成为机器的附庸。

资产阶级在确立自己统治的同时，也产生了自己的掘墓人——无产阶级。但是，工人阶级最初反抗的自发性、零散性等特点也表明了他们还是一个处于自在状态的阶级。这就迫切需要总结和升华无产阶级在长期革命斗争实践中积累的丰富经验，形成科学的世界观和对现存社会进行革命改造的科学理论，用以指导无产阶级的解放斗争事业。正是在这样的时代背景和要求之下，马克思和恩格斯积极投身于革命实践活动和理论研究工作，为无产阶级解放事业创立科学的理论体系。此外，欧洲崇尚自由的文化传统深深感染着马克思主义的创始人，在文艺复兴和启蒙运动等新思潮的影响下，马克思主义创始人站在工人阶级和全人类解放的立场，吸收借鉴以往一切文明成果，并加以创新，最后完成了两个转变，创建了马克思主义。1845年春，马克思撰写了《关于费尔巴哈的提纲》，1845年秋至1846年5月，马克思和恩格斯共同撰写了《德意志意识形态》。这两部文献标志着他们的"新世界观"的诞生和成熟，这个"新世界观"就是唯物史观。唯物史观的诞生为科学社会主义奠定了坚实的理论基础，同时也为欧洲工人运动和世界无产阶级的革命实践活动提供了科学的理论武器。

马克思主义的创立是人类认识史的革命性变革。马克思主义作为新型的无产阶级世界观，又是无产阶级争取自身解放和改造社会的思想武器。马克思主义是怎样建立起来的呢？应按照三个部分进行史的考察：（1）马克思恩格斯转向唯物主义自然观；（2）新世界观的天才尝试；（3）新世界观的形成。

第二节　马克思恩格斯向唯物主义自然观的转变

一、青年黑格尔运动的兴起与衰落

马克思恩格斯最初的哲学思想是在青年黑格尔运动的影响下形成的。青年黑格尔运动的主要代表人物是鲍威尔、施蒂纳及费尔巴哈，等等。青年黑格尔运动的发展大致经历了兴起——发展——分化——解体几个阶段。

布鲁诺·鲍威尔（1809—1882），德国哲学家、青年黑格尔派的主要代表之一。他否认福音故事的可靠性以及耶稣其人的存在，将黑格尔的自我意识解释为同自然相脱离的绝对实在，并用它来代替黑格尔的"绝对观念"，宣称"自我意识"是最强大的历史创造力，马克思和恩格斯在《神圣家族》（全称为《神圣家族，或对批判的批判所做的批判。驳布鲁诺·鲍威尔及其伙伴》，1844年9—11月成书）一书中对此予以严厉批判。鲍威尔家族的三兄弟（布鲁诺、埃德加、埃格伯特）被马克思和恩格斯戏称为"神圣家族"，这恰恰说明了三兄弟在当时的影响之大。特别是布鲁诺·鲍威尔，曾跟随黑格尔学习神学，在黑格尔的指导下完成了自己的博士论文《论康德哲学的原则》，然后一直在柏林、波恩的大学里任教，并指导或授意马克思完成了自己的博士论文《德谟克利特的自然哲学和伊壁鸠鲁的自然哲学的差别》，是当时公认的"青年黑格尔学派"的领袖，他最主要的奋斗目标就是要用一个世俗的政权取代当时德国的基督教国家性质，认为"信仰要成为理性，必须实现在国家中"。这本来是黑格尔的观点，但他在此基础上又多有发展。

1843年是青年黑格尔派发生大分化的一年。在费尔巴哈的影响下，青年黑格尔运动中的激进分子如马克思、恩格斯、赫斯等都纷纷离开黑格尔的唯心主义立场，站到唯物主义立场上来。1843年，鲍威尔等人在莱比锡创办了《文学总汇报》，鼓吹他们的自由主义主张，从事哲学思辨。1844年8月，马克思、恩格斯共同商讨批判《文学总汇报》，制订了一个批判鲍威尔的计划，这就是两人合著的《神圣家族》的发表，标志着青年黑格尔运动的第一次大分化。

从1844年到1845年之间，在以费尔巴哈唯物主义为旗帜的这部分人中间，又在政治思想和哲学观念上发生了分歧。这主要表现在以赫斯为代表的"真正的社会主义"和以马克思恩格斯为代表的科学社会主义之间的思想斗争。这个时期，马克思恩格斯的思想越来越接近历史唯物主义，他们的共产主义也越来越接近科学共产主义。

施蒂纳（1806—1856），在1842年开始与青年黑格尔派有了交往，后来成了柏林"自由人"集团的重要成员。后来他结交的有鲍威尔兄弟、梅因、科本和恩格斯等人。施蒂纳的最主要著作《唯一者及其所有物》是在1843年到1844年写成的，马克思和恩格斯在《德意志意识形态》中以极大的篇幅批判了这本书中的思想。施蒂纳认为，人都是利己主义者，利己主义是自我意识的本质，是历史发展的趋势和真理。所以"我"（个人）是世界的"唯一者"，是万事万物的核心和主宰，凡是束缚"我"的东西，如国家、上帝、法律、道德、真理等都应抛弃。为了"我","我"要把一切都当作自己的所有物。由此,施蒂纳一方面坚决反对共产主义(但施蒂纳所理解的共产主义并不完全等同于我们后来所说的共产主义)和无产阶级革命,强调个人绝对自由,反对一切国家、组织和纪律。另一方面,他主张"真正的利己主义者,唯一者们联合起来"。

M. 赫斯,是德国政论家、空想社会主义者。早年自称为斯宾诺莎的信徒,后来参加了青年黑格尔派,转向无神论并进而宣传共产主义。19 世纪 40 年代中期,他成为"真正的"社会主义的理论家,晚年参加了德国社会民主党。主要著作有《人类圣史》《欧洲三头政治》《社会主义论文集》《论金钱的本质》等。19 世纪 40 年代初,赫斯与马克思、恩格斯曾合作过,思想上互有影响。赫斯把德国哲学与法国社会主义结合起来,从费尔巴哈的人本主义学说中引出一种感伤的社会主义。哲学上的唯心主义、社会观点上的空想主义,终于使他与马克思和恩格斯分道扬镳。在《德意志意识形态》和《共产党宣言》中,马克思和恩格斯尖锐地批判了赫斯的"真正的"社会主义观点。

马克思、恩格斯从正反两个方面分析了费尔巴哈的思想,对包括费尔巴哈在内的整个青年黑格尔运动进行清算。通过这个清算,进而批判整个德国哲学、德意志意识形态。这就产生了 1845 年春天马克思起草的《关于费尔巴哈的提纲》和此后马克思恩格斯合著的《德意志意识形态》。到这时,整个青年黑格尔运动就寿终正寝了。在青年黑格尔运动解体的基础上产生出来的唯一富有成果的学说就是马克思和恩格斯共同发现和创立的科学历史观——唯物史观。马克思和恩格斯由唯心主义转到唯物主义,在一定意义上说,就是从接受费尔巴哈哲学开始的。这是在马克思、恩格斯思想演变过程中第一个历史性的和决定性的突破。

二、马克思向唯物主义自然观和共产主义的转变

马克思和恩格斯转向唯物主义者和确立共产主义的立场,是在参加现实斗争和从事理论创造的过程中逐步实现的。费尔巴哈哲学对于彻底动摇黑格尔的哲学基础,恢复唯物主义在哲学上的王座,起到了划时代的作用。

路德维希·安德列斯·费尔巴哈(1804—1872 年),德国古典哲学家。

费尔巴哈在唯物主义发展史上做出了贡献。他的思想的主要特点有：（1）用自然界代替存在，排除了社会存在。（2）用生物学上的人代替社会人的思维，排除了人的思维的社会性。（3）把人的本质视为生物学意义上的本质。从总体上说，费尔巴哈属于德国古典哲学的形而上学唯物主义。

卡尔·海因里希·马克思（1818 年 5 月 5 日—1883 年 3 月 14 日），生于德国莱茵省的特利尔城，马克思主义的创始人之一，第一国际的组织者和领导者，全世界无产阶级和劳动人民的伟大导师，是无产阶级的精神领袖、当代共产主义运动的先驱、千年第一思想家。

1. 马克思的中学时代

1830 年 10 月—1835 年秋，是马克思在德国特利尔市中学学习时期。马克思的中学毕业作文是《青年选择职业的考虑》，这时的马克思在政治上初步具有了革命民主主义的色彩。

2.《博士论文》时期

1839 年，马克思的《博士论文》（《德谟克利特的自然哲学与伊壁鸠鲁的自然哲学的差别》），是对古希腊两个唯物主义哲学家德谟克利特和伊壁鸠鲁作了比较研究，其基本精神是为伊壁鸠鲁辩护。这时的马克思表现出自由主义思想，主张变革现实的政治思想。

在《博士论文》的序言里，马克思推崇希腊神普罗米修斯。引了埃斯库罗斯的诗中普罗米修斯对上帝的奴仆海尔莫斯所说的一段话："你好好听着，我绝不会用自己的痛苦去换取奴隶的奴役；我宁肯被缚在岩石上，也不愿做宙斯的忠顺奴仆。"[①]《博士论文》时期的马克思的哲学观点和政治见解，是他完成两个转变的重要的思想基础。

《博士论文》之后，马克思进入向唯物主义自然观的转变时期。这个时期，大体上是 1842 年到 1844 年初。其中又可以分为《莱茵报》时期和《德法年鉴》时期。

3.《莱茵报》时期

在马克思创立历史唯物主义的过程中，有一个令人苦恼的问题，即物质

---

① 马克思，恩格斯．马克思恩格斯全集：第 40 卷［M］．北京：人民出版社，1982：190.

利益的问题。关于物质利益的问题是唯物史观创立的核心问题，也是马克思思想转变和阶级立场转变的核心问题，二者的转变是同步的。完成学业的马克思一参加社会实践，就面临着理论和实践的磨合。我们在这一主题下的考察范围大致可以划定在 1842 年 4 月至 1845 年年初，即所谓的《莱茵报》时期、《德法年鉴》时期和巴黎手稿时期。

在马克思的《莱茵报》时期，通过批判专制极权的书报检查令、在林木盗窃法上的辩护以及地产问题上的极端不公正等社会矛盾，让他再次体验到理论与实践的内在冲突，产生了令人苦恼的困惑；有了困惑亦有了前进的方向，为解决这一物质利益困惑，马克思讨论了对黑格尔法哲学的批判，明确了令人苦心的问题的解决只能根源于人类的物质生活。《莱茵报》时期的马克思，已经初步确立了唯物主义的自然观，闪烁出共产主义的思想火花。这时，马克思所用的理论武器有两件：一是黑格尔的普遍理性，认为经济利益的纠葛，只能靠黑格尔的普遍理性进行裁判；另一件就是资产阶级的自由观，认为自由是"人类的精神特权"①，"自由是全部精神存在的类的本质"②。马克思思想的急剧变化表现在：第一，关于经济关系决定政治关系的观点，已经开始萌芽。第二，"真正批判的世界观"的理论思想开始酝酿。

4.《德法年鉴》时期

《德法年鉴》时期的马克思主要有两篇重要文献：《论犹太人问题》和《〈黑格尔法哲学批判〉导言》。

在《德法年鉴》上，马克思探讨了人类解放的主体力量只能是无产阶级，其途径是通过政治解放过渡到人的解放。在《巴黎手稿》时期，马克思涉足了国民经济学批判，为自己的理论找到了现实的突破点，通过扬弃异化劳动达到人的解放，通过交往异化的克服而趋于无产阶级的革命实践，马克思的思想有了一个质的飞跃。正是在这一时期，马克思的思想完成了一个关键性的转变，用传统的说法就是完成了从唯心主义到唯物主义、从革命民主主义到共产主义的思想转变。

---

① 马克思，恩格斯. 马克思恩格斯全集：第 1 卷 [M]. 北京：人民出版社，1956：63.
② 马克思，恩格斯. 马克思恩格斯全集：第 1 卷 [M]. 北京：人民出版社，1956：67.

1843 年 10 月，马克思来到巴黎，同卢格商定共同创办《德法年鉴》刊物。1844 年 2 月，《德法年鉴》第一、二期创刊号上发表了马克思的《论犹太人问题》和《〈黑格尔法哲学批判〉导言》两篇文章。

《论犹太人问题》一文在马克思早期思想发展中具有重要意义，它和《德法年鉴》上的另一篇文章《〈黑格尔法哲学批判〉导言》说明马克思正在实现从唯心主义向唯物主义、从革命民主主义向共产主义的转变。

《论犹太人问题》写于 1843 年秋，发表于 1844 年 2 月《德法年鉴》。

《论犹太人问题》是马克思同青年黑格尔派的著名代表人物 B. 鲍威尔就犹太人的解放问题公开论战的著作。在此之前，鲍威尔发表《犹太人问题》和《现代犹太人和基督徒获得自由的能力》两书，把犹太人的解放这一社会政治问题归结为纯粹的宗教问题，认为一切人，包括犹太人只有放弃宗教信仰才能获得政治解放。马克思对这种看法作了全面的批判。马克思指出只有消灭了世俗桎梏，才能克服宗教狭隘性。不能把世俗问题化为神学问题，而要把神学问题归结到它的世俗基础，并对这一基础本身加以批判的改造。首次提出政治解放和人类解放的思想。这一思想在同时发表的《〈黑格尔法哲学批判〉导言》中作了进一步的发挥。

《〈黑格尔法哲学批判〉导言》写于 1843 年底至 1844 年 1 月，在 1844 年 2 月发表于《德法年鉴》。

《〈黑格尔法哲学批判〉导言》从唯物主义立场出发，论述对宗教的批判与对现实世界的批判的关系。马克思指出："宗教里的苦难既是现实的苦难的表现，又是对这种现实的苦难的抗议。宗教是被压迫生灵的叹息，是无情世界的情感，正像它是无精神活力的制度的精神一样。宗教是人民的鸦片。"[①] 马克思指出："因此，真理的彼岸世界消逝以后，历史的任务就是确立此岸世界的真理。人的自我异化的神圣形象被揭穿以后，揭露具有非神圣形象的自我异化，就成了为历史服务的哲学的迫切任务。于是，对天国的批判变成对尘世的批判，对宗教的批判变成对法的批判，对神学的批判变成对

---

① 中共中央马克思恩格斯列宁斯大林著作编译局. 马克思恩格斯文集：第 1 卷［M］. 北京：人民出版社，2009：4.

政治的批判。"①

马克思把批判的矛头指向现实的德国社会,并论述了德国革命的任务和可能性问题。马克思指出:"提出德国解放的实际可能性就在于形成一个被彻底的锁链束缚着的阶级,即无产阶级。无产阶级只有从一切社会领域解放出来并同时解放其他一切社会领域,才能解放自己。提出批判的武器不能代替武器的批判,物质力量只有用物质力量来摧毁;但是理论一经群众掌握,也会变成物质力量。"② 马克思提出:"哲学把无产阶级当作自己的物质武器,同样地,无产阶级也把哲学当作自己的精神武器。"③ 因此,列宁认为,马克思的《论犹太人问题》和《〈黑格尔法哲学批判〉导言》两篇文献,标志着马克思从唯心主义和革命民主主义到唯物主义和共产主义的转变。

马克思从政治解放和人类解放的相互关系的角度论述犹太人的解放问题,批判鲍威尔把犹太人的解放归结为宗教问题。马克思认为政治解放只是资产阶级的民主解放,人类解放才是无产阶级的社会解放。政治解放粉碎了加在市民社会头上的政治桎梏,解放了市民个人,它只是宣布宗教信仰、财产资格等不再具有政治意义,但宗教、财产等的不平等仍然存在。只有通过无产阶级的社会革命,才能消灭私有财产,进而消灭宗教本身,实现人类解放。

《〈黑格尔法哲学批判〉导言》一文,是清算黑格尔法哲学的战斗檄文。在这篇文章里,马克思进一步发挥了《论犹太人问题》中的有关思想。首先,马克思进一步揭示了宗教的社会本质。其次,马克思论证了人类解放的物质力量。从人类的异化和复归这个抽象原则出发以说明人类解放的过程,表明马克思仍停留于费尔巴哈关于人的理论即人本主义的水平上。

三、青年恩格斯初步向唯物主义和共产主义转变

弗里德里希·冯·恩格斯(1820 年 11 月 28 日—1895 年 8 月 5 日),生

---

① 中共中央马克思恩格斯列宁斯大林著作编译局. 马克思恩格斯文集: 第 1 卷 [M].
   北京: 人民出版社, 2009: 4.
② 中共中央马克思恩格斯列宁斯大林著作编译局. 马克思恩格斯文集: 第 1 卷 [M].
   北京: 人民出版社, 2009: 17.
③ 中共中央马克思恩格斯列宁斯大林著作编译局. 马克思恩格斯文集: 第 1 卷 [M].
   北京: 人民出版社, 2009: 17.

于德国莱茵省的巴门市，是国际无产阶级思想家、哲学家、革命家和实践家，是马克思主义的创始人之一，卡尔·马克思的挚友，被誉为"第二提琴手"。恩格斯一生为马克思创立马克思主义提供了大量精力的、经济的支持，在马克思逝世后，帮助马克思完成了未完成的《资本论》等著作，并且领导国际工人运动。除同马克思合撰著作外，恩格斯还著有《自然辩证法》《家庭、私有制、国家的起源》《反杜林论》等伟大著作。1895 年 8 月 5 日，恩格斯因患食道癌在位于泰晤士河边的寓所内逝世。

1839 年的《乌培河谷的来信》，是青年恩格斯对他的家乡社会生活的真实写照。1844 年 2 月，在《德法年鉴》第一、二期创刊号上，《政治经济学批判大纲》《英国状况——评托马斯·卡莱尔的〈过去和现在〉》，这两篇文章标志着恩格斯初步完成了从唯心主义向唯物主义、从革命民主主义向共产主义的转变。

在马克思思想转变的同时，恩格斯的思想也在这一时间里完成了相似的历史性转向。服完兵役的恩格斯即到英国的工业重镇曼彻斯特的"欧门—恩格斯"纺纱厂工作，直接面对着科学技术在生产上的广泛应用，面对着冲突日益严重的经济斗争和政治斗争。如同魔术般形成的巨大的生产力，一方面为农业和工业资本家带来了巨额财富，另一方面又为工人阶级带来了贫困苦难和摧残，每天十五六个小时的工作使工人的精神和肉体遭受着地狱般的折磨。面对这样的命运，早期的工人运动表现为个别的工人通过恐怖、纵火、捣毁机器等手段反抗资本主义剥削制度。到了 19 世纪 40 年代，工人运动已经摆脱了个人恐怖主义的行为方式，能够认识到有组织的工人团体力量的反抗对资本主义工厂制度造成威胁，因而经常会爆发有组织的工人罢工、游行事件。在曼彻斯特的工作与生活，使恩格斯的世界观发生了重大的转变。通过接触并参加工人运动，深入到工人生活状况的社会调查，恩格斯的思想完成了从唯心主义到唯物主义、从革命民主主义到共产主义的转变。

恩格斯的观点是：第一，"大纲"批判了资产阶级政治经济学，揭露了资本主义私有制的本质。第二，"大纲"透过对资产阶级政治经济学的分析，初步探讨了人类社会发展的规律，从中引出社会革命的结论。第三，提出了"人类生产力"的观点。第四，恩格斯第一次批判了旧唯物主义的缺陷，萌芽了科学就是生产力的思想。恩格斯洞察社会现象本质的科学敏锐眼光，为每一个追求科学信仰的青年树立了榜样。

第三节　马克思恩格斯建立新世界观的天才尝试

一、共产主义理论原理的初步探索

《1844 年经济学哲学手稿》（又称巴黎手稿）是马克思于 1844 年初步探索政治经济学时写下的。19 世纪 40 年代，当时马克思（26 岁）流亡在巴黎，写下这批手稿，所以又称"巴黎手稿"。在马克思主义经济学史上占有极重要的地位。尽管《1844 年经济学哲学手稿》在一些问题的表述中还留有费尔巴哈人本主义的痕迹，但是《手稿》第一次从实践的观点来阐述经济和经济学的起源，为经济学的研究开辟了一条新的道路，在这个意义上说，《手稿》是马克思主义经济学的光辉起点。

《手稿》是马克思第一次试图对资本主义经济制度和资产阶级政治经济学进行批判性考察，并初步阐述自己的新的经济学、哲学观点和共产主义思想的一部早期文稿。它主要是由"三个笔记"组成。

马克思在世时《手稿》并未发表。直到 1927 年，马克思逝世 44 年后，才由苏联马列主义研究院梁赞诺夫院长主持将其中的部分译文以《〈神圣家族〉的预备著作》为题发表于《马克思恩格斯文库》第 3 卷，当时没有引起广泛注意。1929 年 2 月，在巴黎出版的《马克思主义评论》杂志第 1 期上，编者以《关于共产主义和私有制的札记》《关于需要、生产和分配的札记》为题发表了另一些片段。

《手稿》全文首次公开发表是在 1932 年。《手稿》的发表，对西方学者的马克思主义理论研究产生了重要影响，引起了西方学者研究马克思主义不断从政治学和经济学转向哲学，促使了所谓西方马克思主义学派的诞生。

马克思在《手稿》中对异化劳动、人的生命特性的分析，对人与社会关系的分析，对资本主义所有制的剖析，对人的需要、人的本质力量、人的主体性的揭示，对大工业、历史、科学等的论述，初步阐发了他的社会主义和共产主义社会理论，初步探索了人类社会和人类文明的未来理想和发展道路。

《手稿》的主要成就："真正批判的世界观"的理论化和系统化。这表现在：第一，《手稿》初步分析了资产阶级政治经济学的历史局限，剖析了国民经济学的唯心主义哲学基础。第二，马克思的"异化劳动"理论的提出表明，马克思在从"真正批判的世界观"向唯物史观过渡的道路上，迈出了新的一步。马克思指出："如果把工业看成人的本质力量的公开的展示，那么，自然界的人的本质，或者人的自然的本质，也就可以理解了。"①

《手稿》在马克思新世界观形成过程中的地位：总的来说，《手稿》的理论思想表现了马克思从"真正批判的世界观"到唯物史观之间的过渡状态。首先，《手稿》发展了《德法年鉴》时期已经建树的理论成果，在经济学领域和哲学领域进行了广泛的批判性研究，把"真正批判的世界观"推向新高度。

《手稿》的基本局限在于马克思还处于人本主义历史观的思想状态。

二、在批判思辨哲学的斗争中前进

《神圣家族》是马克思和恩格斯第一次合写的批判青年黑格尔派主观唯心主义和论述历史唯物主义的著作。写于 1844 年 9—11 月间，1845 年 2 月在法兰克福出版单行本，中译文收入《马克思恩格斯全集》第二卷。

1843 年 12 月，B. 鲍威尔及其伙伴创办了《文学总汇报》，鼓吹以自我意识为基础的主观唯心主义，宣称世界历史进程中唯一的积极因素是他们的理论活动，并称这种活动为"批判的批判"。他们把改造社会的事业归结为批判的大脑活动，认为纯粹的思想是社会进步的动力；他们坚持敌视人民群众的唯心史观，称群众为"精神的敌人"，把群众说成是"非批判的"，是消极被动的"群氓"。该书就是为从理论上彻底批判这种思辨唯心主义思潮而写的。书中的"神圣家族"是对鲍威尔及其伙伴的谑称，讽喻鲍威尔像耶稣，他的伙伴们像耶稣的门徒，这个神圣家族自以为超乎群众之上，专门从

---

① 中共中央马克思恩格斯列宁斯大林著作编译局. 马克思恩格斯文集：第 1 卷［M］.
北京：人民出版社，2009：193.

事主观唯心主义的说教。马克思和恩格斯阐述了物质生产在社会发展中起决定作用的思想，批判了鲍威尔等人把"精神"和"群众"绝对对立起来的错误观点。他们认为，决定历史发展的是物质生产，不是自我意识。不去认识某一历史时期的工业和生活本身的直接生产方式，就不可能真正地认识这个历史时期。他们还对思想的作用做了唯物主义的说明，认为思想的能动的实际作用是受物质的社会关系、需要和利益所制约的。鲍威尔宣扬自我意识的活动是一切历史行动的积极因素，只能用自我意识去捏造历史行动，这正好暴露了他们世界观的主观唯心主义实质。马克思和恩格斯指出：思想只有反映了社会的现实需要，反映广大群众的利益，才能成为有助于社会发展的力量。

在《神圣家族》中，马克思和恩格斯提出了人民群众在历史中起决定作用这一重要的历史唯物主义原理，指出随着物质生产的发展，群众必然会认识到自己的利益同少数统治者的利益相冲突，必然会日益自觉地参加到社会的历史活动中来，群众是社会进步的主要动力。

马克思和恩格斯阐述了无产阶级的历史作用。他们运用对立统一规律分析了资本主义社会固有的矛盾运动——无产阶级和资产阶级的斗争，分析这两个矛盾方面的相互排斥和相互制约的关系。认为无产阶级必须消灭集中体现在自己身上的现代社会一切违反人性的生活条件，才能够自己解放自己。

《神圣家族》是一部讽刺性和论战性很强的著作。《神圣家族》是马克思和恩格斯在制定无产阶级世界观的理论基础即辩证唯物主义和历史唯物主义过程中的一个重要环节。列宁指出："它奠定了革命唯物主义的社会主义的基础"，"马克思由黑格尔哲学转向社会主义，这个转变是显著的"①。

《神圣家族》的思想主要有：第一，关于无产阶级革命作用的观点；第二，初步接近生产关系的思想；第三，坚持唯物论的反映论的立场；第四，提出人民群众是历史的创造者的思想；第五，关于政教分离的思想；第六，关于先进思想的作用的观点；第七，关于法国唯物论的历史发展。

《神圣家族》是马克思主义哲学形成过程中的重要环节。马克思、恩格斯在确立共产主义立场、探索共产主义的理论原理的事业中，又迈出了重要

---

① 列宁. 列宁全集：第38卷［M］. 北京：人民出版社，1959：7.

一步。到 1844 年末，马克思和恩格斯的新世界观——唯物主义的历史观，仍处在孕育的状态；旧世界观的思想残余，特别是费尔巴哈人本学的历史观的影响，还有待进行认真的和艰难的清算。

第四节　马克思恩格斯新世界观理论体系的初步创立

一、新世界观的萌芽和产生的历史界碑

《关于费尔巴哈的提纲》写于 1845 年春，是马克思为进一步研究新世界观而匆匆写成的一个笔记，共有 11 条，堪称是一篇极简短的哲学名著。1845 年 4 月，马克思以"提纲"方式对费尔巴哈的思想进行了初步清算，称为《关于费尔巴哈的提纲》（简称《提纲》）。《提纲》的基本思想是：关于人的本质的问题，关于实践观的问题，关于哲学的社会作用的问题。针对社会的本质、人的本质、哲学的本质、哲学的功能等重大根本性问题，马克思指出："社会生活在本质上是实践的"[1]，"哲学家们只是用不同的方式解释世界，而问题在于改变世界"[2]。恩格斯后来评价说，这是"包含着新世界观的天才萌芽的第一个文件"[3]。

"唯物辩证的实践观点"是《提纲》的核心思想。马克思运用唯物辩证的实践观点，批判包括费尔巴哈在内的旧唯物主义，阐述马克思主义哲学同费尔巴哈哲学和一切旧哲学之间的根本区别。

《提纲》的内容大体分为三个方面：（1）从根本上批判费尔巴哈和一切旧唯物主义的局限性；（2）把实践观点应用于对社会历史的研究；（3）阐明了马克思主义哲学的特点在于它的实践性和阶级性，提出哲学的根本任务在

---

① 中共中央马克思恩格斯列宁斯大林著作编译局. 马克思恩格斯文集：第 1 卷 ［M］. 北京：人民出版社，2009：501.

② 中共中央马克思恩格斯列宁斯大林著作编译局. 马克思恩格斯文集：第 1 卷 ［M］. 北京：人民出版社，2009：502.

③ 中共中央马克思恩格斯列宁斯大林著作编译局. 马克思恩格斯文集：第 4 卷 ［M］. 北京：人民出版社，2009：266.

于改变世界。

《提纲》的重大理论意义在于：第一，马克思的辩证唯物主义认识论同费尔巴哈的直观唯物主义分道扬镳的界碑；第二，马克思以实践的观点为指导，正确揭示了人的社会本质。这是马克思从法国巴黎来到比利时首都布鲁塞尔不久，为了进一步进行研究而写成的笔记。

19 世纪中叶，欧洲许多国家进入了资本主义高度发展阶段。由于机器大工业的发展，无产阶级力量随之成长壮大，无产阶级同资产阶级之间的矛盾也越来越明朗化和激化。无产阶级在斗争实践中迫切需要能够代表自己利益、指导自己革命行动的科学的理论和世界观的产生。马克思的思想经历了一个转变和发展的过程。1842 年以前，他受黑格尔哲学和青年黑格尔派的影响，是一位反对封建、反对宗教的革命民主主义者和辩证唯心主义者。后来又深受费尔巴哈唯物主义哲学的影响。到 1844 年，马克思基本完成了从革命民主主义向共产主义、从辩证唯心主义向唯物主义的两个转变。

1888 年恩格斯在修订《路德维希·费尔巴哈和德国古典哲学的终结》单行本时，将马克思的"关于费尔巴哈哲学的这部分内容"作为《路德维希·费尔巴哈和德国古典哲学的终结》一书的附录第一次公开发表。恩格斯对《提纲》给予了高度评价说："这些笔记作为包含着新世界观的天才萌芽的第一个文件，是非常宝贵的。"①《提纲》的内容虽然没有展开，但通过格言的形式，凝练的语言所表达的核心思想和基本原理，却是精辟的、成熟的。这些核心思想和基本原理，在《德意志意识形态》中得到充分的展开和发挥。《提纲》在马克思主义哲学形成和发展史上占有十分重要的地位，《提纲》和《德意志意识形态》是马克思主义哲学诞生的标志。

二、唯物史观理论体系的初步确立

19 世纪中期，随着资本主义经济的发展，资本主义制度的内在矛盾日益尖锐，无产阶级的队伍逐渐壮大和日渐成熟。担负着推翻封建势力和资产阶级双重任务的无产阶级，迫切需要自己的科学武器。在此背景下，马克思和

---

① 中共中央马克思恩格斯列宁斯大林著作编译局. 马克思恩格斯文集：第 4 卷［M］. 北京：人民出版社，2009：266.

恩格斯于 1845 年至 1846 年在布鲁塞尔完成了《德意志意识形态》这部伟大而光辉的著作。

《德意志意识形态》是马克思主义哲学成熟的重要标志。全名为《德意志意识形态对费尔巴哈、B. 鲍威尔和 M. 施蒂纳所代表的现代德国哲学以及各式各样先知所代表的德国社会主义的批判》。

《德意志意识形态》（简称《形态》）是马克思和恩格斯在 1846 年初共同完成的一部巨型著作。在马克思恩格斯新世界观的形成过程中，成为最光辉的一页。早在 1845—1846 年马克思和恩格斯合著的《德意志意识形态》中，就有对唯物史观所作的经典表述。《形态》标志着唯物史观原理的初步确立。这一表述在马克思主义理论宝库中占有极其重要的地位，对历史唯物主义理论体系的确立及其基本原理的规定有着非常重要的作用。

在这里，马克思、恩格斯提出了生产力、生产关系（交往形式）、生产方式、经济基础（市民社会）及社会革命、人民群众等唯物史观的基本范畴，并运用这些范畴系统阐释了历史唯物主义基本原理。分析《形态》中的上述对唯物史观的表述，可以得出其阐释的历史唯物主义基本原理。

第一，人类的物质生产是整个历史发展的出发点。

人类社会是一个极其复杂的有机体，其历史发展的出发点在哪里呢？唯物史观和唯心史观的看法是截然不同的。唯心史观把从头脑中产生出来的范畴、观念作为历史发展的出发点，唯物史观则把人类的物质生产作为历史发展出发点。如何确定历史发展的出发点，直接影响能否正确认识极其复杂的人类社会有机体，能否客观揭示人类社会发展的规律及推动社会发展的根本动力。我们说，唯心史观是一种对社会历史的错误想象，对人类社会及社会发展规律的认识是根本错误的，而唯物史观是科学的历史观，是社会有机体普遍本质的理论再现，其原因就在于对历史发展的出发点的理解不同。由此，马克思、恩格斯特别重视在唯物史观的表述中首先明确指出考察社会历史要"从直接生活的物质生产出发"。

第二，人们在生产中结成的物质关系是整个社会历史的基础，它决定了整个社会的基本结构和基本矛盾的形成。

历史唯物主义基本理论告诉我们，社会现象是复杂的，人们在社会交往中所结成的关系是多种多样的，而人们在生产中所产生的交往形式，即生产关系，则是人类一切社会关系的基础，它决定了人与人之间的一切社会关系，决定了整个社会历史的发展，决定了历史发展的各个不同阶段的性质。只有以这样一种物质关系、经济关系作为整个历史的基础，作为一种历史观，才能再现社会有机体的普遍本质，才能揭示出生产力和生产关系、经济基础和上层建筑之间的矛盾运动，才能把握人类社会发展的客观规律。对这一内容，马克思、恩格斯在上述表述中是阐述得非常清楚的。马克思、恩格斯在指出整个历史的基础的同时，还把"与该生产方式相联系的，它所产生的交往形式"和"各个不同阶段上的市民社会"理解为同等意义的概念，这不仅说明了生产关系和经济基础这两个历史唯物主义基本范畴之间的联系，而且还揭示了唯物史观关于社会的基本结构和基本矛盾的原理。

第三，社会存在决定社会意识，物质实践是社会历史发展及社会意识诸形式产生、发展的动力。

历史观的基本问题是社会存在和社会意识的关系问题。如何回答这个问题，是划分唯物史观和唯心史观的唯一标准。在上述表述中，马克思、恩格斯以"从市民社会出发来阐明各种不同的理论产物和意识形式，如宗教、哲学、道德等等，并在这个基础上追溯它们产生的过程"回答了历史观的基本问题，即社会存在决定社会意识。马克思、恩格斯还明确指出，只有坚持社会存在决定社会意识这一原理，才能够完整地描述其全部过程及这个过程的各个不同方面之间的相互作用。在具体说明社会存在决定社会意识的原理中，马克思、恩格斯向我们指出了物质实践是社会历史发展及社会意识诸形式产生、发展的动力，不能从范畴、观念出发来解释实践，而是要始终站在现实历史的基础上，从实践出发来解释观念的东西。这也就是说，任何一种观念的东西，只要把它放在社会实践中加以考察，就能弄清楚它的来龙去脉和真实面目；错误的观念及一切唯心史观的谬论，都有其产生的社会基础，只有通过实践，才能推翻这一社会基础，以致消灭由之产生的错误的观念和唯心史观的谬论。这里，马克思、恩格斯科学地解决了社会意识和社会存在的辩证关系，说明了社会意识对社会存在的依赖关系，社会存在对社会意识的决定性作用。

第四，物质资料的生产方式决定历史的每一阶段发展和特殊的性质。

在上述表述中，马克思、恩格斯明确指出，人类的物质生产是历史发展的出发点，生产关系是整个历史的基础，而这一切，都和物质资料的生产方式相联系。同时，马克思还指出，生产方式规定了历史的每一阶段的生活条件，决定了其发展和特殊的性质。人创造环境，同样环境也创造人。马克思和恩格斯指出："环境的改变和人的活动的一致，只能被看作是并合理地理解为变革的实践。"① 这里的环境指 "一定的物质结果，一定数量的生产力总和，人和自然以及人与人之间在历史上形成的关系"，即生产方式。一定的历史阶段的生产方式都是由前一代传给后一代的，当然它也为新的一代所改变，但是，它 "也预先规定新的一代的生活条件，使它得到一定的发展和具有特殊的性质"。生产方式是社会生存的基础和发展的源泉，决定并制约着人的全部活动以及全部社会生活的领域和过程。作为社会实践主体的人，只有在一定的生产方式中才能发挥作用，才有自身的发展。马克思、恩格斯明确指出，生产方式作为 "人的本质" 的现实基础，决不因为遭到历史唯心主义者的反抗，而对人们的发展所起的作用和影响有丝毫削弱。

第五，一定的生产力和积极参与反抗旧社会活动的革命群众是社会革命的物质因素。

马克思的新世界观，作为唯物史观，在说明历史发展的规律时，必然要论及社会革命。在这里，马、恩从生产力和革命群众两方面阐明了社会革命发生的不可缺少的物质因素。一方面，生产力的发展，致使生产力和生产关系矛盾激化，导致社会革命爆发。因此，一定的生产力是社会革命的物质前提，生产力和生产关系的矛盾是社会革命的根源。另一方面，革命群众是推动历史发展的决定力量，作为社会革命的主体，革命群众起着任何其他因素所无法取代的作用。没有革命群众的积极参与，任何变革的思想都没有意义，因为革命群众 "不仅反抗旧社会的某种个别方面，而且反抗旧的 '生活生产' 本身、反抗旧社会所依据的 '总和活动'"，是社会变革的决定力量。很显然，历史唯物主义的人民群众创造历史的基本原理在上述表述中是阐释得非常明确和清楚的。

第六，马克思、恩格斯对自身以前哲学信仰的自我批评。

---

① 中共中央马克思恩格斯列宁斯大林著作编译局．马克思恩格斯文集：第 1 卷 ［M］．
北京：人民出版社，2019：500．

《形态》的上述对唯物史观的表述是为了清算马克思、恩格斯以前的哲学信仰，达到自己弄清问题的目的而概括出来的。恩格斯在《路德维希·费尔巴哈和德国古典哲学的终结》一书的"1888年单行本序言"中曾说，《形态》中对唯物主义历史观的解释，"表明当时我们在经济史方面的知识还多么不够"。正是为了克服这一不足，马克思以后一直潜心于政治经济学研究，并为此而付出了极其艰苦的劳动，经过15年的研究，终于在《政治经济学批判·序言》中，又一次对唯物史观作了表述（这一表述也就是理论界称为的"经典性表述"）。比较《形态》和《序言》中对唯物史观的两次表述，其差异还是存在的：前者的出发点是批判旧哲学，清算以往的哲学信仰，后者则是研究政治经济学的成果总结；前者侧重于对历史的现实基础的阐述，后者则侧重于对物质生产关系的解剖。但二者的共同性更明显：都揭示出唯物史观的实质性内容，强调了人类全部历史的现实基础及发展的基本规律，得出了要根源于物质的生活关系来认识历史及历史发展的结论；都体现了社会存在和社会意识的辩证关系、生产力和生产关系的矛盾、社会革命发生的根源及物质因素等唯物史观的基本原理内容。从二者之间的联系而言，我们以为，《形态》对唯物史观的表述是规定其基本内容、搭框架，而《序言》对唯物史观的表述是在前者的基础上作深刻剖析，为其提供充实的论据。因而，二者都可谓"经典"。二者的结合，构成了马克思、恩格斯对唯物史观的最完整、最准确，也是最完善的表述。

第七，马克思、恩格斯彻底发挥了唯物主义。

《形态》对唯物史观的表述尽管没能把唯物史观的所有内容都概述出来，对一些基本原理、基本范畴也未作详尽的解释，但它仍不失为"经典"。列宁曾指出："发现唯物主义历史观，或更确切地说，彻底发挥唯物主义，即把唯物主义运用于社会现象，就消除了以往的历史理论的两个主要缺点。第一，以往的历史理论，至多是考察了人们历史活动的思想动机，而没有考究产生这些动机的原因，没有摸到社会关系体系发展的客观规律性，没有看出物质生产发展程度是这种关系的根源；第二，过去的历史理论恰恰没有说明人民群众的活动，只有历史唯物主义才第一次使我们能以自然史的精确性去考察群众生活的社会条件以及这些条件的变更。"

马克思、恩格斯指出了以往历史理论的两个主要缺点，即只停留在思想动机上而没能从物质生活方面去考察历史发展和没有说明人民群众的活动，在这里已完全被消除。马克思、恩格斯从历史发展的出发点、历史的现实基础、社会生活的本质、社会生存和发展的决定因素、社会革命的物质因素等方面，彻底发挥了唯物主义，揭示了人们历史活动的思想动机的物质原因，指出了社会关系体系发展的客观规律性和物质根源，说明了人民群众推动历史发展、进行社会革命的决定作用。

在马克思主义思想发展史上，《德意志意识形态》是一部里程碑式的重要著作，基本上完成了对黑格尔唯心主义哲学和费尔巴哈人本主义哲学的批判，清算了以往的主流哲学思想，实现了人类哲学史上最伟大的革命变革，创立了科学的实践观点，揭示了社会发展包括共产主义运动发展的一般规律，阐述了以生产力与生产关系的矛盾为核心的唯物史观基本原理。这些重要思想，为我们今天进一步理解历史唯物主义和马克思主义哲学世界观的相互关系，确立马克思主义意识形态理论的基本立场以及当代中国马克思主义的理论创新，提供了丰富的思想资源和正确的方法论原则。如果说经典作家通过对于资本主义的科学批判而超越了以往的哲学的话，那么，异化劳动批判、意识形态批判和商品拜物教批判，就构成了这一批判的不同探索，其中的继承和突破也就不言而喻了。

三、对抽象的人的思想的清算

"真正的"社会主义亦称"德国的社会主义"。19 世纪 40 年代流行于德国知识分子中的一种小资产阶级反动思潮。其代表人物主要有赫斯、格律恩等。主要著作有赫斯的《行动的哲学》《德国的社会主义》、格律恩的《论真正的教育》等。格律恩于 1846 年在《从人的观点论歌德》一文中首次使用"真正的社会主义"的概念，之后他的拥护者不断重复这一概念，因而得名。

"真正的"社会主义者企图用德国的特别是黑格尔和费尔巴哈的意识形态来阐明流行于英法的社会主义和共产主义文献的思想，宣称"德国哲学"负有向世界揭示社会主义真理的使命。实际上，他们把英法的社会主义文献同现实运动相割裂，再同德国的唯心主义、人道主义任意地联系起来。他们害怕资产阶级的发展和革命无产阶级的兴起，妄图保存其小生产者的地位；

他们起劲地咒骂资本主义是一种罪恶，因为它使小生产者破产；他们把宗法式的小土地私有制理想化，主张无代价地把土地平均分配给贫困者，甚至主张把无产者变为小生产者；他们从抽象的人性论出发，抹煞阶级矛盾，鼓吹人类普遍的"爱"。

德国"真正的社会主义"把对抽象的人的研究作为最高目的，鄙视和反对一切政治活动。《德意志意识形态》的写作，在理论上批判了鲍威尔、施蒂纳等主观唯心主义者为代表的德国思辨唯心主义历史观，揭露了德国所谓"真正的社会主义者"的反动面目，进一步深刻揭示了费尔巴哈人本主义唯物主义的不彻底性，在各个方面详细制定并论述了新历史观即唯物主义历史观，在实践上为世界无产阶级革命和世界社会主义运动，以及世界反殖民主义运动提供了伟大的理论指导作用。

四、新世界观理论力量的初步显示

《哲学的贫困》是马克思在 1847 年初撰写的批判法国小资产阶级理论家蒲鲁东的重要文献。

蒲鲁东（1809—1865）是法国政论家、经济学家，是小资产阶级思想家、社会主义者、无政府主义创始人之一。19 世纪 40 年代产生于法国，五六十年代广泛流行于西欧国家并颇具影响的小资产阶级社会主义和无政府主义思潮因其创始人蒲鲁东而得名。蒲鲁东在他的《什么是财产?》《贫困的哲学》《社会问题的解决》《一个革命者的自白》和《19 世纪革命的总观点》等著作中，全面系统地阐述了他的小资产阶级社会主义和无政府主义的观点。蒲鲁东主义认为共产主义和资本主义都有弊病，都不合乎理性，以"个人占有"为基础的"互助制"社会是最好的社会模式。他主张建立以无息贷款为基础的"人民银行"作为改造资本主义制度、实现"互助制"社会的根本途径；宣扬阶级调和与和平革命，反对暴力革命和无产阶级专政；鼓吹个人绝对自由，反对任何国家和政府，反对一切权威。蒲鲁东主义的核心，是幻想通过和平改良的办法，建立小手工业生产制，实现小资产阶级的社会主义。他的经济改良方案的哲学基础是唯心主义和形而上学诡辩论。

为了维护国际工人运动的根本利益，马克思主义者同蒲鲁东主义进行了坚决的斗争。马克思、恩格斯在《哲学的贫困》《共产党宣言》和《论住宅问题》等著作中深刻地揭露和批判了蒲鲁东主义。他们提出了"生产关系总体系"观点，第一次运用生产关系这个范畴去说明资本主义社会的经济关系，关于生产方式这一范畴也作了进一步表述，对辩证法的实质进行了论述。巴黎公社后，蒲鲁东主义在国际工人运动中的影响基本消除。

简要总结

到 1847 年初，马克思恩格斯的新世界观，已经有了崭新的理论形态，马克思主义哲学作为马克思主义全部理论的哲学基础，已经基本形成。具体地说，在 1847 年以前，马克思恩格斯的全部理论活动中，最先形成了自己的哲学基础；而在其哲学基础中，又是首先形成了唯物主义的历史观。马克思恩格斯的新世界观即唯物史观的形成过程，是同他们确立科学共产主义信仰的道路相辅相成的。要使共产主义成为科学，必须有科学的哲学基础，只有当马克思恩格斯发现了唯物史观并据以论证了共产主义革命的必然性，他们才成为完全的和科学的共产主义者。

唯物史观的理论最先仅仅是一种科学假说。这一科学假说产生之后，很快就显示了它伟大的理论力量和实践力量。《共产党宣言》作为一部承上启下的经典文献，标志着马克思主义的全部理论的发展进入一个新的阶段。马克思主义的唯物史观产生之后，要在实践和新的理论创造中经受考验和进行证明，马克思主义哲学自身也就逻辑地进入新的阶段。

思考题

1. 马克思和恩格斯是如何逐渐向现实转变的？

2. 马克思和恩格斯向现实转变的主要方面是什么？

3. "德意志意识形态"批判与"生活实践"观点、共产主义的关系。

4. 把握《德法年鉴》时期的主要文献、主要内容、理论地位。

5. 论述马克思和恩格斯对共产主义理论原理的初步探索。

6. 把握《神圣家族》的主要思想和理论地位。

7. 如何理解《关于费尔巴哈的提纲》是"新世界观天才萌芽的第一个文件"？

8. 《德意志意识形态》是如何论述与建构唯物史观理论体系的？

9. 马克思新世界观理论力量是如何初步显示出来的？

10. 思考马克思和恩格斯对宗教的反思与批判。

11. 论述历史唯物主义人学理论的主要内容。

12. "生活实践"性（观点）是通过哪些层面的思想表现的？

専題二

马克思恩格斯新世界观的科学性证明（1848—1871）

学研导引

1. 《共产党宣言》的主要内容和理论地位。
2. 1848 年欧洲革命怎样表现了马克思新世界观的正确性。
3. 《政治经济学批判》序言和导言的独特理论价值。
4. 《资本论》的主要内容、理论风格、理论地位。
5. 《自然辩证法》对哲学和自然科学关系的论述。
6. 《反杜林论》对哲学和自然科学关系的论述。
7. 《路德维希·费尔巴哈和德国古典哲学的终结》内容与地位。

马克思和恩格斯在实践中完成了由唯心主义向唯物主义、由革命民主主义向共产主义的立场转变，形成了辩证唯物主义和历史唯物主义的新世界观。经过长期艰辛的理论和实践探索，马克思发现了人类社会生产关系一定要适应社会生产力发展状况的社会发展基本规律。马克思恩格斯认为，随着社会生产力的发展，资本主义生产关系必然会被新的社会生产关系所代替。资本主义社会的基本矛盾不断激化使社会上两大对立阶级——无产阶级和资产阶级的矛盾不断激化，马克思恩格斯正是在这个基础上得出了资本主义必然被社会主义所代替的科学论断。一种正确的理论产生之后，在它尚未被运用于实践并得到科学证明的时候，总是处于科学假说的状态。1848 年以前，马克思恩格斯的新世界观只是被人们看作无数哲学流派中的一个流派。唯物史观的理论体系初步完成之后，马克思恩格斯运用唯物史观的基本原理，制定了科学共产主义的理论原理和策略原理，指导无产阶级的革命斗争，初步形成了马克思主义的政治学说。进而运用唯物史观这一科学方法论，在经济学领域中进行了卓著的理论创造，创立了马克思主义的政治经济学。在总结实践经验和从事理论创造的活动中，唯物史观的基本原理被证明是一种科学的理论。于是，马克思恩格斯创立的新世界观由假说变为科学。这段时间，始于1848年《共产党宣言》的发表，到1871年巴黎公社对新世界观的验证。

第一节　新世界观在制定共产主义理论原理和总结革命经验中的光辉体现

1843年秋至1844年初，马克思在创办《德法年鉴》杂志期间，曾设想过人类解放的历史前景。年轻的马克思对于人类解放的未来怀着火一般的热情。不过当时的设想还没有建立在科学历史观的基础上。他对人类解放的设想，只是从所谓"人是人的最高本质"的抽象原则出发的，没有经过科学的论证。1845年以后，马克思和恩格斯改变了自己从前对费尔巴哈的崇拜，清算了自己从前对费尔巴哈的错误信仰，制定和阐发了新世界观，完成了历史观的彻底变革。在这种情况下，马克思和恩格斯所主张的共产主义，才真正奠立在科学的根基之上。也只有在这个时候，科学共产主义的理论原理，才如天地洞开一般，从唯物史观的科学根基中自然地引申出来，马克思和恩格斯才成为完全的共产主义者。也只有在这种情况下，他们所确立的信仰，才真正称得上科学的信仰。

1848年2月，马克思和恩格斯合著的《共产党宣言》（简称《宣言》），是马克思恩格斯成为科学共产主义者，确立科学共产主义信仰的标志，是唯物史观的科学力量的第一个证明。这部著作以天才的透彻鲜明的笔调叙述了新的世界观，即包括社会生活在内的彻底的唯物主义、最全面最深刻的发展学说辩证法以及关于阶级斗争、关于共产主义新社会的创造者无产阶级所担负的世界历史革命使命的理论。《宣言》的哲学思想，首先体现在用彻底的唯物主义论证了共产主义的理论原理。《宣言》的唯物主义思想还体现在，善于针对不同的政治、经济条件的具体特点，把问题的不同重点和不同方面提到首位并且加以强调。《宣言》的哲学思想，还突出地体现在运用最彻底最深刻的唯物辩证法思想，分析了资产阶级的历史地位和无产阶级的历史使命，得出了"资产阶级的灭亡和无产阶级的胜利是同样不可避免的"① 的结论。马克思和恩格斯指出："现代资产阶级本身是一个长期发展过程的产物，是生产方式和交换方式的一系列变革的产物。"②《共产党宣言》代表了辩证唯物主义、马克思主义历史观形成和发展的一个重要里程。

1848 年欧洲革命检验着马克思、恩格斯的新世界观。共产主义运动的历程是同《宣言》联系在一起的。共产主义不仅是一种新的思想体系，同时还是一种科学实践。马克思恩格斯这一时期的作品：《1848 年—1850 年的法兰西阶级斗争》《中央委员会告共产主义者同盟书》《德国的革命和反革命》《路易波拿巴的雾月十八日》，等等。第一，运用历史唯物主义观点观察和分析政治形势的变化，深刻地揭示了政治事变的社会本质和阶级本质。第二，在制定和完善无产阶级革命的理论和策略中，历史唯物主义原理的运用和具体化。第三，在分析历史人物上，历史唯物主义方法的卓绝运用。第四，关于马克思主义阶级斗争学说的科学概括。马克思恩格斯所创立的新世界观理论，生动而深刻地体现在《共产党宣言》的基本思想中，充分显示了新世界观的逻辑力量和实践力量。

《共产党宣言》作为新世界观即唯物史观的重要组成部分，对世界历史所作的科学而深刻的揭示，对现代文明发展历程中资产阶级和无产阶级、资本主义和共产主义的历史命运的论述，对资本主义建构的现代文明逻辑的批判，对世界历史进程中世界文学和民族文学之间关系所作的揭示和展望，这些充满光辉的思想和理论所具有的伟大指导意义愈发彰显出来。

---

① 中共中央马克思恩格斯列宁斯大林著作编译局. 马克思恩格斯选集：第 1 卷［M］. 北京：人民出版社，2012：413.
② 中共中央马克思恩格斯列宁斯大林著作编译局. 马克思恩格斯选集：第 1 卷［M］. 北京：人民出版社，2012：402.

第二节　新世界观在经济科学理论中的运用和证明

《政治经济学批判》序言和导言具有独特的理论价值，为《资本论》的完成打好了基础。《〈政治经济学批判〉序言》，以下简称《序言》《导言》，是马克思为他的《政治经济学批判》第 1 册写的序言。这一时期，欧洲资产阶级革命失败后，欧洲各国的工人运动暂时处于低潮。为了迎接工人运动高潮的到来，为了给共产主义运动提供更强有力的战斗武器，马克思进行了深入的理论研究，主要是创立了马克思主义政治经济学。在研究的基础上，从 1857 年 8 月底开始了政治经济学巨著的写作，计划分为六册来写。《政治经济学批判》是第一册，于 1859 年出版。1859 年 1 月，马克思为他的这一本书写了这篇《序言》《导言》。

马克思在《序言》《导言》中，简要介绍了他系统论述经济理论的计划，回顾了他研究经济问题的动因和经过，阐明了他的政治经济学研究与创立唯物史观的密切关系。历史唯物主义既是马克思研究政治经济学成果的哲学总结和概括，又是指导马克思进一步研究政治经济学的世界观和方法论。因此，历史唯物主义的原理构成了这篇序言的核心内容。在《序言》《导言》中，马克思对历史唯物主义的基本理论作了经典性的概括，提出了社会存在决定社会意识；生产力决定生产关系，经济基础决定上层建筑；物质史料生产方式决定整个社会生活、政治生活和精神生活及过程；生产力的发展是社会变革的根本原因；生产力和生产关系、经济基础和上层建筑构成整个社会结构；社会基本矛盾决定社会革命的爆发和社会形态的更替；资本主义生产关系是社会生产过程的最后的对抗形式，资本主义生产力高度发展决定资本主义制度必然灭亡等核心观点，从而构建和展示了唯物史观的基本框架。

《序言》《导言》具有独立的科学价值。学习它，对于我们更好地用历史唯物主义的观点和方法审视社会经济现象，掌握马克思主义政治经济学的基本原理，增强为我国社会主义现代化建设多做贡献的积极性和自觉性，都具有十分重要的现实理论意义和实践意义。

马克思：《资本论》

《资本论》共有四卷，300多万字，内容博大精深，语言流畅优美，是马克思主义理论宝库中最重要的伟大著作，是马克思毕生研究政治经济学的科学成果，列宁说，《资本论》是"现代最伟大的政治经济学文献"，"本书的最终目的就是揭示现代社会（即资本主义社会，资产阶级社会）的经济运动规律"①，"使马克思的理论得到最深刻、最全面、最详尽的证明和运用的是他的经济学说"②。《资本论》的出版标志着马克思主义政治经济学完整体系的建立，标志着社会主义文献编年史上一个辉煌的时代，具有划时代的意义。《资本论》的发表，是马克思主义进入一个新的发展阶段的主要标志。

《资本论》是马克思分析和揭示资本主义的本质和发展规律最伟大的成果。自从马克思的《资本论》发表，不仅资产阶级的理想化的王国被宣布为谬误而送到了历史的垃圾堆，就是费尔巴哈那个以爱的颂歌为主题的人本主义和人道主义说教，也已完全没有立足之地了。一是生产关系范畴的科学规定；二是生产力范畴及其诸因素的科学论证：关于劳动过程的要素、关于生产力的含义、关于生产力范畴的各个因素；三是生产方式范畴的具体论述；四是从抽象上升到具体的逻辑方法。

《资本论》既是一部伟大的经济学著作，也是一部伟大的哲学著作。《资本论》的哲学意义在于，它把马克思的唯物史观系统地运用于对资本主义经济关系的研究。马克思说："我要在本书中研究的，是资本主义生产方式以及和它相应的生产关系和交换关系。"③ 通过揭示剩余价值和整个资本主义制度的秘密，表明马克思已经完成了以生产关系为主要研究对象的政治经济学。唯物史观的科学的和革命的真理性，在《资本论》中得到了最生动的展示。在经济理论的论述中，《资本论》第一次全面地体现了唯物辩证法的理论。列宁曾说，马克思虽然没有留下大写的"逻辑"，却留下了《资本论》

---

① 中共中央马克思恩格斯列宁斯大林著作编译局. 列宁专题文集 论马克思主义 [M].
　　北京：人民出版社，2009：17.

② 中共中央马克思恩格斯列宁斯大林著作编译局. 列宁专题文集 论马克思主义 [M].
　　北京：人民出版社，2009：17.

③ 马克思，恩格斯. 马克思恩格斯全集：第23卷 [M]. 北京：人民出版社，1972：8.

的逻辑。

《资本论》第 1 卷是 1867 年首先出版的。作为一部相当完整的著作，揭示的是资本主义的生产过程，其实质是剩余价值的生产过程。劳动价值论是《资本论》的导言，是资本研究的前提和起点，剩余价值理论是第 1 卷的核心部分。《资本论》第 1 卷第 1 篇劳动价值论阐明的主要问题是：第一，什么样的劳动才创造价值。马克思对生产商品的劳动二重性作了详尽的分析，论述了具体劳动创造使用价值和抽象劳动形成价值的对立统一过程，并强调指出，劳动二重性的原理是劳动价值论的科学基础。第二，对价值形式或交换价值作了精辟的论述，阐明了货币的起源、本质和各种职能。第三，阐明了商品的社会属性，是一定社会关系的表现形式。《资本论》第 1 卷第 2 篇到第 7 篇剩余价值理论中，阐明的主要问题是：第一，论述了劳动力成为商品是资本主义得以确立的基本条件，详细分析了资本主义生产过程的实质是价值增殖过程即剩余价值的生产过程。第二，阐明了从价值增殖中的不同作用必须把资本区分为不变资本和可变资本，从而论证了剩余价值的真正来源，阐明了劳动力和劳动的区别，分析了工资形式的实质，揭示了剩余价值生产的秘密。第三，论述了剩余价值生产的两种基本方法及其相互关系，并且深刻分析了资本主义生产发展的三个历史阶段，阐明了相对剩余价值生产的主导作用。剩余价值理论是马克思经济学的基石。正是这一理论揭示出资本主义的生产实质及其运动规律，正是这一理论揭示出资本主义生产方式本身所固有的并且不能由它本身克服的矛盾和对立，正是这种矛盾和对立的发展中，资本主义的肯定方面和否定方面，新社会的形成要素和旧社会的革命要素也跟着形成和发展起来。剩余价值理论又彻底揭示出，资本主义生产方式的基本矛盾集中表现为资产阶级和无产阶级的利益对立和斗争方面，这种对立和斗争必然引起冲突—社会革命，资本主义的必然灭亡和社会主义的必然胜利同样是不可避免的。马克思的剩余价值理论把科学性和革命性完整统一起来，第一次把阶级斗争的学说建立在科学之上，马克思的剩余价值理论连同他的历史唯物主义，使社会主义由空想变成科学。

《资本论》第 2 卷共 3 篇 21 章，第 1 篇论述资本形态变化及其循环，是抽象地考察个别资本的运动，从质上说明资本运动所经历的阶段和所要变换的形式，重点分析了资本运动的形式。第 2 篇资本周转是从量的方面研究资本形态的变化速度对经济效果的影响，重点分析生产资本的运动。但1、2篇考察的是个别资本，而个别资本的运动是相互交错的。第3篇就把交错在一起的单个资本作为一个整体来考察，考察社会总资本的再生产和流通。马克思在《资本论》第2卷中所阐明的关于资本流通的理论，就其直接的研究对象来说，分析的当然是资本主义的流通运动，同时也涉及生产和流通的一般规律，因而撇开其资本主义形式，这一卷中阐述的许多基本原理，对于社会主义的经济运动来说也是有用的。例如，马克思主义资本周转的学说分析了影响资本周转的因素，揭示了加速资本周转的意义，这些原理对社会主义经济中加速资金周转，合理使用资金，同样也是适用的。

关于《资本论》第3卷，恩格斯说过这是马克思经济学极其出色的研究成果，是一座宏伟的丰碑。本卷使我们对资本主义经济运动过程中所包含的复杂矛盾，以及这些矛盾的发展规律，得到了正确而深刻的了解；同时也有助于我们认识资本主义经济现象背后的本质规定，揭露和澄清资产阶级政治经济学的错误和混乱。本卷所创立的资本和剩余价值具体形式的原理，如果撇开资本的关系，则成为市场经济的一般原理，仍然适合于社会主义社会，对于指导社会主义经济建设具有重大意义。本卷研究资本主义生产的总过程，即资本主义生产、流通以及分配的统一。包括资本主义生产总过程所呈献的资本的各种具体形态（产业资本、商业资本、生息资本以及地产）和剩余价值的各种具体形态（产业利润、商业利润、利息和地租），研究的重点是剩余价值的分配，它像一根红线一样贯串着整个第3卷。

《资本论》第3卷第1—3篇是关于利润和平均利润的理论，它研究了产业部门中剩余价值的一般表现形式即利润及其分配的规律，分析了剩余价值如何转化为利润以及利润的平均化过程，说明了产业资本家瓜分剩余价值的一般规律。第1篇主要讲了三个原理：（1）所费资本转化为成本价格。（2）剩余价值转化为利润。（3）利润率的数量变化规律。第2篇的主要内容是如下两个原理：（1）平均利润与生产价格。这个原理揭示了市场经济的一般规律，它对于我国建立社会主义市场经济体制具有指导意义。（2）市场经济与市场价值理论。第3篇的主要内容是分析论证利润率下降是一种客观必然趋势，同时也指出了阻碍利润率下降的种种因素，对资本主义生产的实质、基本矛盾、经济危机和生产方式的局限性，从抽象到具体，作了综合分析。

《资本论》第3卷第4—6篇，马克思分析了剩余价值如何以不同的具体形式在资本主义剥削集团之间进行分配的过程。即商业资本家获得商业利润，借贷资本家获得利息，土地所有者获得地租。这就全面阐明了剩余价值的分配，进一步揭示了资本主义生产过程的内在矛盾和运动的规律，这是对第1卷剩余价值论的重大发展。在第4篇中，马克思研究了商业资本的特点和作用，从而创立了商业资本和商业利润的理论。第5篇主要考察货币资本怎样独立化为生息资本。由于资本的所有权与使用权相分离，借贷资本家凭借他对资本的所有权，向借入资本的职能资本家要求分割平均利润，这样，利润就被分割为利息和企业主收入两部分。第6篇主要研究资本主义地租。马克思分析了土地所有者怎样凭借土地所有权获得地租（基本形式是级差地租与绝对地租），以及资本主义地租的形成与变化，阐明了农业中的资本主义经济关系，即土地所有者、租地农场主和雇佣工人三者之间的经济关系。

《资本论》第4卷《剩余价值学说史》后来由考茨基整理出版。

第三节　马克思恩格斯新世界观的自然历史证明

一、新世界观的自然历史证明是时代发展的体现

马克思主义哲学体系是以自然观为基础，又在更高的基础上实现了自然观的革命。唯物史观形成之后，也就向自然观方面提出了完备自己逻辑体系的要求。只有在自然观上作出理论的发挥，历史观才获得了可靠的自然历史基础。

自19世纪五六十年代以来，欧洲、美洲和日本的资产阶级民主运动，进一步扫除了资本主义发展的障碍，并广泛地利用新的科学成就，大大地发展了资本主义经济。在这个时期，资本主义在经济上加剧了对外扩张，世界资本主义体系已经形成。随着资本主义的发展，出现了另一个重要特征，是资本主义各国发展的不平衡，资本主义开始在政治上走上全面反动。1886年，美国芝加哥等城市的工人，举行了震撼世界的"五一"罢工。工人阶级队伍的扩大，工人运动的发展，为各国工人政党的建立和马克思主义的传播创造

了条件。工人阶级队伍、工人运动的新情况和新问题包括：首先，大量破产的农民和手工业者涌入工人阶级队伍，把非无产阶级的思想意识带进工人队伍和无产阶级政党之中；其次，资产阶级收买技术工人和熟练工人，在工人队伍中出现了一个新的特殊阶层——"工人贵族"。这两种情况都是机会主义产生的重要原因。19世纪70年代，马克思和恩格斯对巴枯宁等机会主义进行了批判。这个时期，在思想意识领域中，特别是哲学领域中，也出现了一些新问题。第一，随着资产阶级在政治上的全面反动，资产阶级的腐朽的意识形态也日益发展和蔓延。意志主义、实证主义、新康德主义、新黑格尔主义等资产阶级哲学的变种，都表现出反科学、糟蹋理性的反动实质。第二，到19世纪后半叶，自然科学的发展也提出了许多的新问题。总的来说，经验自然科学已经积累了庞大的实证材料，并开始进入理论科学领域。尤其值得注意的是，资产阶级的某些哲学家，利用自然科学的新材料，制造所谓比马克思的哲学理论更要"科学"的哲学体系，向马克思主义哲学挑战。

从19世纪70年代初到1895年恩格斯逝世，马克思恩格斯在阐述和发挥辩证唯物主义的自然观方面，做了极大的努力，取得了辉煌的成果。这些理论创造，为马克思主义的新世界观提供了自然观的哲学基础。这一时期在自然观方面的理论创造，主要是由恩格斯完成的。恩格斯对辩证唯物主义自然观的论证和阐发，是马克思主义新世界观发展历程中的光辉篇章之一。它以崭新的内容丰富了马克思主义新世界观的理论宝库，为全世界的工人阶级提供了更加完备的科学世界观。至此，马克思和恩格斯所提出的科学共产主义理论原理和关于无产阶级革命的全部理论，获得了更为坚实的根基。恩格斯在更广的领域充实了马克思主义哲学的内容，并对马克思主义新世界观的发展作了概述和总结。一是阐述和发挥辩证唯物主义自然观，二是揭示原始社会的发展规律，三是总结新世界观形成和发展的历史经验。

二、以辩证唯物主义自然观代替形而上学自然观

马克思在写作《资本论》的同时，写下了长达1000余页的《数学手稿》。

这个手稿不仅表现了马克思对自然科学知识的极大兴趣，更为重要的是，它是考察马克思主义自然观理论思想产生和发展的重要依据。马克思恩格斯从事自然观的研究，首先是马克思主义哲学体系自身逻辑发展的要求，其次是当时自然观方面的理论斗争的要求。资产阶级哲学的代表人物，为了抵制马克思主义哲学的影响，利用和歪曲自然科学的新材料，打着"最新"科学的招牌，制造和传播唯心主义的哲学谬论。当时，物理学中克劳胥斯等人的"热力学唯心主义"、数学中的"数学唯心主义"、生理学中的"生理学唯心主义"、生物学中毕希纳等人的"社会达尔文主义"等，都是资产阶级哲学流派的表现。同时，19世纪50年代前后，自然科学中的细胞理论以及能量守恒和转化的理论，已经获得了新的发展，达尔文的生物进化论也已公之于世。这些重大的自然科学成果及其在自然观上引起的革命，已经非常明白地显示出来。但是，由于当时的自然科学家受到形而上学自然观的长期禁锢，人们还不能深刻地感到这种力量。能够深切地感受到这种理论并给予科学的说明的，则是首推马克思和恩格斯。

概括地说，在19世纪五六十年代期间，马克思、恩格斯在自然观上的革命成果，主要有以下三点：第一，马克思、恩格斯的自然观研究成果，打破了宗教理论和各种唯心主义自然观谬论。第二，马克思和恩格斯从总结自然科学的成果中，看到了物质世界的普遍联系，而这个思想包含了辩证法的一般特征的观点。第三，自然科学的新发现，为说明自然界的自然历史发展规律提供了最有价值的根据。

三、恩格斯《自然辩证法》对哲学和自然科学关系的重要论述

恩格斯的《自然辩证法》科学论述了哲学与自然科学的关系。

《自然辩证法》是恩格斯于1873—1882年期间写的一部宏伟巨著。在《自然辩证法》这部光辉文献中，恩格斯以最新的科学发展为基础，继续深入系统地批判了形而上学的生命观和自然观，阐发了科学的唯物辩证的生命观和自然观。《自然辩证法》是恩格斯的一部未完成的著作，由论文、札记和片段组成。马克思恩格斯一贯注重自然科学，虽然早在他们与以往旧哲学斗争的过程中就提出了马克思主义的自然观和科学观的许多基本思想，但由于他们当时所面临的迫切任务是创立唯物史观，所以并没有就这一问题进行专门研究和阐发。直到1873年，根据无产阶级革命实践发展的需要，恩格斯才开始写作《自然辩证法》一书，第一次系统阐述了马克思主义的自然观和

科学观。

"劳动创造了人"的科学论断是《自然辩证法》的重要观点。《劳动在从猿到人转变过程中的作用》是《自然辩证法》中的重要篇章。恩格斯的《劳动在从猿到人转变过程中的作用》一文，提出并论证了"劳动创造了人"的科学论断，揭示了人类的起源和从自然界向人类社会过渡的辩证法，为自然辩证法和历史辩证法、自然史和社会史的统一提供了结合点和关节点。

"辩证性"是恩格斯自然观的核心。《自然辩证法》是后人根据恩格斯对自然科学的哲学研究资料，分束整理形成的关于自然观的较为系统的论述。它把自然界看成一个普遍联系和运动发展的有机整体，人类存在及其活动既是自然界永恒运动过程的一个阶段，又构成一个特殊的部分。因而自然与人是统一的、一致的，统一的基础就是人类自然科学认识的辩证发展达到的对自然界辩证发展本来面目的认识。

恩格斯从他那个时代出发，敏锐地看到了哲学自然观与自然科学之间的密切关系，并做出了富有特色的尝试。其中大量观点丰富了他与马克思早期共同提出的唯物辩证自然观，对自然科学的许多具体探讨也提出了重要的见解。《自然辩证法》是以承认人类社会与自然界的根本性一致为前提的，恩格斯在全力以赴进行自然辩证法的研究时，并没有抛弃自己早年撰写政治经济学批判的"天才大纲"时对抽象唯物主义机械自然观采取的批评立场。在主张自然与人类实践的社会历史相统一这一点上，恩格斯与马克思是一致的。恩格斯坚定不移地反对自然主义的历史观，指出这种理论的错误在于认为只是自然作用于人，只是自然界到处决定人的历史发展，它忘记了人也反作用于自然界，改变自然界，为自己创造新的生存条件。

马克思和恩格斯对人与自然关系的研究采取了不同的角度。

马克思着重从人类社会的某一特定形态考察人与自然关系，他虽然也一般地论述人与自然的对象性关系，但更多的是考察人与自然物质变换的社会条件。恩格斯是从自然的历史考察自然的，他利用自然科学的发展成果揭示自然界的普遍联系和辩证发展，描述物质自然界从无机界向人类社会的演化过程，因而，自然是由近现代自然科学得以说明的统一的和发展的物质世界。为此我们应当把马克思的自然观与恩格斯的自然观结合起来理解，肯定其正确的东西，探讨它们在新的历史条件下对人与自然关系的启示，从而丰富我们时代的自然观。

在《自然辩证法》中，恩格斯强调指出，一个民族要想站在科学的最高峰，就一刻也不能没有理论思维；同时还指出，我们不要过分陶醉于我们人类对自然界的胜利，对于每一次这样的胜利，自然界都对我们进行了报复；我们决不能像征服统治异族人那样支配自然界。所以，恩格斯的这部光辉著作开辟了马克思主义哲学的一个新领域，为自然辩证法这一学科的建立奠定了理论基础。当代的自然辩证法研究有着很广泛的内容，已经发展成为一个多学科的学科体系。这对人类当代文明的继续发展有着重大的指导意义。

四、恩格斯《反杜林论》对哲学和自然科学关系的重要论述

恩格斯的《反杜林论》科学论述了哲学与自然科学的关系。

《反杜林论》全名《反杜林论（欧根·杜林先生在科学实验中实行的变革）》，写于1876年9月至1878年6月。这部著作的出版，是当时社会民主党内部路线斗争的必然产物，是无产阶级革命斗争的迫切需要。

1871年德国统一后，资本主义得到了迅速发展，工人阶级更加壮大，工人阶级和资产阶级的斗争更加尖锐。资产阶级为了维护它和容克地主的联合专政，一方面积极支持俾斯麦用暴力镇压无产积极革命运动，另一方面又大肆宣扬各种浅薄庸俗的折衷主义，企图瓦解无产积极的革命斗志，抵制马克思主义传播。

1869年建立的德国民主工人党（爱森纳赫派）是一个无产阶级政党，但在理论上尚不成熟。1876年该党与拉萨尔派合并时，并未和机会主义路线划清界限，致使党内机会主义妥协情绪上升，一些反马克思主义思潮流行起来。欧根·杜林从1870年就开始对马克思主义进行攻击，此后他写了大量著作，大肆宣扬折衷主义哲学、庸俗政治经济学和小资产阶级的社会主义，并自称为最后的"绝对真理体系"，在当时德国党内传播开来。机会主义者伯恩斯坦、莫斯特等人一时成为狂热的杜林分子，吹捧杜林是"科学领域内最热心、最果敢、最勤奋的领袖"，赞扬他的著作是"划时代的著作"。甚至连左派领袖倍倍尔也一度赞同和支持杜林的观点，在党内造成了思想上的极大混乱。为了彻底粉碎杜林的"体系"，清除杜林的反动思想给共产主义运动造成的危害，恩格斯写了《反杜林论》。

　　恩格斯在哲学编第九章"道德和法。永恒真理"一章中，集中批判了杜林在真理观上的唯心主义和形而上学。针对杜林永恒不变的道德原则以及他由此得出的假社会主义结论，恩格斯提出了真理都是有条件的、具体的；真理和谬误是相互联系、互相转化的，二者"只是在非常有限的领域内才具有绝对的意义"；思维既是至上的，又是非至上的，是至上性和非至上性的统一等重要思想观点。为了彻底驳倒杜林的"终极真理"，恩格斯分别从人们对非生物界、生物界和人类社会三个领域的认识，说明认识都是有条件的、非至上的，精辟阐述了马克思主义的真理观。

　　理论发展总是与当时自然科学发展和社会发展状况存在着内在的联系。马克思和恩格斯研究自然科学和自然观的成果，为说明哲学和自然科学的关系，揭示辩证唯物主义的自然观代替形而上学的自然观的历史必然性，作了必要的思想准备。这个问题，恩格斯在《自然辩证法》的"导言"和《反杜林论》的"旧序"中作了充分的准备。在自然科学中，由于它本身的发展，形而上学观点已经成为不可能的了。一方面，哲学必须从自然科学方面得到科学依据；另一方面，自然科学必须上升到理论思维的高度。首先，近代科学的发展为辩证法这种思维方式提供了科学前提。其次，自然科学本身必须上升到理论思维的高度。总之，在恩格斯看来，哲学和自然科学的关系是相互补偿的关系。近代自然科学和哲学发展的历史，充分证明了这一见解的正确性。

　　马克思主义是博大精深的理论体系，马克思和恩格斯给我们留下了大量的著述，其中有一本书具有很特殊的地位，并且被列宁称为"一部内容十分丰富、十分有益的书"，它就是《反杜林论》。这部著作是当时德国社会民主党内思想路线斗争的产物，它批判了拉萨尔的机会主义路线，同时也批判了以李卜克内西为代表的爱森纳赫派对拉萨尔派无原则让步、妥协、拿原则做交易的错误行为。

第四节　科学揭示原始社会的发展规律

一、"两种生产"理论与原始社会的发展规律

《家庭、私有制和国家的起源》（简称《起源》）是恩格斯关于古代社会发展规律的著作，写于1884年3月底，1884年10月在苏黎世出版。马克思曾经在1881—1882年，对摩尔根的《古代社会》一书作了详细的摘要，并且写了许多批语和其他补充材料，表明他曾打算联系唯物史观评述摩尔根的研究成果。所以，恩格斯把本书的写作，看作在某种程度上执行马克思的遗愿。《家庭、私有制和国家的起源》一书，在原始社会的发展规律方面为马克思主义哲学填补了空白，发展了马克思主义的国家学说。

马克思和恩格斯在19世纪40年代创立唯物史观时，就初步探讨过原始社会的所有制及社会结构问题。在《德意志意识形态》中，马克思和恩格斯曾提出"部落所有制"的交往形式。1871年，摩尔根发表了他的第一部关于原始社会史的著作——《人类家庭的血亲和姻亲制度》（《古代社会》）。马克思认真研读了《古代社会》一书，写下了许多评语，即《〈古代社会〉一书摘要》，成为恩格斯写作《起源》的重要依据。《起源》一书是唯物史观这一科学方法论在分析原始社会的科学运用，因而，《起源》一书绝不是摩尔根《古代社会》一书的补充和发挥，也不是一般的人类学著作，而是一部杰出的唯物史观作品。

"两种生产理论"是《家庭、私有制和国家的起源》中的重要内容。马克思和恩格斯的两种生产理论，揭示了原始社会的基本特征和"两种生产"（物质生产和人的增殖）的重要原理。恩格斯指出："依据唯物主义观点，历史中的决定性因素，归根结底是直接生活的生产和再生产。但是，生产本身又有两种，一方面是生活资料即食物、衣服、住房以及为此所必需的工具的生产；另一方面是人类自身的生产，即种的繁衍，一定历史时代和一定地区的人们生活于其下的社会制度，受着两种生产的制约：一方面受劳动的发展阶段的制约，另一方面受家庭的发展阶段的制约。劳动愈不发展，劳动产品

的数量、从而社会的财富愈受限制，社会制度就愈在较大程度上受血族关系的支配。"① 恩格斯关于两种生产的原理，为科学地说明人类史前的历史发展，提供了令人信服的理论依据。在此基础上，恩格斯科学揭示并阐释了私有制、阶级和国家的起源问题。

《起源》通过论述原始社会中家庭和氏族的演变，阐明物质生活的生产和再生产同样是人类史前历史的决定性因素。人类物质生活的生产有两种：一种是生活资料和为此所必需的工具的生产；另一种是人自身的生产，即种的蕃衍。一定历史时代的社会制度受这两种生产的制约，而劳动愈不发达，劳动产品的数量愈受限制，社会历史就愈在较大程度上受人自身生产的支配。人类在蒙昧时代和野蛮时代，从最初的杂乱性交依次进到血缘家庭、普那路亚家庭、对偶家庭、一夫一妻制家庭。氏族则是从普那路亚家庭直接发生的，它经历了从母系氏族到父系氏族的发展。原始时代家庭的发展，在于不断缩小两性共同婚姻的范围，依次排斥亲属通婚。而氏族起源于共同的祖先，以血缘亲属为纽带。这些特征主要由人自身的生产所决定。

《起源》还通过解析阶级和国家的产生过程，阐明物质资料生产在人类历史发展中日益占据主要地位。在母系氏族社会，公有制经济是社会的基础。当游牧部落从野蛮人群中分离出来后，生活资料的生产有了发展，出现了剩余产品和经常的交换，产生了私有财产，从而带来了奴隶制。随着手工业和农业之间的社会大分工，生产力有了新的提高，出现了直接为交换而进行的生产，出现了商人和货币。自由民和奴隶、穷人和富人之间发生了尖锐的对立与冲突。由于生产条件的变革及其所引起的社会结构的变化，使得氏族制度由人民直接掌握的公共权利演变成脱离人民的公共权力。这种从社会中产生，但又自居于社会之上，并且日益同社会脱离的力量，就是国家。国家是阶级矛盾不可调和的产物，它也将随着阶级的消灭而消失。著作揭示了原始社会的历史进程、发展规律和家庭、私有制、国家的起源，进一步丰富和证明了唯物史观的基本原理。

二、关于人怎样创造历史的科学论述

无论是经济运动还是上层建筑中的诸因素，它们的交互作用及其对社会发展的影响，都是通过社会的人去实现的。人作为历史的主体，从根本上说来，体现在人对历史的创造之中。马克思恩格斯从来没有忽视人对历史的创造作用，尤其重视在创造历史的过程中个体发展的作用。

马克思和恩格斯通过批判蒲鲁东、巴尔特等人把人、个人在历史发展中的作用庸俗化的思想错误，科学揭示了人、个人的精神意志等因素在社会历史发展中的作用，科学而深刻说明了历史规律的制约性和人的意志的作用之间的矛盾。恩格斯指出，一方面，许多单个意志的相互冲突的结果，体现在像自然规律一样的历史合力中；另一方面，每个人的意志"都对合力有所贡献"。

第五节　新世界观形成与发展经验的科学总结

一、对德国古典哲学的科学总结

《路德维希·费尔巴哈和德国古典哲学的终结》（以下简称《费尔巴哈论》）是恩格斯1886年写成的，是适应19世纪80年代革命斗争需要而写的。这篇重要文献，既是对德国古典哲学的继续批判，又是对马克思新世界观的继续发展。

19世纪80年代以来，由于马克思主义的广泛传播，更加引起了资产阶级及其代言人的敌视和反对。资产阶级反对马克思主义哲学的手法，是打着最新"科学"的幌子，竭力恢复德国古典哲学中的陈旧东西，贩卖反动的唯心主义和不可知论。其中有代表性的学派：一个是英国的新黑格尔主义，他们从主观唯心主义的立场出发，利用黑格尔哲学的"绝对精神"，把"绝对精神"换成"绝对经验"，否认感觉之外的客观实在。另一个是德国的新康德主义。他们打着"回到康德去"的口号，宣扬康德哲学的不可知论。资产阶级哲学用以对抗马克思主义哲学的另一手法是在理论上制造混乱。他们把马克思主义的辩证法说成是黑格尔哲学的简单继承，把马克思的唯物主义说成是费尔巴哈人本学的再版，企图以此抹煞马克思主义哲学和德国古典哲学的原则区别，阉割马克思主义哲学的革命性。这在理论界，尤其在德国工人运动中，造成了极大混乱。恩格斯说："因此，我越来越觉得把我们和黑格尔哲学的关系，即我们怎样从这一哲学出发并且怎样同它脱离，做一个简明扼要而有系统的说明是很有必要的了。"①

在这种现实与理论的背景下，只有坚持马克思主义哲学，用马克思主义哲学教育工人群众，才能有效地抵制资产阶级哲学的影响；同时，在理论上也有必要全面说明马克思主义哲学和德国古典哲学的关系。1881 年，恩格斯写下了《路德维希·费尔巴哈与德国古典哲学的终结》一书（简称《终结》），积极而科学地总结了马克思主义哲学理论自身发展的规律和经验。

这部著作概括了马克思、恩格斯一生哲学方面的伟大成就，全面系统地阐明了马克思主义哲学同德国古典哲学的关系，主要是同黑格尔和费尔巴哈的关系；揭示了马克思主义哲学的理论来源，系统地论述了马克思主义哲学的基本原理，特别是历史唯物主义的基本原理，阐述了马克思主义哲学的产生在人类认识史上的伟大变革意义。第一，恩格斯首先分析了黑格尔哲学中的"合理内核"即辩证法思想，阐述了辩证法基本思想，同时揭露了黑格尔哲学的体系和方法之间的矛盾。第二，分析了费尔巴哈的唯物主义学说，指出了费尔巴哈哲学产生的重大意义。第三，通过对费尔巴哈宗教、伦理观的批判，揭示了费尔巴哈唯心史观和达不到历史唯物主义的主要原因。第四，阐明了马克思主义哲学产生的理论来源和自然科学前提。第五，论述了马克思主义哲学与德国古典哲学的原则区别，说明了马克思主义哲学的产生是哲学史上的伟大变革。

恩格斯在《费尔法哈论》第二章第一次提出了思维和存在的关系问题是哲学的基本问题，并以此为根据精辟地论述了费尔巴哈哲学的唯物主义性质，同时指出了包括费尔巴哈在内的旧唯物主义的局限性。这在哲学发展史上是具有重大意义的。

---

① 中共中央马克思恩格斯列宁斯大林著作编译局．马克思恩格斯文集：第 4 卷［M］．北京：人民出版社，2009：266.

二、对历史唯物主义理论的重要补充

马克思主义理论是在斗争中向前发展的。19 世纪中叶后，马克思的唯物史观已经在实际上成为社会主义者的科学方法论，与此同时，它在自己的发展中受到资产阶级和党内修正主义者的歪曲。把历史唯物主义庸俗化、简单化和教条化。这种倾向引起了恩格斯的高度关注。首先出来歪曲唯物史观的是莱比锡大学的历史教授、资产阶级评论家保尔·巴尔特（1858—1922）。他在 1890 年出版了《黑格尔和包括马克思及哈特曼在内的黑格尔派的历史哲学》一书，第一次把马克思的唯物史观歪曲为"经济唯物主义"。巴尔特从唯心主义和形而上学立场出发，对历史唯物主义作了极为荒谬的歪曲。对历史唯物主义进行歪曲的另一个代表人物是《青年派》领导人保尔·恩斯特。恩斯特是德国当时出现的"文学家和大学生骚动者"。他的主要错误是把历史唯物主义当作现成的套语，当作任意剪裁历史的死板公式。恩斯特是当时把历史唯物主义公式化的典型和代表。马克思、恩格斯关于经济关系和政治关系相互作用的原理，在一些著名的马克思主义宣传家那里，也存在着某些不妥当的论述。如，党的卓越活动家拉法格也表现了把马克思主义庸俗化的情况。拉法格的重要著作《意识起源论》，所用的副标题就是《卡尔·马克思的经济决定论》，这个题目的确定本身，就反映了拉法格对马克思的唯物史观有着片面化的理解。另一位马克思主义宣传家梅林，在他的著作《莱辛传奇》一书中也表现了这一倾向。

鉴于上述情况，恩格斯认为，有必要对历史唯物主义的一些重要理论作出全面的阐述和必要的补充。恩格斯所论述的内容，主要有以下几个方面：第一，历史唯物主义不是现成的公式，而是研究历史的科学方法。第二，论述了经济运动和政治权力、物质生产和思想意识的相互作用。恩格斯指出，经济关系不是社会发展的唯一决定因素，经济运动与政治权力是交互作用的关系，物质生产与思想意识也是交互作用的关系。总之，恩格斯认为，在历史的发展中，物质生产和思想意识是相互作用的。其中，物质生产是第一性的、决定性的作用，思想意识是第二性的作用，是对物质生产的反作用，物质生产的必然性通过思想意识的偶然性为自己开辟道路。同样，马克思、恩格斯认为，无论是经济运动还是上层建筑中的诸因素，它们的交互作用及其

对社会发展的影响，都是通过社会的人去实现的。人作为历史的主体，从根本上说来，体现在人对历史的创造之中。马克思恩格斯从来没有忽视人对历史的创造作用，尤其重视在创造历史的过程中个体发展的作用。马克思和恩格斯，通过批判蒲鲁东、巴尔特等人把人、个人在历史发展中的作用庸俗化的思想错误，科学揭示了人、个人的精神意志在社会历史发展中的作用，科学而深刻地说明了历史规律的制约性和人的意志的作用之间的矛盾。恩格斯指出，一方面，许多单个的意志的相互冲突的结果，体现在像自然规律一样的历史合力中；另一方面，每个人的意志"都对合力有所贡献"。

简要总结

从 1871 年巴黎公社到 19 世纪末马克思主义哲学的历史发展，在这个时期，马克思恩格斯在对机会主义思潮进行批评中阐发了历史唯物主义的一些重要理论。此后，为了解决自然科学和哲学斗争中出现的许多新问题，恩格斯以其主要精力投身于自然观方面的理论研究。马克思主义哲学在这个时期发展的主要成果，就是对辩证唯物主义的自然观作了系统阐发，从而在一个极其重要的方面填补了马克思主义哲学理论体系的空白，为马克思主义哲学确立了自然观方面的基础。在马克思恩格斯新世界观创立之初，他们在自然观方面只是限于一般的哲学抽象，只是把黑格尔派的自然哲学从其唯心主义的基地上拯救出来，把它建立在唯物主义的基础上来，未能作出系统的阐发。只是到了 19 世纪 70 年代，他们基于对自然观所作的深刻研究和论述，在这方面沿着从抽象上升到具体的道路，达到科学的理论形态。

恩格斯对辩证唯物主义自然观的论证和阐发，是马克思主义哲学史上最光辉的篇章之一。西方资产阶级学者有意把恩格斯关于自然辩证法的研究同马克思在 19 世纪 40 年代关于社会历史发展的理论思想对立起来，这是对马克思恩格斯的新世界观的完整理论进行非历史地割裂和歪曲。与这种非科学的评价相反，在马克思主义哲学史的编著工作中，应当把马克思早期哲学思想的发展，同恩格斯对自然观的理论阐述历史地和逻辑地统一起来，从而完整地把握马克思恩格斯的新世界观发展的主线。除此之外，恩格斯在这个时期对原始社会史的研究，对马克思关于人类学笔记的发挥，在晚年对德国古典哲学的科学总结，对历史唯物主义的一些原理的补充、论述，都以崭新的内容丰富了马克思主义哲学理论体系的宝库。

思考题

1. 新世界观在制定共产主义理论原理上的体现是什么？
2. 论述新世界观在经济科学理论中的运用和证明。
3. 论述马克思恩格斯新世界观的自然历史证明。
4. 论述恩格斯"两种生产"理论及对原始社会发展规律的揭示。
5. 论述恩格斯"历史合力"论的思想内容、理论地位。
6. 论述恩格斯对"经济唯物主义"的批判。
7. 恩格斯晚年是如何批判历史唯物主义庸俗化观点的？

专题三

马克思恩格斯在新的实践中的理论探索

学研导引

1. 第一国际的成立、纲领、贡献。
2. 巴黎公社革命运动的成就、伟大历史意义。
3. 《法兰西内战》的主要内容、理论地位。
4. 《哥达纲领批判》的主要内容、理论地位。
5. 马克思恩格斯对蒲鲁东主义的批判。
6. 马克思恩格斯对巴枯宁主义的批判。
7. 马克思恩格斯对拉萨尔主义的批判。
8. 马克思恩格斯对工联主义等的批判。

1848 年 2 月《共产党宣言》的发表，标志着马克思主义的诞生，这是不同于以往一切时代的新的世界观。新世界观的创立需要一个检验的舞台，历史很快为这一检验提供了机遇。经过欧洲革命运动鲜血的洗礼，工人运动迫切地需要科学理论的指导，马克思主义理论适时地与之结合起来，迎来了运用与完善新世界观的历史时期。巴黎公社革命中一个重要的核心性要素便是无产阶级所领导的工人运动。工人运动在历史的发展中找到了自己的灵魂，这就是马克思主义。一方面，工人运动由自发走向自觉，历史性地选择了马克思主义，保证了自己的航向；另一方面，马克思主义在工人运动的实践中得到了检验，获得了丰富和发展，在同各种机会主义的斗争中发挥出改造世界的作用。

反抗资本主义工厂制度及其剥削的现实斗争，使无产阶级在斗争中逐步成熟起来，由非理性的情感宣泄到有组织的群体罢工，工人阶级在斗争中迫切地呼唤自己的组织纲领、思想路线，第一国际就是在这样的情况下应势而出。可以说，工人运动的需要促进了国际工人协会的诞生，国际工人协会一旦诞生就适时地成为工人运动的领跑者。工人运动的革命实践斗争为各种社会思潮提供了检验的舞台。面对国际工人协会内部的各种思潮，马克思和恩格斯自觉地肩负起与各种机会主义思潮作斗争的任务。任何一个时代，总会有各种各样的思潮，他们都是适应时代的需要而产生的，哪一种思想能够被工人运动所接受，这不仅是理论的课题，更重要的是实践的课题。实践以其多样化的现实为社会生活提供独具特色的历史性问题，理论就在这一时代的土壤中应运而生。

第一节　风起云涌的工人运动

一、第一国际

在1848年欧洲革命后，资本主义经济有了较快的发展，逐步形成了世界市场。与此相应，工人阶级的队伍也有了长足发展。压迫与反压迫的斗争一直在持续着。经济的繁荣刺激了工人阶级运动的复苏，工会组织适时地获得发展，并且举办了一些有影响的会议，马克思就参加了1863年3月工会组织的会议。1863年7月在伦敦召开的关于波兰起义的群众大会，直接促成了国际工人协会的建立。1864年9月28日，马克思应邀参加了在伦敦召开的会议，并为会议撰写了标志第一国际成立的《协会临时章程》和《国际工人协会成立宣言》。第一国际作为马克思政治活动的集中体现，成为马克思生活的重要部分。原本马克思正忙于写作《资本论》，可工人运动的发展形势使马克思不得不为国际协会的工作占用了大量的时间，马克思在第一国际这一组织上发挥着实际领导者的作用。

在《协会临时章程》中，马克思认为，工人运动有着自己的原则，即工人阶级的解放只能由自身去争取，不能把希望放在其他任何阶级身上。其目的在于消灭阶级统治——无论是以任何一种形式存在的阶级统治。阶级统治的消灭必然要求推翻现存的资产阶级政权，建立工人阶级政权。由于工人阶级的生存状况主要取决于经济条件，经济的解放对工人阶级来说是最直接的利益诉求。这时，争取工人阶级的经济解放就成为第一国际努力贯彻的一项重要目标，罢工、游行、争取普选权等政治运动都服从于这一主要目标。

《国际工人协会成立宣言》体现了马克思为团结工人阶级的各个团体所采用的统一战线思想，也就是将坚定的原则性与温和的形式结合起来。马克思从工人贫困的现实和英国官方的统计数字来说明工人阶级与资产阶级反差的强烈存在。不论是机器的改进，科学在生产上的应用，交通工具的改良，新的殖民地的开辟，向外移民，扩大市场，自由贸易，或者是所有这一切加在一起，都不能消除劳动群众的贫困；在现代的基础上，劳动生产力的任何新的发展，都不可避免地要加深社会对比和加强社会对抗。贸易的扩大，经济的发展，科学的进步，技术的提高，交往的扩大，不仅没有改善工人阶级的贫困状况，相反，贫富分化在国家进步的旗帜下却越来越大。纺织工人、农民、陶工、童工等贫困依旧，健康堪忧，饿死成为正常现象，这是工业化的社会瘟疫，它加剧了社会矛盾的内在对抗，这是早期资本主义生产发展的一种必然的历史趋势。

1848 年欧洲革命失败后，工人阶级依然在进行顽强的斗争，有两件事值得提起：一是《十小时工作日法案》的通过，缓解了工人在体力、道德、智力等方面的压力。《十小时工作日法案》不仅是一个重大的实际的成功，而且是一个原则的胜利；资产阶级政治经济学第一次在工人阶级政治经济学面前公开投降了。二是合作运动的开展，这项社会实验表明了有效的生产不是使生产工具被少数人垄断而作为统治的工具。雇佣劳动，也像奴隶劳动和农奴劳动一样，只是一种暂时的和低级的形式，它注定要让位于联合劳动。由于合作劳动有利于工人而不利于资本家，因此必然受到掌握政权的统治阶级的破坏；而且合作运动只有在全国范围内展开才具有有效性，才能解放劳动群众，取得反对资本力量的胜利。国际工人协会的创立就是要团结各国工人，形成并肩作战的运动。工人阶级的解放已经在某些方面取得了成效，如废除奴隶制，反抗专制的俄国沙皇。由于巴黎公社革命的失败，反动势力的强大，国际工人协会的工作难以继续有效地开展。1877 年 9 月，第一国际在比利时召开了根特代表大会，这是第一国际的最后一次代表大会。马克思和恩格斯为第一国际的工作做出了伟大的贡献。

二、各国工人协会的成立

第一国际成立以后，致力于宣传无产阶级思想，建立无产阶级政党。当时在法国、英国和德国等国都存在着各种各样的旧政党，有贵族的或资产阶级的、君主派的或者共和派的政党。工人阶级要想摆脱旧政党的影响，就需要在每一个国家里建立一个无产阶级的政党，以便和旧政党的影响作斗争。无产阶级政党要有自己的方针、政策、纲领、路线，以区别于旧政党空洞的宣传、虚伪的和善。在斗争的策略上，每一国的无产阶级政党都要根据本国的实际情况而有所不同。由于劳动和资本的关系在每一个国家得到的表现基本一样，资产阶级对无产阶级的政治统治仍是一个非常明显的事实性存在，这就要求各国无产阶级政策的原则和目的必然是一致的。一句话，建立无产阶级政党才是解决劳动和资本之间矛盾的根本方法。

19 世纪中期，资本主义国家各种矛盾的不断深化和激化。资本主义列强之间的战争催动了各国工人运动的兴起，如 1864 年的普鲁士对丹麦的战争，1866 年普鲁士对奥地利的战争。在英国，伯明翰和曼彻斯特这两个最大的工业城市的工人所组成的工会在第一国际成立不久就加入其中；在德国，工人阶级团结起来反对对他国（法国）的武装侵略，要求和法国人民友好往来，因而受到政府的迫害，许多工人被投入监狱，这不是一国之事，而是具有国际的性质；在奥地利，许多工人同样也被关在监狱里，工人运动并不因国家政权的镇压而停止；在法国的里昂、马赛、波尔多、图卢兹等地都建立了国际工人协会的支部，成为反抗侵略的灵魂和力量；在比利时，也建立了强大的工人协会组织；在瑞士，尽管各支部之间出现了意见分歧，这种分歧在无产阶级反抗资产阶级的斗争中必然会平息下去；在美国，工人们也建立了自己的组织，即劳工同盟，以广博的胸怀接纳法国人支部、德国人支部和捷克人（波希米亚人）支部，并和各支部保持着兄弟般的关系。

第二节 伟大的巴黎公社革命运动

一、巴黎公社革命的爆发

为了掠夺原料产地，扩大商品市场，获得超额利润，资本主义自诞生之日起就以对内镇压工人阶级的反抗、对外扩张侵略为主要手段进行着资本的原始积累。到了 19 世纪 60 年代更是达到了疯狂的地步。

欧洲资本主义强国不断争夺欧洲霸权，转移国内危机。为了延续自己的大国地位，争夺欧洲霸权，转移国内危机，法兰西在 1870 年 7 月向普鲁士宣战，9 月初，法军在色当会战中惨败，法国皇帝拿破仑三世宣布投降，帝国崩溃。9 月 4 日，以特罗胥、梯也尔为首的资产阶级共和派趁机夺权，组成国防政府。然而普鲁士政府不满足于法国的割地赔款，1871 年 2 月 26 日，德法两国签订了《凡尔赛和约》，法国割让阿尔萨斯和洛林两地，战争赔款达 50 亿法郎。为获取更大利益，德军包围了巴黎，为了使巴黎免于沦陷，巴黎的工人阶级武装起来，成立了近 30 万人国民自卫军。梯也尔政府由于害怕政权旁落，对外向普鲁士政府投降，对内想方设法地解散、镇压国民自卫军。1871 年 3 月 18 日，梯也尔政府派军偷袭了蒙马特尔高地，企图解除巴黎工人的武装，为了保卫巴黎，巴黎公社革命爆发。

以马克思为代表的第一国际一直在关注着国际上的风云变幻。巴黎公社革命是历史上第一次在无产阶级领导下的革命，法国的政治局势动荡，经济形势不稳为这次革命提供了历史的契机。工人阶级用暴力手段打败了梯也尔的国防政府，建立了无产阶级专政，制订并实施了符合社会主义性质的社会政策。

巴黎公社在政治、经济、文化等方面制定了一系列规章制度，为无产阶级政权树立了榜样。

二、巴黎公社的执政成绩

巴黎公社所实行的各项政策都具有工人阶级的特色，表明了人民当家作主的可行性。这些政策的实行给巴黎带来了什么样的局面呢？马克思对此进行描述：公社奇迹般地改变了巴黎的整个面貌，将第二帝国统治下的醉生梦死、花花世界般的巴黎予以消灭了。巴黎公社所创造的社会安定局势正是共产主义的第一次演练。

在这里，既要对现代社会的经济基础和上层建筑有一个清楚的认识，也要善于从旧世界的矛盾中发现新世界的萌芽。马克思恩格斯认为，工人阶级知道，他们必须经历阶级斗争的几个不同阶段。他们知道，以自由的联合的劳动条件去代替劳动受奴役的经济条件，只能随着时间的推进而逐步完成（这是经济改造）；他们不仅需要改变分配，而且需要一种新的生产组织，或者毋宁说是使目前（现代工业所造成的）有组织的劳动中存在着的各种生产社会形式摆脱掉（解除掉）奴役的锁链和它们目前的阶级性质，还需要在全国范围内和国际范围内进行协调的合作。他们知道，这一革新的事业将不断地受到各种既得利益和阶级自私心理的抗拒，因而被延缓、被阻挠。他们知道，目前"资本和地产的自然规律的自发作用"只有经过新条件的漫长发展过程才能被"自由的、联合的劳动的社会经济规律的自发作用"所代替，正如过去"奴隶制经济规律的自发作用"和"农奴制经济规律的自发作用"之被代替一样。但是，工人阶级同时也知道，通过公社的政治组织形式，可以立即向前大步迈进。他们知道，为了他们自己和为了人类开始这一运动的时刻已经到来了。这是马克思第一次从理论上探讨向共产主义过渡的文件，只是在其后的《哥达纲领批判》中才把这一理论具体化。马克思关于过渡时期的理论是随着革命实践的发展逐渐展开的，正是巴黎公社革命为这一理论提供了实践的依据。马克思·恩格斯告诉我们，坚持阶级斗争是分为不同的阶段的，目的在于"以自由的联合的劳动条件去代替劳动受奴役的经济条件"，这是人类发展的高级阶段。尤其重要的是，要改变压迫式的分配制度，使劳动力价值真正得到体现，这一点离不开阶级斗争。公社并不取消阶级斗争，工人阶级正是通过阶级斗争致力于消灭一切阶级，从而消灭一切阶级统治；但是，公社提供合理的环境，使阶级斗争能够以最合理、最人道的方式经历它的几个不同阶段。从这里我们可以看到，马克思所总结的巴黎公社在过渡时期阶级斗争的形式和方针，消灭那代表阶级压迫的工具不是别的，正是阶级斗争。在马克思看来，"通过阶级斗争致力于消灭一切阶级"，巴黎公社所要做的就是使阶级斗争的不同阶段坚持"最合理、最人道的方式"。可以说，巴黎公社革命体现了对生命和道义的尊重，历史正是从这份尊重中找到了无产阶级革命对待生命的态度，即严惩首恶、协同轻办；可在巴黎公社革命时期却为此付出了极大的牺牲，没有乘胜打击敌手的有生力量，反而为其提供了喘息的时间，把自己置于危险的境地，并最终导致失败。

三、工人运动在反思中前进

（一）巴黎公社革命失败的教训

巴黎公社革命失败最大的教训在于没有形成一个有力的领导核心。从巴黎公社委员的领导力量来说，主要分为两派——以布朗基派为核心力量的多数派，以蒲鲁东派为核心力量的国际工人协会会员为少数派。多数派在国民自卫军中央委员会里也占统治地位，凭着革命的无产阶级本能进行革命，主要负责政治纲领的制订和执行；少数派是蒲鲁东派社会主义的信徒，主要负责经济政策的制订和执行。

蒲鲁东派坚持改良主义立场，主张经济发展的力量在于竞争、分工和私有财产，对于工人合作社持反对的态度，却不知银行是资本最有力的支持者，可见他们并不懂得经济发展的规律，因而最终受到了历史的嘲弄。布朗基派即专政的社会主义，占巴黎公社的多数领导职位，主张少数人（宗派）的专政而不是无产阶级专政，依靠密谋冒险起义，这样就很难有一个大的全局观。这样我们就可以理解为什么巴黎公社革命在军事指挥上陷入混乱的局面，完全有条件进行进攻和防御相结合，却陷入单纯的防御之中；原本可以有条件乘胜追击，却忙于公社的选举而贻误了攻敌时机。我们也可以理解为什么公社没有发动农民结成广泛的统一战线。为什么公社对国家财政没有进行有效的控制？所有这些，都在于他们缺乏一个坚强有力的领导核心，缺乏一个成熟的马克思主义政党。一个坚强有力的领导核心或成熟的马克思主义政党那是在斗争中经过千锤百炼，经过无数次艰难坎坷才会形成的。

（二）巴黎公社的基本经验：无产阶级专政

巴黎公社革命与以往的社会革命不同的地方在哪里？马克思对这一问题进行了思考。马克思认为，巴黎公社革命是新制度的首次尝试，它是为了解放全人类，打碎资产阶级国家旧机器的伟大创举。用什么样的国家机器代替剥削阶级社会，或者说，能否用旧的国家机器达到工人阶级的目的？这在历史上从来就没有先例，巴黎公社革命对此进行了诠释。现成的国家机器从来都是以剥削压迫为主的，历史上存在的政权都是以极权专制为主要形式，即按照等级分工而建立的专制君主制。"工人阶级不能简单地掌握现成的国家机器，并运用它来达到自己的目的"，这一结论不仅是建立在对无产阶级革命运动的科学分析基础之上的，而且也是建立在对资本主义国家机器的深刻理解和批判基础上的。

马克思在《共产党宣言》中就说明了人类社会的历史是以阶级斗争为主导线索的，并明确宣布共产党人的目的在于用暴力手段推翻现存的社会制度。1848 年欧洲革命之后，马克思恩格斯就在理论和实践上探讨着无产阶级发挥历史作用的可能途径。马克思在总结 1848 年的六月革命失败的经验时就已经明确指出：历史从来都会把幻想的尊重抛到垃圾堆里，革命失败让人们明白了这样一条真理，即它要在资产阶级共和国范围内稍微改善一下自己的处境只是一种空想，这种空想的实现往往会成为不可饶恕的罪行。恩格斯为《法兰西内战》所写的 1891 年单行本导言中谈到了 1848 年的六月起义，恩格斯认为，反动的政府利用自己在军事上的压倒性优势对六月起义的工人们进行了残酷镇压，对手无寸铁的俘虏进行了血腥屠杀，这样的屠杀表明了，一旦无产阶级要求自身利益并和资产阶级进行对抗，资产阶级就会以疯狂的残暴手段来进行报复。资产阶级共和国依靠其无所不在的秩序保持着阶级统治和奴役工人的优先权，一旦工人阶级试图冒犯这一秩序，就会遭到残酷的攻击和镇压。在《路易·波拿巴的雾月十八日》一文中，马克思也谈到了一部分工人领袖奉行改良主义的路线必然以失败告终，当无产阶级中的一部分人醉心于教条的实验的时候，醉心于成立交换银行和工人团体的时候，醉心于对旧世界抱有一种不切实际的幻想，不去利用自身所具有的一切强大手段来推翻旧世界，这注定是要失败的。如果说，以上对无产阶级打碎旧的国家机器的使命还具有猜测的性质，那么巴黎公社革命则把这一猜测变为现实。

从马克思对资产阶级国家机器的几点理解可以得出：

一是资产阶级国家机器建立的前提条件，即资产阶级的国家机器是建立在对封建社会的否定之中的。为了否定高度集中的封建王权，资产阶级同样需要以集权来对抗专制，这就是说，资产阶级革命既有反封建的一面，又有不彻底的一面。二是资产阶级一旦确立自己的统治地位，工人和资本家之间的阶级矛盾就成为主要的矛盾。以科学技术为先导的现代工业在最大的程度上发展着现代社会的生产力，生产力的进步促使资本和劳动之间的阶级对立不断扩大和深化。同时，国家政权变成了资本借以压迫劳动的资产阶级政权。它是以维护资产者的利益为核心，相应地就采取了资本压迫劳动的方式。资本主义的国家机器和现代科学技术、资本以及现代管理的结合，取得了一种类似主人的特权，而工人则在生产中下降为生产线上的一个工具。三是革命所具有的"照妖镜"性质，使资产阶级的假民主真反动的本质清楚地显露出来。每当无产阶级起来进行革命的时候，资产阶级国家政权的赤裸裸的压迫性质就暴露出来。一旦有哪些奴隶和被压迫者不堪忍受资产阶级的主人的压迫与专制，起来进行反抗的时候，资产阶级有的只是赤裸裸的野蛮、残酷、鲜血。占有者和生产者之间所爆发的每一次阶级斗争，都以血淋淋的现实提醒着这种事实。波拿巴的议会制共和国就是在镇压工人运动的过程中走向专制帝国的。资产阶级所谓的民主共和国最终在工人运动的历史进程中走向专制与反动。

既然资本主义国家是以专制为特征的国家机器，那么无产阶级革命运动就必然以建设一个民主政治，并打碎旧的国家机器为己任，如果不用激烈的革命手段来消除旧政权的腐朽的政治条件和社会条件，要看到一个新生的法兰西共和国那是不可能的。所以，要用革命的暴力手段来给资产阶级统治以致命的打击。巴黎公社革命彻底粉碎了君主制存在的条件，为共和国奠定了真正民主制度的基础。尽管人们可以对巴黎公社有着各种各样的解释，然而在其阶级实质上却是一致的，即它的反压迫性。公社的真正秘密就在于：它实质上是工人阶级的政府，是生产者阶级同占有者阶级斗争的产物，是终于发现的可以使劳动在经济上获得解放的政治形式。一句话，巴黎公社是历史上第一个无产阶级专政的政府，其任务就在于转变生产资料的性质——把生产资料私有制转变为生产资料公有制，如此才能消除阶级压迫和阶级统治的存在。巴黎公社要做的历史性的任务就是把旧政权的以压迫为性质的剥削机关予以铲除，把旧政权的合理职能从僭越和凌驾于社会之上的统治当局那里夺取过来，归还给社会，归还给人民。以公有制来取代私有制，铲除压迫，使劳动获得解放，这就是巴黎公社革命的历史任务，这一任务也是无产阶级社会主义革命的首要任务。

（三）巴黎公社革命的历史意义

巴黎公社开始了资本主义向共产主义过渡的伟大尝试，其经验表明，在既定的生产方式之中进行上层建筑的变革是一个长期的历史过程。

正如马克思在《共产党宣言》中所表述过的"两个必然""两个决不会"，资本主义在其生产力所能容纳的范围内具有着顽强的自我调节能力，巴黎公社可算是在资本主义体制内的一次检校，迫使资本主义在既定的范围内改善劳资矛盾。同时，巴黎公社革命也让无产阶级清醒地认识到自身的解放需要不断地进行斗争，革命斗争的经验正是从不断的失败中积累起来的。在马克思恩格斯看来，工人阶级并没有期望公社做出奇迹。他们不是要凭一纸人民法令去推行什么现成的乌托邦。工人阶级不是要实现什么理想，而只是要解放那些由旧的正在崩溃的资产阶级社会本身孕育着的新社会因素。巴黎公社第一次以无产阶级的尊严宣示：工人阶级的解放不是一场乌托邦之梦，而是需要不断地在改造旧世界中发现新世界。

在这里，既要对现代社会的经济基础和上层建筑有一个清楚的认识，也要善于从旧世界的矛盾中发现新世界的萌芽。马克思恩格斯认为，工人阶级知道，他们必须经历阶级斗争的几个不同阶段。这是马克思第一次从理论上探讨向共产主义过渡的文件，只是在其后的《哥达纲领批判》中才把这一理论具体化。马克思关于过渡时期的理论是随着革命实践的发展逐渐展开的，正是巴黎公社革命为这一理论提供了实践的依据。

为了这个真正历史的开始，就需要对旧世界的经济进行改造，使生产的社会化逐步摆脱受私有制利益操纵的可行性，以合作互助的方式产生新的生产组织——合作制生产，并用它去取代资本主义制度，把一个个合作社按照共同的计划联合起来以调节全国生产，以有计划的方式在全国范围和国际范围内展开有组织的统筹协调工作。这样才能从根本上终结资本主义生产的无政府状态和周期性经济动荡的社会顽疾。

以革命的武装应对反革命的武装，即暴力革命，这是巴黎公社革命得出的了一条重要的经验。没有一支强有力的革命武装，要打碎旧的国家机器，建设新纪元的革命，那是不可能的。

无产阶级专政就是要用革命手段消除在旧帝国的庇护下产生的腐败的政治条件和社会条件，要还给法兰西人民一片清洁的天空。什么样的革命才能给予旧势力的统治者以致命的打击？正是武装起来的工人运动。为了人民的利益而掌握自己的社会生活的行动，这在历史上是一个新的尝试和开端，只有巴黎公社革命才是针对着国家的阶级统治进行的革命，它是以粉碎阶级统治为己任的。正是从这个意义上说，巴黎公社革命构成了社会主义革命的开端，它所开创的精神和倡导的原则必然会成为新世界的精神。

第三节　马克思恩格斯对蒲鲁东主义的批判

国际工人协会成立时期，协会内部不仅有马克思的历史唯物主义，还存在着蒲鲁东主义、巴枯宁主义、拉萨尔主义、工联主义、费边主义等各种机会主义。各种机会主义的共同特点是以唯心史观为基础，反对工人阶级的革命与解放。马克思、恩格斯联合马克思主义者，同各种派别的机会主义进行了理论上的斗争。在批判和斗争中，马克思写了两篇《关于普法战争的宣言》以及《法兰西内战》《巴枯宁〈国家制度和无政府状态〉一书摘要》《哥达纲领批判》《给德国社会民主党的通知》等一系列著作和书信，批驳了各种机会主义的谬误，澄清了工人阶级的信仰，捍卫了历史唯物主义，使马克思主义理论获得广泛发展。

比·约·蒲鲁东（1809—1865）出生在法国，在成长中受到小资产阶级思想的影响。在 1840 年出版了《什么是财产》，以一种扬弃财产的空想形式表明自己的社会主义立场；1846 年出版了《经济矛盾的体系，或贫困的哲学》，宣扬改良主义，主张私有制，反对公有制，把资本主义生产关系赋予神圣化。其追随者主要是农民、手工业者和商店店员。从职业性质出发，他们认为发展合作机构互助制、人民银行、保护关税等措施，就不用触动资本主义的统治而消除其弊病。并且蒲鲁东主义的支持者在第一国际成立时积极参与，希望形成以工人为主体的工联运动。在第一国际的成立宣言中，马克思采纳了合作运动的建议，但指出了其局限性。从 1848 年到 1864 年的实践经验来看，尽管合作劳动有诸多可取之处，可是它并不具有普遍性，只是局限在个别工人的偶然努力所取得的狭隘范围内，就它所取得的实际效果来看，既不能阻止垄断势力按照几何级数增长，也不能解放群众，甚至不能显著地减轻他们贫困的重担。正是由于它的实际作用不明显，因而那些反对合作运动的封建贵族、资产阶级学者，转变了先前扼杀合作劳动的企图，开始大力吹捧合作运动。而事实上，马克思恩格斯认为，合作运动必须打破狭隘的经验范围，扩展到全国范围，也就是说，合作劳动不能仅限于一定的范围，而是要形成全国性规模，其成功的前提在于工人阶级取得政权。这就已经超出蒲鲁东主义的狭隘眼界了。

可以看出，马克思和蒲鲁东主义的差别仍是原则上的差别。为此，二者进行了激烈的斗争。麦克莱伦进行了描述："冲突在蒲鲁东主义者翻译宣言章程时就开始了，宣言宣称'工人阶级的经济解放是伟大的目标，一切政治运动都应该作为手段服从于这个目标'这样关键性的句子中，蒲鲁东主义删掉了'作为手段'这几个字，这就给人这样一种印象：政治活动是某种完全次要的东西。"① 马克思与蒲鲁东的差别在于：蒲鲁东主义把工人阶级的解放仅仅放在经济方面，只是为工人贵族做准备，而马克思主义认为工人阶级的解放是政治上的，工人阶级要想获得解放，其前提在于打碎旧的国家政权，剥夺资本家和大地主的权力，把社会管理所形成的有组织的力量转移到生产者的手中。马克思认为，工人阶级只有掌握政权才能保证自己的利益不被蚕食掉。

蒲鲁东主义的追随者成为马克思在第一国际 1865 年伦敦会议、1866 年日内瓦会议、1867 年洛桑会议、1868 年布鲁塞尔会议的主要对手。1865 年马克思写了《论蒲鲁东》，对蒲鲁东的错误给予了批判。

马克思认为，蒲鲁东在《什么是财产》中虽然想要废除财产，但他的著作所存在的矛盾只能表明这是一种善良的空想。蒲鲁东所犯的错误在标题中已经告诉我们了，因为并不存在着单纯的财产，存在的只能是财产关系，而

---

① [英] 戴维·麦克莱伦. 卡尔·马克思传 [M]. 王珍，译. 北京：中国人民大学出版社，2005：348.

历史就以一种否定性的辩证法来破解这一谜语,以物质利益为中心的财产关系成为贯穿历史的一条线索,正如奴隶社会的财产关系被封建社会的财产关系所取代,封建社会的财产关系又在资本主义的财产关系中没落。历史以其向前发展的趋势通过自身对过去的财产关系进行了扬弃。蒲鲁东没有明确地说明他所谈的财产关系是哪个时代的,但实际上,他所谈的是现存的现代资产阶级财产,还不是财产关系。那么这种财产是什么?对这一问题的答案只能到政治经济学中去寻找,即应该把财产关系从它们的现实形态体现为生产关系上去考察。可是蒲鲁东却喜欢把财产看作法律概念,依然在"财产就是盗窃"的圈子里打转。其实,你要问蒲鲁东是否明白他所谈的财产到底在说什么,恐怕他自己也回答不上来。这就是说蒲鲁东自己都不会明白他要说的财产到底是什么。马克思为他作了概括,财产是作为生产关系存在的,如果仅从法律表现上来看,"财产就是盗窃",这就难怪蒲鲁东会陷入关于财产的各种幻想中了。《贫困的哲学》依然是回答"什么是财产"这一问题的,马克思认为蒲鲁东根本就没有掌握辩证法,他对辩证法只是一知半解,加上他又由衷地赞叹思辨哲学的幻想,因此经济范畴在他那里就是先天存在的永恒的观念,这就已经丧失了批判的反思,回到资产阶级经济学的立场上去了。要知道,经济范畴表现为历史的概念,只是与物质生产的一定发展阶段相适应的生产关系的理论表现。蒲鲁东不清楚,现存的财产关系要在历史的运动中走向其反面。蒲鲁东把政治经济学简单化了。蒲鲁东对整个问题的基础——交换价值的理解始终是模糊、错误和不彻底的。

标志蒲鲁东主义衰落和失败的历史性事件是第一国际的布鲁塞尔会议。这次会议以多数票通过了马克思所主张的生产资料公有制和工人阶级政治行动的必要性的观点,同时批判了蒲鲁东主义把私有制神圣化的观点。直至1871年巴黎公社运动,蒲鲁东主义彻底分化,其左翼部分接受了马克思主义,右翼部分则成为统治阶级的帮凶。恩格斯为《法兰西内战》写的导言里指出,蒲鲁东派在公社法令制定上产生了错误,他们仇视联合。其实,公社的最重要的法令,就是要把大工业以至工场手工业组织起来,这种组织工作不但应该以每一工厂内工人的联合为基础,而且应该把所有这些合作社组成一个大的联社;简言之,这种组织工作,正如马克思在《法兰西内战》中完全正确地指出的,归根到底必然要导致共产主义,即导致与蒲鲁东学说正相反的方面。只有当我们明白了法兰西内战的全部过程以后，我们才能明白这句话的真正含义。

第四节　马克思恩格斯对巴枯宁主义的批判

巴枯宁的理论是蒲鲁东主义和共产主义的混合物，如果说蒲鲁东主义的理论基础是以抽象观念的历史观为核心的话，那么同样，巴枯宁主义的理论基础是以抽象的人性论为核心的唯心史观。巴枯宁（1814—1876）出生于俄国，1846年赴德国学习哲学，受到德国唯心主义和法国空想社会主义的影响，1848年参加了欧洲革命，失败后被流放到西伯利亚，1861年逃至欧洲。1868年加入第一国际，妄图以无政府的纲领来取代马克思主义在第一国际的影响，以达到篡夺领导权、分裂第一国际的目的。但马克思、恩格斯领导第一国际坚持了正确的政治方向，对巴枯宁主义给予了无情的揭露和批判，在1872年第一国际的海牙会议上，及时地清除了无政府主义的影响，把巴枯宁及其支持者清理出第一国际。

巴枯宁主义最具特色的理论就是无政府主义的国家观。国家是怎样产生的？它的阶级实质和历史作用是什么？巴枯宁认为，国家是宗教意识的创生产物，具有全知全能的神通过对其子民的直接影响建立起国家。既然人是具有原罪需要救赎的，那么国家就成为社会罪恶（剥削和战争、掠夺和奴役等）的渊源和主要祸根，不能把工人阶级受剥削、受压迫的根源归之于资本，而是源于国家，因此，工人阶级的解放必须消灭国家。即便是无产阶级专政的国家同样是罪恶的根源，是令人屈辱，倍感沉重的镣铐和囚笼。人性、自由是国家的对立面，未来的国家应该是一个"自由和无政府状态"的王国，个人的绝对自由是人类发展的最终目标。人类的历史可以划分为三个阶段：第一阶段是动物性的奴隶状态，人类没有脱离动物界和自然界；第二阶段是神性的奴隶状态，是受宗教和国家的影响和奴役时期；第三阶段是自由状态，摆脱了一切加之于人的自由之上的权力，只有在无政府状态下，才能实现每一个人在政治、经济、社会等方面的平等与公正。

巴枯宁反对马克思关于无产阶级革命与专政的学说。他认为，无产阶级要想获得自身的解放，必须放弃政治运动。针对巴枯宁无政府主义的国家观，马克思恩格斯首先指出，巴枯宁加入国际的目的是为了分裂，其理论源于拼凑，其实质在于取消无产阶级革命和无产阶级专政。在 1868 年年底，巴枯宁参加了第一国际，目的是要在国际内部建立所谓的"社会主义民主同盟"的第二个国际，对同盟的政策进行了宣传，但可笑的是，他的宣传恰恰表现出他在理论知识上的贫乏。他的纲领所宣扬的阶级平等是东拼西凑的，涉及了蒲鲁东、圣西门等人的废话，把蒲鲁东的放弃政治运动作为主要信条，圣西门的废除继承权作为社会运动的起点。为了认识巴枯宁主义的真面目，马克思恩格斯对其理论的根本进行了批判，明确指出现代社会奴役的根子不是国家，而是资本，国家不过是为了维护既得利益而建立的组织。资本和劳动的矛盾是现代社会运转的枢纽，阶级的分化正是基于此而扩展为资本主义社会。巴枯宁主义乃是蒲鲁东主义和圣西门式的共产主义的混合物，他把国家作为应当消除的主要祸害，其实应当消除的主要祸害是资本，是由于社会发展而产生的资本家和雇佣工人的阶级对立。马克思认为，国家权力不过是统治阶级为维护其社会特权而建立的组织。

巴枯宁却认为国家创造了资本，如果废除了国家，资本就会自行消失。恩格斯也分析了现代资产阶级国家的阶级实质——维护社会特权，国家消亡的前提在于废除资本。怎样才能废除资本？必须走社会变革的道路，实现无产阶级革命。无产阶级革命的目的在于消灭阶级，废除私有制，消除作为特权存在的国家。倘若作为现存阶级分化基础的经济条件没有消失，那么无产阶级就必须用暴力手段来改造这种经济条件。在政治运动和阶级运动的关系上，马克思主义与巴枯宁主义进行了斗争。巴枯宁要求无产阶级放弃政治运动，不过是无政府主义的一种唯心主义幻想。事实上，只要存在着阶级对立，放弃政治运动根本是不可能，也是不现实的。马克思尖锐地指出，在存在着经济利益和阶级利益相互对抗不可调和的局势下，根本就不可能存在着真正的平等。

如何认识权威以及权威和自治的关系？马克思主义与巴枯宁主义也展开了激烈的辩论。巴枯宁从无政府主义国家观出发，大胆地提出了否定任何形式的权威的理论。在巴枯宁眼里，任何形式的国家都是一种羁绊，产生专制与集中，更产生了奴役与压迫，都是和自由处在对立面的，权威和国家一样都是毫无疑问的虚假形式，都是绝对的祸害，必须无条件地予以否定，基于权威而建立的法律与原则也是专横的，需要否定；从人的理性和良心出发，就能够建立起一种反权威理论，而马克思主义所提倡的无产阶级专政的理论核心在于集中，乃是权威主义的共产主义。甚至在巴枯宁及其支持者被清理出第一国际之后，在 1872 年 9 月，他们召开了"反权威主义"代表大会，向马克思主义进行示威。为了清除巴枯宁主义的影响，恩格斯专门写了《论权威》一文，对巴枯宁主义的权威理论进行了反驳和批判。

恩格斯从权威的含义及其在社会生活各方面的表现对权威存在的必要性进行了说明。权威不是一种主观的意志，而是社会生活本身的建构，即它是客观形成的。恩格斯认为："这里所说的权威，是指把别人的意志强加于我们；另一方面，权威又是以服从为前提的。"① 权威是以服从为前提的一个人的意志对另一个人的意志的强加。尽管这种说法不好听，但它却是人类社会生活必不可少的。恩格斯以纺织业、铁路、航海为例，来说明随着现代化大工业的发展，分散的个体活动被有组织的社会化大生产所代替，个人的独立活动被联合行动所代替，权威乃是保证事情成功进行的关键所在。恩格斯指出："这样，我们看到，一方面是一定的权威，不管它是怎样形成的，另一方面是一定的服从，这两者都是我们所必需的，而不管社会组织以及生产和产品流通赖以进行的物质条件是怎样的。另一方面，我们也看到，生产和流通的物质条件，不可避免地随着大工业和大农业的发展而扩展起来，并且趋向于日益扩大这种权威的范围。"② 可见，权威是人们的社会生活实际需要的确证。即便我们从自然界也是可以相当容易观察到群居生物要有一个权威，权威在这里依然是起着维持群体运作的有效性与正常性。反权威主义者却要求在产生权威的政治国家的各种社会条件废除以前，一举把权威的政治国家废除。他们要求把废除权威作为社会革命的第一个行动。这些先生见过革命没有？恩格斯指出："革命无疑是天下最权威的东西。革命就是一部分人用枪杆、刺刀、大炮，即用非常权威的手段强迫另一部分人接受自己的意

---

① 中共中央马克思恩格斯列宁斯大林著作编译局. 马克思恩格斯选集：第 3 卷 [M].
　北京：人民出版社，2012：274.
② 中共中央马克思恩格斯列宁斯大林著作编译局. 马克思恩格斯选集：第 3 卷 [M].
　北京：人民出版社，2012：276.

志。获得胜利的政党如果不愿意失去自己努力争得的成果，就必须凭借它以武器对反动派造成的恐惧，来维持自己的统治。要是巴黎公社面对资产者没有运用武装人民这个权威，它能支持哪怕一天吗？反过来说，难道我们没有理由责备公社把这个权威用得太少了吗?"①可见，在政治生活领域，权威也是必不可少的。巴黎公社的一个可以明确的经验教训就是缺乏权威与集中，没有权威，打破旧的国家机器那是不可能的。这里所包含的经验教训根本就不是巴枯宁所说的对国家的大胆的否定，而是要用无产阶级的政权和权威来取代旧的政权与权威。

谈到权威，就要涉及权威与自治的关系。权威与自治的关系是相对的，任何把其中之一绝对化的想法都是错误的。在恩格斯看来，"把权威原则说成是绝对坏的东西，而把自治原则说成是绝对好的东西，这是荒谬的。权威与自治是相对的东西，它们的应用范围是随着社会发展阶段的不同而改变的"②。就以权威与国家的关系来说，权威是国家有效运行的前提，它所包含的内容要多于国家，国家作为阶级统治的工具，在未来的某一个点会消亡，阶级统治意义上的政治管理将不再存在，但依然需要有效的社会管理和公共服务，这就使权威的内容和形式发生变化，它会成为维护社会利益的中介和桥梁。

第五节　马克思恩格斯对拉萨尔主义的批判

斐迪南·拉萨尔（1825—1864 年）出生于德国一个犹太商人家庭，具有小资产阶级特征，受到黑格尔思想的影响，主要代表作有《爱非斯的晦涩哲人赫拉克利特的哲学》《工人纲领》等。早年投身革命，成为工人运动的领袖之一，于 1863 年 5 月当选为刚成立的"全德工人联合会"的主席，推崇和平建国，即在现存体制内，依靠国家力量实现社会主义，国际社会主义运

---

① 中共中央马克思恩格斯列宁斯大林著作编译局.马克思恩格斯选集：第 3 卷［M］.北京：人民出版社，2012：277.

② 中共中央马克思恩格斯列宁斯大林著作编译局.马克思恩格斯选集：第 3 卷［M］.北京：人民出版社，2012：276－277.

动史上称"拉萨尔主义"或"拉萨尔派"。拉萨尔主义也是民主社会主义思想的主要源头之一。民主社会主义是建立在民主的前提下，以小资产者和工人的联合为手段，通过普选来争取权利的社会改良思潮，是瑞典模式的理论基础，在东欧剧变、苏联解体中发挥了作用。

19 世纪 60 年代初期，拉萨尔和马克思的关系在一定程度上影响着工人阶级的政治取向。1862 年春，拉萨尔发表了《论当前历史时期工人等级思想的特殊关系》（即《工人纲领》），鼓吹改良主义性质的社会主义，认为工人应该努力争取到普选权，进而在国家的支持下建立起生产合作社，即可达到社会主义。为达到这一目标，拉萨尔提出培育第四等级（工人等级）的道德观、国家观，以对抗资产阶级的道德观和国家观。和资产阶级剥削人的道德观不同，工人阶级的道德观不仅要自由地发挥个人的力量，还应组织起来增加公共利益的一致性。资产阶级的国家观把自身定义为防止盗窃的守夜人，也就是保护私有财产。工人阶级的国家观是朝向自由的发展，通过人的联合，达到超越个人的发展。1863 年 3 月，拉萨尔在《就莱比锡全德工人代表大会的召开给中央委员会的公开答复》中，认为工人阶级的政治纲领就是争取"普遍、平等、直接的选举权"，把生产合作社的建立作为实现社会主义的手段，反对工人的罢工运动和革命斗争。拉萨尔 1864 年 8 月与人决斗去世后，"全德工人联合会"继续推行拉萨尔主义。在 19 世纪 60 年代的德国，除了拉萨尔领导的"全德工人联合会"以外，还在 1869 年 8 月，由德国工人运动中的一些先进分子李卜克内西、倍倍尔等成立了"德国社会民主工党"，又称爱森纳赫派，是马克思主义路线的坚定支持者。由于斗争的尖锐，两大工人阶级组织需要合并，爱森纳赫派的领导人急于统一，于 1875 年 5 月通过了一个深受拉萨尔主义影响的《哥达纲领》。为了党的发展不致滑向改良主义的轨道，马克思写了《对德国工人党纲领的几点意见》（即《哥达纲领批判》），展开了对拉萨尔机会主义的思想清算，保证了国际工人运动正确的发展方向。

《哥达纲领批判》包括四章，主要解决的问题是从生产方式出发理解无产阶级贫困的根源及出路。马克思从拉萨尔的"劳动是一切财富和一切文化的源泉"开始分析，指出这句话是一个常识性的错误，其理论基础是唯心史观，其中的谬误在于只看到了劳动的使用价值即自然制约性，无视生产方式的矛盾运动，在一些实质性的问题上无法作出合理的说明，如劳动者与生产资料相结合的社会性问题、生产资料所有制、产品如何分配等问题。正是这些问题暴露出无产阶级贫困的根源。马克思指出:"资产者有很充分的理由硬给劳动加上一种超自然的创造力,因为正是由于劳动的自然制约性产生出如下的情况:一个除自己的劳动力以外没有任何其他财产的人,在任何社会的和文化的状态中,都不得不为另一些已经成了劳动的物质条件的所有者的人做奴隶。"① 马克思认为,拉萨尔的这句话"有益的劳动只有在社会中和通过社会才是可能的,所以劳动所得应当不折不扣和按照平等的权利属于社会一切成员"乃是赤裸裸的谎言,因为"事实上,这个论点在一切时代都被当时的社会制度的先驱提出过。首先要满足政府以及依附于它的各个方面的要求,因为政府是维持社会秩序的社会机关;其次要满足各种私有者的要求,因为各种私有财产是社会的基础,如此等等。你们看,这些空洞的词句是随便怎么摆弄都可以的"②。就是说,拉萨尔的结论不仅为剥削者进行了合理化的辩护,同时还为剥夺工人的劳动提供了合法化的借口。

马克思在批判拉萨尔主义的分配观中提出了共产主义发展阶段理论,这是马克思在《哥达纲领批判》中最杰出的理论贡献。马克思指出:"我们这里所说的是这样的共产主义社会,它不是在它自身基础上已经发展了的,恰好相反,是刚刚从资本主义社会中产生出来的,因此它在各方面,在经济、道德和精神方面都还带着它脱胎出来的那个旧社会的痕迹。"③ 马克思认为,共产主义不是一下子就能达到的,而是有着不同的发展阶段,在共产主义的低级阶段,即社会主义阶段,是从旧社会中发展而来,不可避免地在经济、道德和精神方面带有旧社会的特质。在生产力不发达的社会主义阶段,受各方面条件的制约,在分配制度上必然会实行按劳分配。在社会主义阶段,个人的生产所实现的劳动力价值包含着满足社会需要的公共价值和满足个人需要的私人价值,在个人消费品的分配上只能实行按劳分配的原则,这是一种

---

① 中共中央马克思恩格斯列宁斯大林著作编译局. 马克思恩格斯选集:第3卷 [M]. 北京:人民出版社,2012:357-358.

② 中共中央马克思恩格斯列宁斯大林著作编译局. 马克思恩格斯选集:第3卷 [M]. 北京:人民出版社,2012:359.

③ 中共中央马克思恩格斯列宁斯大林著作编译局. 马克思恩格斯选集:第3卷 [M]. 北京:人民出版社,2012:363.

社会化的循环，也是商品经济的一个现实表现，依然带有资产阶级性质，但它已经和资产阶级的"平等"产生了原则上的改变。尽管按劳分配是一个历史的进步，但不要把它看作成熟的共产主义。那么，成熟的共产主义是什么样的呢？马克思告诉我们，经过共产主义低级阶段的一个历史过程的发展，社会必然会进入到共产主义的高级阶段。马克思指出："在共产主义社会高级阶段，在迫使个人奴隶般地服从分工的情形已经消失，从而脑力劳动和体力劳动的对立也随之消失之后；在劳动已经不仅仅是谋生的手段，而且本身成了生活的第一需要之后；在随着个人的全面发展，他们的生产力也增长起来，而集体财富的一切源泉都充分涌流之后——只有在那个时候，才能完全超出资产阶级权利的狭隘眼界，社会才能在自己的旗帜上写上：各尽所能，按需分配！"①在马克思看来，共产主义的高级阶段是"各尽所能，按需分配"的原则，没有了人剥削人的现象，体脑的劳动已经不再对立，而劳动不再是一种强迫性的、仅仅为维持生活的现象，它表现为一种生活的需要、一种生命本身的需要。马克思在这里，把传统、现代和未来给予了一个历史性的描绘，指明了共产主义社会是一个社会的自我发展、自我完善的历史过程，不是凝固到某一个点上的僵化实体。

马克思认为，"现代社会"就是存在于一切文明国度中的资本主义社会，它或多或少地摆脱了中世纪的杂质，或多或少地由于每个国度特殊的历史发展而改变了形态，或多或少地有了发展。"现代国家"却有一个共同点：它们都建立在现代资产阶级社会的基础上，只是这种社会的资本主义发展程度不同罢了。为了掩盖国家的阶级实质，拉萨尔派滥用着"现代国家""现代社会"等字眼，其实它们不过是对国家阶级本质的一种虚构。

思考题

1. 《协会临时章程》和《国际工人协会成立宣言》的内容、地位。

2. 《法兰西内战》对无产阶级革命和政权的科学论述。

3. 《哥达纲领批判》对共产主义发展阶段的科学论述。

---

① 中共中央马克思恩格斯列宁斯大林著作编译局. 马克思恩格斯选集：第3卷［M］. 北京：人民出版社，2012：364－365.

专题四

马克思恩格斯晚年的理论探索与发展

研学导引

1. 马克思《人类学笔记》的主要内容、理论地位。

2. 马克思《历史学笔记》的主要内容、理论地位。

3. 马克思的东方社会理论的主要内容、理论地位。

4. 恩格斯创立第二国际与对马克思主义的传播。

5. 比较马克思恩格斯的东方社会理论。

6. 马克思恩格斯晚年对无产阶级革命道路和方式的探索。

7. 马克思恩格斯晚年对资本主义的新认识。

8. 马克思恩格斯晚年对共产主义的再认识。

一般来说，马克思的晚年时期是指从 1871 年（巴黎公社）以后至逝世这一时段，而恩格斯的晚年时期则是从 1883 年马克思去世以后至恩格斯逝世这一时段。

马克思一生写了大量的笔记和书信，内容十分丰富，既反映了他们在政治、经济、哲学、历史、民族、宗教等领域的精辟见解，又记述了他们各个时期的革命实践活动。晚年时期的马克思不但亲自领导无产阶级的革命活动，还对上述理论问题和实践问题进行了认真严肃的思考和深入的研究探索，其中《历史学笔记》和《人类学笔记》是马克思晚年的最重要的思想理论成果。这些笔记中的思想和理论，进一步丰富、发展和完善了马克思主义，并有力地指导了欧美国家和东方社会的无产阶级革命实践活动。1883 年3 月马克思逝世后，这时的恩格斯也进入年迈状态，然而恩格斯还是担负起了整理和发表马克思的文献遗产和继续领导国际工人运动的重任。这时恩格斯不仅撰写了许多重要著作，丰富、发展和传播了马克思主义理论，在理论上完成了马克思的"遗愿"。而且，晚年时期的恩格斯还亲自组织和领导了欧洲工人运动和国际共产主义运动，并在理论和实践上批判了国际工人运动中的各种错误思想和理论，传播、发展与深化了马克思主义。

资本主义的发展经历了两个阶段即自由竞争资本主义和垄断资本主义。19世纪70年代以前，资本主义处于自由竞争阶段；从19世纪70年代开始，自由竞争资本主义逐步向垄断资本主义过渡，于是垄断代替自由竞争成为资本主义社会主要经济现象。这一时期的总体状况是：在资本主义经济迅速发展的同时，各主要资本主义国家的相互竞争日趋激烈，资本主义国家的经济政治思想领域都出现了新的变化；与此同时，欧洲工人运动和民主运动也重新高涨起来，其世界历史性特征也愈加明显；还有就是，伴随着资本主义的新变化和世界工人运动的新发展，无产阶级革命的形势和革命道路问题也变得复杂起来，于是各色各样的机会主义和反动思潮也接踵而来。一方面，从理论层面上来说，西方现代哲学从形式到内容都有了新的发展、欧美国家的人类学理论也开始兴起，马克思主义与西方国家的这些思想理论到底是什么关系，这个问题必须进行认真严肃的对待和深入的研究；随着马克思主义的发展和广泛传播，对马克思主义的理解也逐渐多样化，有的将马克思主义教条化，还有的甚至丑化马克思主义，因而，马克思主义理论自身的规定性及理论把握问题更是一个迫切需要解决的问题。另一方面，从革命实践活动的层面来看，欧洲资本主义的再次复苏及其新变化，需要马克思恩格斯及后继者对资本主义进行重新认识；社会主义运动的起伏以及东方民族国家社会主义发展道路的复杂性，需要马克思主义者对之进行新的探索；还有，随着社会主义革命和共产主义运动的新发展，为了正确理解和把握社会主义与共产主义之间的关系，也需要晚年的马克思恩格斯对共产主义进行新的思考，等等。所以，这些重大的理论问题和实践问题就成为晚年时期的马克思和恩格斯思考与探索的主要课题。

第一节　"两个笔记"对唯物史观的补充与完善

一、晚年马克思的理论创作与革命活动

马克思的晚年时期，一般是指从 1871 年（巴黎公社）以后至逝世这一时段。

马克思和恩格斯，既是马克思主义理论的创始人，同时，他们还共同领导了当时的国际共产主义运动。1864 年 9 月 28 日，马克思组织参加了第一国际成立大会，并被选入领导委员会。马克思为国际起草了《成立宣言》《临时章程》和其他重要文件。1867 年 9 月 14 日，《资本论》第一卷出版。第一国际（1864—1872 年）的创立和革命活动奠定了工人国际组织的基础，在使工人做好向资本家进行革命进攻的准备上发挥了重大作用。恩格斯指出，马克思是第一国际的灵魂。1870 年 10 月，马克思与移居伦敦的恩格斯再度相聚。由于被许多国家驱逐，到处流亡，马克思曾自称是"世界公民"。

马克思和恩格斯十分关心欧美国家的工人运动和建党工作。1875 年，李卜克内西等领导的德国社会民主工党和拉萨尔派领导的全德工人联合会决定在德国小城哥达召开合并大会，拟定了纲领草案，这时马克思抱病写了《对德国工人党纲领的几点意见》，又称为《哥达纲领批判》。这是科学共产主义的又一个纲领性文件。《哥达纲领批判》对拉萨尔主义的政治观点、经济观点和策略思想都进行了严厉的批判，同时深刻地阐明了科学社会主义的基本原理。在《哥达纲领批判》中，马克思第一次指出了共产主义划分为两个发展阶段，论述了这两个阶段的基本特征和分配原则，并提出了从资本主义向共产主义的过渡时期的理论。马克思同恩格斯一起，批判了杜林的冒牌社会主义，批判了赫希贝格、伯恩施坦、施拉姆组成的所谓苏黎世三人团的机会主义。这部文献对无产阶级政党具有重大的理论意义和实践意义。

由于反动政府的迫害，贫困的物质生活，再加上繁重的理论工作和紧张的战斗，严重损害了马克思的健康。马克思晚年常常被病痛折磨。1883 年 3 月 14 日，马克思逝世。马克思被安葬在伦敦的海格特公墓，和他的夫人燕妮

葬在一起。马克思的一生是伟大的一生。他和恩格斯共同创立的马克思主义学说，是指引全世界劳动人民为实现社会主义和共产主义伟大理想而进行斗争的理论武器和行动指南。马克思的名字永垂史册，他的学说将永放光芒。恩格斯在马克思墓前的讲话指出："这个人的逝世，对于欧美战斗的无产阶级，对于历史科学，都是不可估量的损失。这位巨人逝世以后所形成的空白，不久就会使人感觉到。现在他逝世了，在整个欧洲和美洲，从西伯利亚矿井到加利福尼亚，千百万革命战友无不对他表示尊敬、爱戴和悼念，而我敢大胆地说：他可能有过许多敌人，但未必有一个私敌。他的英名和事业将永垂不朽！"①

《历史学笔记》和《人类学笔记》是马克思晚年的一系列笔记的重要组成部分。在这两个"笔记"中，马克思从人类社会历史的整体视角和人类学的层面深入思考了人类社会历史的发展规律，深刻揭示了落后国家和东方社会发展的特点，补充与完善了马克思恩格斯创建的唯物史观。马克思一直致力于对资本主义社会的理论剖析和无产阶级革命理论的思考，但其在晚年再一次将注意力转移到历史领域。马克思晚年暂时搁下了庞大的《资本论》的写作工作，开始将很大部分精力投入到人类历史的研究之上。其间，马克思阅读了大量的历史学和人类学著作，最终为我们留下了著名的《历史学笔记》和《人类学笔记》。

《历史学笔记》和《人类学笔记》在时间上正好与《资本论》构成一个连续序列。《人类学笔记》探讨的是史前社会，研究的是人类的原始文化及其发展，《历史学笔记》以时间顺序为基准，涵括了自公元前1世纪至17世纪中叶长达1700余年的历史。《历史学笔记》正好以欧洲三十年战争和威斯特伐利亚公约为终点，而这个终点正是资本主义开始的地方，是《资本论》研究的起点。

二、马克思的《人类学笔记》概述

马克思晚年的《人类学笔记》，一般指的是他在1879—1882年间，阅读

---

① 中共中央马克思恩格斯列宁斯大林著作编译局.马克思恩格斯文集：第3卷［M］.北京：人民出版社，2009：601—603.

摩尔根等人所写的摘要和批注,一共有五个笔记。事实上并不止这五个,至少还应该包括阅读毛勒、哈克斯特豪森、莫尼等人同类著作所写的大量笔记。

马克思晚年留下的大量笔记,几经周转,战后被保存在荷兰的阿姆斯特丹国际社会史研究所。1972年,美国学者劳伦斯·克拉德在阿姆斯特丹作了几年研究之后,以《卡尔·马克思的民族学笔记》为题,发表了其中的四个笔记,不久又整理出版了第五个。该书以日文、德文、意大利文、西班牙文和法文等多种译本接连出版,在国际范围内旋即掀起了一股"晚年马克思"的研究热潮。

早在20世纪20年代,梁赞诺夫就把这些笔记的复制件带到苏联,并陆续发表了其中的两个,但一直没有引起重视,此时面对这个热点,苏联理论界迅速跟进,出版了一批相当有分量的论文和著作。这个国际学界的前沿性研究也很快引起我国学者的关注。1985年出版的《马克思恩格斯全集》中文版第45卷收录了马克思晚年的四个笔记(柯瓦列夫斯基笔记、摩尔根笔记、梅恩笔记和和拉伯克笔记),菲尔也随后在1987年的《马列主义研究资料》第1—4集上发表。

1996年,中央编译局将马克思的这几个笔记以《马克思古代社会史笔记》为书名汇集出版。马克思晚年笔记中文版的发表,直接推动了学界对其中的一些重大理论问题的研究。陈启能1982年所著《关于产生资本主义的历史必然性问题——对马克思给查苏利奇的信的理解》及段若非1983年所著《科学社会主义理论中的一个重要问题》两文拉开了东方社会理论问题研究的序幕。20世纪80年代后期,荣剑、靳辉明、张奎良等学者开始系统阐发马克思的"东方社会理论",在理论界产生广泛影响。随后,关于东方社会理论研究的论文和专著大量涌现,使这一理论至今仍为研究热点。

三、马克思的《历史学笔记》概述

《历史学笔记》是马克思晚年所写的一部史学手稿,大概写于19世纪70年代和80年代初,共有四本笔记本。马克思在这份手稿中按编年顺序摘录了公元前1世纪初至17世纪中叶世界各国,特别是欧洲各国的政治历史事件。关于各民族经济发展史的材料,马克思在另外一些笔记本中做了专门的记述。马克思逝世后,恩格斯在整理这份手稿时,给他加上了《编年摘录》这一标题。马克思把历史过程作为人类所创造的历史的实际进程来研究,始终主张只有仔细研究具体的事实才能了解真正的历史。他一生阅读过许多历史书籍,做了大量的提要和摘录,这副篇幅巨大的手稿只是其中的一部分,也是马克思生前写下的最后一部史学手稿。

《历史学笔记》的第一册笔记,按年代顺序是公元前1世纪到14世纪初,内容包括从罗马帝国初期到意大利封建制度的形成的历史、欧洲各民族的历史、5世纪到12世纪的阿拉伯人、土耳其人、蒙古人、花刺子模人的历史以及14世纪中叶以前的北欧和东欧诸国的历史。附录部分是马克思在作摘录时专门指出的博塔和施洛塞尔著作中的某些有关篇章,读者可以对照阅读,借以加深对马克思手稿的理解。第二册笔记是第一册笔记的继续,按年代顺序包括整个14世纪和15世纪前七十年左右的时期。这期间,城市势力的增长开始动摇封建制度的支柱。在封建主义的欧洲,阶级斗争异常激烈,爆发了大规模的农民起义。马克思详细地记述了扎克雷运动、瓦特·泰勒起义以及捷克的胡斯战争,等等。马克思在研究群众运动的同时,也注意研究国家机构的发展及军事上的改革等。第三册笔记,包括的时期从15世纪中叶到16世纪70年代。在欧洲史和世界史中,这一百多年具有特别重要的意义。临近16世纪的时候,资本主义的时代开始了。经历了全盛时期的封建制度正在衰落,货币成为主导的社会力量,黄金热席卷西欧。随着对黄金的追逐,航海家们也有了不少的地理发现。欧洲各国内部形成了资本主义生产发展的前提。王权同城市资产阶级联合起来,粉碎了封建主义的势力,像英国那样的一些大的君主国形成了。这本笔记中有很多篇幅摘录的是宗教改革及与之有关的多次战争,还有整个16世纪在德国、意大利和法兰西发生的内战。第四册即最后一册笔记,记述的是16世纪最后二十五年至17世纪中叶以前的事件。三十年战争史是重点。许多章节详细地说明了这场战争前所发生的各种事件,研究参战各国的历史和它们的相互关系,阐明它们的对外政策以及当时欧洲各国的发展和国际关系的发展过程。在这册笔记中,有关俄国的篇幅比前三册明显增多,但马克思更多的还是注意英国史。不仅注意英国国内事件,而且也注意它的对外政策。这册笔记的最后部分是马克思阅读格林《英国人民史》一书时所做的札记。从内容和写作时间来看，这篇札记都可以算作《历史学笔记》的直接补充。

第二节　人类学一般理论与马克思主义人类学

随着人类历史由民族历史向世界历史的转向，世界上各种各样的民族"异文化"进入人们的研究视野。与此同时，伴随着西方主要资本主义国家的发展，西方文化和西方社会存在的问题日益显露出来。在西方学界，有许多学者认为，西方社会存在的问题不是由于资本主义私有制，而是由于西方文化造成的。因而，他们表现出了对其他非西方民族"异文化"的研究兴趣，其目的在于企图补救西方文化。在这种背景下，人类学研究进入人们的视域，成为研究的热点领域和问题。但是西方学者研究人类学的出发点和目的都存在着问题，因而，他们的人类学理论也存在着明显的局限性。马克思立足于科学的实践观点，在科学阐发了唯物主义历史观的基础上提出了自己的人类学理论，同样，在人类学理论上实现了对西方人类学理论的革命性变革。

一、人类学概述

传统意义上的观点认为，人类学作为一门学科就是研究人的科学。据说，这个定义源于希腊文"人类学"，是"人"加"科学"的意思。从表面上看，它似乎具有一定的道理，因为不管什么人类学都可以说是研究人的科学。事实上，它只是研究人的科学之一。许多门类的自然科学和社会科学，譬如考古学、医学、心理学、社会学、政治学、经济学、文化学、伦理学、文学等等，都可以说是研究人的科学。因此，我们说，这个过于宽泛的定义在建构马克思主义人类学的场合是不适用的，因为这个定义本身就不科学。当人们真正把人类学当作一门科学来对待时，就不再局限于词的构成意义，而是根据它的对象、内容和范围来给它下定义了。英国人类学家埃德蒙·利奇曾在所著《社会人类学》中，批评了一些人类学教材，说它们以昆虫学家采集蝴蝶标本的方式来讲述"人"这个复杂的"故事"。利奇的意思是说，要让人理解人类学，不能简单地罗列概念和事例，而应想法子让学生和爱好者感知学科的内在力量。我国学者王铭铭著有《人类学是什么》一书，论述了"人怎样成为人、文化中的人、价值观、他者的目光、从民族中心到现代中心、奇异的生活方式、互惠、分配与交换、权力与权威、信仰、仪式与秩序、生活的节律、历法与秩序、文化动态论"等问题。①

由于人类学在各个国家发展的历史状况不同，又由于众多的人类学学派所强调的重点不同，于是，人们对人类学的内涵和外延的描述也必然会出现一定的差别。这种差别大致表现为三种不同的基本规定。第一种，认为人类学是研究人的体质的科学，属于自然科学，一般称呼它为体质人类学。只是由于人是社会的动物，因而又强调人类学与社会科学有着密切的关系。第二种，认为人类学是从自然科学向社会科学过渡的过渡科学，这种观点常常引证恩格斯的桥梁说。第三种，坚持广义人类学的观点，认为它既是自然科学，又是社会科学，它是研究人和人类最全的科学群。譬如有的学者首先把人类学分为体质人类学和文化人类学，又把广义文化人类学分为狭义文化人类学、语言人类学、史前考古学，再把狭义文化人类学分为民族学和社会人类学。在这三种人类学的基本规定中，第三种无疑具有非常积极的现实意义，它基本准确地描述了现代人类学发展的趋向。

二、国外学者对马克思主义人类学的研究

人类学作为一门学科首先于欧美国家兴起。随着马克思主义影响的不断深入与扩大，马克思主义与人类学的关系、马克思主义视野的人类学问题等也是亟待要探索和思考的课题。谈到建构马克思主义人类学，有必要首先提到美国著名人类学家劳伦斯·克拉德。因为他不仅通过艰苦努力按照荷兰阿姆斯特丹国际社会史研究所收藏的原件，于 1972 年编辑出版了《卡尔·马克思文化人类学笔记》一书，而且在该书的长篇序言中第一次从人类学的角度描述了马克思的整个思想发展过程。

在劳伦斯·克拉德看来，马克思在 1841—1846 年间阐述了一系列哲学人类学的观点，其中与晚年文化人类学笔记密切相关的论点有：关于家庭、市

---

① 王铭铭. 人类学是什么 [M]. 北京：北京大学出版社，2003：1-2.

民社会和国家相互关系（《黑格尔法哲学批判》），关于人在社会和自然中的异化（《1844 年经济学哲学手稿》），关于人通过自己的劳动和在社会中的各种关系生产人本身（《德意志意识形态》和《神圣家族》），以及用人的具体化反对人的抽象化（《关于费尔巴哈的提纲》）。随后，由于马克思对具体问题研究的深入，他在 1848 年期间的革命活动，以及他关于对市民社会的解剖应该到政治经济学中去寻求的结论，使得他对人类学的研究从哲学方面转到了经济学方面。于是，马克思在不列颠博物馆里对人类学进行了纯经验的研究。

劳伦斯·克拉德认为，在 19 世纪 50 年代、60 年代和 70 年代，马克思始终不渝地围绕这个主题，特别是在 1879—1882 年间，马克思更加紧了这方面的研究。尽管马克思在其思想发展进程中发生了从哲学人类学向经验人类学的转变，但他研究的人类学主题一直没有变。马克思晚年的文化人类学笔记不仅是对《政治经济学批判大纲》和《资本论》中有关论点的补充，同时也是对他在 1843—1845 年期间所持观点的发展。所以，克拉德郑重地提出了马克思整个理论活动中人类学主题的一贯性问题。这一点基本符合马克思晚年理论活动的事实。克拉德较之前苏联理论界长期对这一问题所采取的回避态度，具有重大的现实意义。但是，克拉德把马克思的哲学理论和政治经济学理论以及其他理论全部归结为人类学，即把马克思主义全部人类学化的做法，是不恰当的。因为克拉德遮蔽了马克思主义理论的实质。

法国学者戈德里埃、特勒、梅雅苏等人力图把马克思主义和人类学"结合"起来，要么用人类学去填补马克思主义理论的"空白"，要么为人类学提供马克思主义的基本概念。其实，马克思主义人类学是马克思理论体系本来就有的组成部分，这里根本谈不上什么另外的再次"结合"。意大利学者马尔丁诺和西勒斯等人认为，马克思主义与人类学是一种相互翻译的关系，他们力图建构的马克思主义人类学是当代文化人类学和葛兰西的"实践哲学"的混合体。这是打着马克思的旗号，实则远离马克思的所谓马克思主义人类学。至于那种通过马克思、恩格斯人类学思想的比较研究而制造马克思与恩格斯"对立论"的努力，其目的和意图也是十分清楚的。英国学者莫里斯·布洛赫就不赞成关于《人类学笔记》的人本主义"复归论"解释。布洛赫认为，马克思转向人类学研究，与其说是要关心前资本主义社会本身，不如说是要对资本主义进行分析，他在自己的全部著作中都在设法证明资本主义大厦所赖以建立起来的那些概念（国家、财产、婚姻家庭、劳动、贸易乃至资本本身等等）并不是基于人性、逻辑或上帝这类非历史现象的不可动摇的东西。马克思转向人类学研究，目的就是要证明这些概念的随意性、暂时性和相对性，只有在这些概念及其虚伪的永恒性被揭穿之后，才有可能作出令人满意的政治分析。美国学者唐纳德·凯利认为，马克思从大学时代起就一直以不同的方式保持着对人类学的兴趣，这种兴趣在晚年表现得尤为突出。在最后十年左右的时间里，马克思加强了对古典西方和非西方的各种社会制度的研究，并把注意力从政治经济学转到了一种甚至可能更大的计划上来，这一计划的基础就是英美人类学家们所开创的人类学这门新学科。唐纳德·凯利认为，马克思正在超越一种仅限于经济分析和阶级分析的"历史唯物主义思想"，显然他的猜想是缺乏依据的。

　　苏联学者对马克思主义与人类学的关系也进行了深入研究。苏联学者首先提出这一问题。早在十月革命后的第三年，列宁委派梁赞诺夫到国外搜集了马克思恩格斯的大量手稿，其中就有马克思的人类学笔记。梁赞诺夫当时显然没有认识到这些笔记的巨大理论价值，只是从马克思严谨的治学态度方面作了肯定的评价。时过 20 年即 1941 年，苏联学者才在《马克思恩格斯文库》第 9 卷中第一次用俄文公开发表了关于摩尔根著作的摘要。之后，1958—1962 年间，他们又先后在《苏联东方学》杂志上发表了关于柯瓦列夫斯基著作的摘要。1964—1966 年间，他们又用俄文在《亚非人民》杂志上发表了关于菲尔著作的摘要。直至 1975 年，当他们逐步认识到过去那种孤立地研究笔记的做法已经越来越脱离从总体上把握马克思主义的世界潮流时，他们才在俄文版《马克思恩格斯全集》第 45 卷中收进了马克思晚年的人类学笔记，为全面把握这个主题及其在总体中的地位提供了现实条件。苏联学者伊·列·安德烈夫运用历史唯物主义关于世界历史过程规律性的原理来分析这些笔记，更多地强调这些笔记所勾勒的原始社会理论的现实意义。他认为，这些笔记与《资本论》及其他专门研究资本主义社会规律和矛盾的著作截然不同，这是马克思一生创作生活中的一个重要里程碑。在他看来，马克思晚年的学术兴趣发生了转变，开始专门研究原始社会的社会结构，这些结构在世界历史中的地位，特别是殖民主义和资本主义对它们的摧残和破坏，以及实现对社会实行社会主义改造的主客观条件的过程和前景。在人类历史上看起来好像早已成为过去的阶段，对人类某些特殊地区来说，却正是极为现实的东西，是现代政治和社会经济过程不可分割的组成部分。《人类学笔记》坚持把世界历史的规律性运用于根本不同于西欧的历史条件，这就扩大了马克思的历史哲学的具体应用范围，尤其是使它的方法论原则得到了富有成效的具体化。

三、马克思主义人类学的本义

那么，究竟什么是马克思的人类学呢？作为建构基础的马克思晚年的人类学笔记是面向历史还是面向现实？是对以往观点的补充和发展还是对以往观点的突破和超越？是向早期观点的复归还是对早、中期观点的修正？是新的历史唯物主义还是新的人类学？关于这些问题，尽管研究者们意见纷呈，各执一端，但有一点似乎是相同的：他们都试图把马克思晚年的笔记放在马克思思想发展的总进程中来考察。在这里，我们不能忽视人类学笔记在马克思理论活动中的意义，更不能抛弃马克思理论活动自身内在的整体性原则。

马克思在其思想理论发展进程中各种丰富多彩的思想观点、政治观点和理论观点相互交织、相互融合形成一个有机的整体，这个整体包括如下三个方面：（1）马克思的笔记、手稿和论著的有机统一；（2）马克思的哲学、政治经济学、社会政治学和人类学等多种主题的有机统一；（3）马克思早期、中期和晚年思想的有机统一。不难看出，在这个整体中，马克思的人类学笔记所阐发或所蕴含的极其深邃的思想肯定不是整体本身，而只能说是整体的一部分。有学者认为，马克思的人类学思想不是可有可无的奢侈品，而是如同马克思的哲学、政治经济学、社会政治学说笔记那样，成为马克思主义的主要内容和生长点。

从马克思主义创建的价值旨趣和理论原点来看，马克思和恩格斯都不是本来意义上的人类学家。他们在自己的全部理论遗产中并没有给我们留下专门的人类学著作。但马克思的全部理论活动都与人类学传统及其发展形态有着不可分割的思想渊源联系。事实上，外在的、经过改造的人类学因素实际上已经成为马克思主义内部不可分割的有机组成部分，谁也无法将它从马克思主义理论的大厦中排除出去。马克思大量使用人类学材料，一方面在于为

《资本论》的研究和写作服务，系统阐述资本主义生产方式的起源和发展过程；另一方面则在于补充和发展他的唯物主义历史观。这两点，恩格斯都作过明确的说明，而且在《家庭、私有制和国家的起源》（以下简称《起源》）中作过出色的发挥。据此，人们常常把《起源》当作马克思主义人类学的代表作。在一些研究者看来，马克思晚年人类学笔记中写有重要的批注 480 多条，而《起源》中则仅仅使用了 13 条，说明《起源》远远没有囊括笔记中的丰富思想。用恩格斯自己的话说，《起源》只是"稍稍补偿"了亡友的遗愿。所以，虽说《起源》在马克思主义理论中占有极为重要的地位，但它不会成为阻碍建构马克思主义人类学的事实根据。

马克思晚年的人类学笔记目标旨归是完善唯物史观。作为无产阶级的革命导师，马克思坚信哲学不仅要解释世界，更重要的在于改变世界。而唯物史观是科学地说明人类社会历史发展规律的正确理论，也是无产阶级争取自由解放的行动指南。所以，完整准确地阐发历史唯物主义理论是马克思毕生所从事的事业。研究者们总的认为，如果说在马克思早期的理论生涯中，其哲学的重心是关注并研讨唯物史观理论的话，那么成年的马克思通过《资本论》的写作，主要从政治经济学的角度来揭示资本主义生产关系再生产的内在规律，从而系统地完善自己的唯物史观；到了晚年，马克思为了进一步完善历史唯物论全心致力于文化人类学的研究。这些手稿中蕴含着马克思晚年关于文化人类学的基本理论和方法，即通过考察各个不同民族的社会历史进程的多样性，去揭示并完善唯物史观。

毫无疑问，马克思晚年的人类学探索是马克思思想发展史上的一件大事，马克思面对当时历史环境的变化，试图结合时代条件去丰富完善自己的唯物史观。从马克思晚年对文化人类学的研究轨迹中可以看出，马克思在建构自己理论体系时表现出了严肃的科学态度和求实精神。在学者们看来，马克思通过晚年的文化人类学研究，对自己的唯物史观作了更为科学的验证，这具体体现在三个方面：

首先，马克思对人类社会发展历史途径的多样性认识又有了进一步的深化。在这里，马克思表明了这样一种思想，即人类的历史文化发展是多元的，文明的模式也是多元的。

其次，马克思对社会发展的一般规律的认识也有了进一步的升华。可以说，如何通过原始社会历史发展的多样性来总结概括从原始的公有制向私有制发展的历史必然性，这是马克思晚年文化人类学研究的又一重要课题。对于摩尔根《古代社会》一书，马克思为了从逻辑与历史统一的角度表达社会发展的一般规律，马克思用唯物史观代替了摩尔根的自发唯物主义。马克思重新调整了摩尔根这本书的结构，即把原书的第二部分"管理概念的发展"挪到"家庭概念的发展"后面，从而形成了从物质生产和家庭的发展经过所有制关系的变化到国家的生产的逻辑结构。

最后，马克思通过文化人类学的研究，极大地深化了对古代社会许多重要文化现象的理解，如对家庭的理解，马克思肯定了摩尔根的"父权制家庭"是在原始社会的晚期才出现的一种家庭形式，在此之前还存在着更为原始的家庭。而对于氏族公社现象，传统看法认为原始社会的基本组织形式是一夫一妻制的家庭，通过摩尔根的研究成果，马克思也改变了当初认为氏族是个体家庭的扩大、氏族的产生晚于个体家庭的观点，认为母系氏族是后来发展起来的父系氏族的基础。在马克思的人类学笔记中，阶级斗争的理论、财产关系的发展、亚细亚生产方式和人的个性发展历程等重要问题都有进一步的深化。

总之，马克思晚年通过哲学人类学、文化人类学研究，都在新的层次上给予了更为精确的阐发和揭示。纵观马克思晚年对人类学的研究和探索，从整体性、连续性与特定背景下的阶段性统一的视野来把握唯物史观，来领会马克思主义，是我们一定应遵循的原则与方法。我们可以看出，对个人的自由全面发展和人类的彻底解放的关注，依然是马克思晚年人类学笔记思考的中心问题。马克思一生的理论研究和探索遵循着"自然—个体—社会"这条线索，将人的研究系统地体现于他的唯物史观之中，从而使马克思的科学唯物史观达到了完整的有机统一。当前，人类社会发展的现实迫切需要建构马克思主义人类学理论，而马克思主义人类学理论的建构也绝对离不开人类社会发展的现实状况和需要。

第三节 马克思的东方社会理论

马克思晚年关于东方社会发展理论的探索及成果构成马克思主义理论的重要组成部分。针对当时主要资本主义国家的发展状况和国际工人运动的实际情况,马克思深入科学地分析了非西方国家,尤其是俄国、中国、印度等东方大国的实际情况、革命形势和发展道路,提出了许多重大的理论创新观点和思想,科学地回答了社会主义革命和发展道路的理论难题,丰富和发展了马克思主义理论。对于马克思晚年的东方社会发展理论,我们应从当时的实际情况和马克思主义整体性的双重视野来认识和把握。

一、马克思晚年对俄国发展道路的探索

19 世纪 40 年代,当马克思主义刚刚诞生的时候,落后国家的概念还不甚清晰,它们作为有别于西方国家的独特的社会形态,其历史和未来发展的特殊性问题还没有显示出来。马克思在《德意志意识形态》中用"世界历史"思想涵盖了全球,其中包括东方落后国家的历史发展进程。那时,在马克思看来,资本主义是东方的未来,只有打碎野蛮的专制制度,发展资本主义,东方国家才能真正纳入"世界历史"的发展轨道,奠定未来的社会主义的物质基础。

19 世纪五六十年代,随着世界殖民化进程的加深,东方落后国家的历史和现实的材料不断涌现,落后国家的社会发展道路问题逐渐凸显出来。马克思从 19 世纪 50 年代起就大量地阅读了这些材料,对东方各国的社会状况有了较为深刻的了解。1859 年,马克思在《政治经济学批判》序言中第一次提出亚细亚生产方式概念,用以概括东方各国普遍存在的土地公有、农村公社和专制国家三位一体的现实。同时,马克思又把这个概念向历史探伸,把现存的亚细亚生产方式视为人类社会原生形态的缩影。西欧各国自原始公社瓦解以来,相继经过了奴隶社会、封建社会和资本主义社会,而东方社会却长期停滞不前,以各种不同的形式和特点把古老的亚细亚生产方式保存下来。那时,在马克思看来,东方各国的历史发展具有一定的特殊性,但是面对未

来，他依然认为，东方社会只能经历资本主义发展阶段，实现历史的归一。

19 世纪 70 年代中期以后，马克思的认识发生了巨大的飞跃，这又特别体现在他对俄国未来社会发展的构思中。俄国是东方落后国家的一个典型，也是世界上唯一较为完整地保留了农村公社及土地公有制的国家。在俄国，1861 年废除农奴制的改革不但没有缓和阶级矛盾，反而使国内的各种社会冲突空前激化。1877 年俄土战争进一步加剧了革命危机，沙皇政府风雨飘摇，随时都有可能被即将到来的革命所倾覆。在这种形势下，一个尖锐的问题迫切地提到马克思的面前：如果俄国革命爆发并取得胜利，那么，它将向何处去？是按照原来的设想，走西方资本主义的老路，还是另辟蹊径，探索一条崭新的光明之路？正是在对这个问题的深沉思索中，马克思第一次接触了落后国家如何建设社会主义的问题，并做出了跳越资本主义卡夫丁峡谷，在村社土地公有制的基础上直接建设社会主义的肯定答案。但是，马克思面对着一个全新的问题，即在俄国这类东方落后的国家如何去具体实践社会主义呢？按照唯物史观的方法，社会主义是资本主义高度发展的产物，是社会化大生产与生产资料私人占有的矛盾运动的结果。可是，俄国根本没有经历过资本主义充分发展的阶段，生产的社会化水平还很低，在这种历史条件下，却要跳越资本主义卡夫丁峡谷，直接建设社会主义，这就不得不重新创造理论，去具体回答到底如何建设社会主义的问题，这就必然需要进行理论上的创新和突破。

从马克思晚年关于俄国社会发展道路的理论与民粹派思想之间的关系来看，马克思晚年关于俄国社会发展道路的思想是在批判地吸收俄国村社社会主义和民粹派思想的基础上形成的。1872 年，马克思《资本论》第一卷俄文版在俄罗斯出版，这在俄国引发了一场争论。自由主义者站在资产阶级的立场上，强调《资本论》中体现的是历史发展的必然性，借以说明俄国必然走上资本主义道路的合理性。而民粹派则主要强调《资本论》中马克思对资本主义的批判，强调资本主义的不合理及必然灭亡，来为自己的村社社会主义理论辩护，否认俄国走资本主义道路的必然性。正是围绕着马克思的《资本论》，1877 年，俄国资产阶级自由派的《欧洲通报》杂志第 9 册上刊登了尤·加·茹柯夫斯基的文章《卡尔·马克思和他的〈资本论〉一书》，紧接着民粹派的杂志《祖国纪事》第 10 期上刊登了民粹派理论家尼·廉·米海洛夫斯基的反驳文章。正是针对米海洛夫斯基文章中对《资本论》德文版第一卷附注中关于赫尔岑的简短评语的错误理解，马克思写了他的给《祖国纪事》杂志编辑部的信。在信中，马克思首先驳斥了《祖国纪事》强加给自己的观点。在《祖国纪事》看来，马克思也同俄国自由派一样，认为对俄国来说没有比消灭农村公社土地所有制和急速过渡到资本主义更为急迫的事了。而马克思认为，并不能从《资本论》附注中他关于赫尔岑的评语来理解他对"'俄国人为他们的祖国寻找一条不同于西欧已经走过而且正在走着的发展道路'的努力的看法等等"①，表示他"同意""一位伟大的俄国学者和批评家"车尔尼雪夫斯基的观点，俄国只要"发展它所特有的历史条件，就可以不经受资本主义制度的一切苦难而取得它的全部成果"②。但紧接着马克思就表示了他的担心——"如果俄国继续走它在 1861 年所开始走的道路，那它将会失去当时历史所能提供给一个民族的最好机会，而遭受资本主义制度所带来的一切极端不幸的灾难。"③ 在马克思看来，俄罗斯民族要想抓住"当时历史"所提供的"最好机会"，在它 1861 年所开始的路上停下来就成为关键的关键。马克思在这封信中还反对把他在《资本论》中"关于西欧资本主义起源的历史概述彻底变成一般发展道路的历史哲学"④。在马克思看来，一个民族、一个国家，如果它所处的历史环境不同，革命方式和发展道路也就不同。这就为东方国家发展的独特道路做了理论上的概括。

在接下来的时间里，马克思关于俄国社会发展道路的思想又有了新的发展。1881 年马克思给查苏利奇的信及草稿可以说是在此基础上对俄国社会发展道路的进一步研究和探索。1881 年 3 月，马克思应查苏利奇之请，在给她的复信及草稿中，谈了自己对俄国农村公社前途的看法。马克思在正式复信中认为要使俄国农村公社成为"俄国社会新生的支点"就"首先必须肃清从

---

① 中共中央马克思恩格斯列宁斯大林著作编译局. 马克思恩格斯文集：第 3 卷 [M]. 北京：人民出版社，2009：463—464.
② 中共中央马克思恩格斯列宁斯大林著作编译局. 马克思恩格斯文集：第 3 卷 [M]. 北京：人民出版社，2009：464.
③ 中共中央马克思恩格斯列宁斯大林著作编译局. 马克思恩格斯文集：第 3 卷 [M]. 北京：人民出版社，2009：464.
④ 中共中央马克思恩格斯列宁斯大林著作编译局. 马克思恩格斯文集：第 3 卷 [M]. 北京：人民出版社，2009：466.

各方面向它袭来的破坏性影响,然后保证它具备自由发展所必需的正常条件"①。这与马克思在给《祖国纪事》杂志编辑部的信中的担心是一致的,是希望与担心的交织。担心的是资本主义在俄国日益壮大的事实是对村社的破坏。这种破坏也来自公社本身的二重性,它使公社内部分化,不平等扩大,威胁到公社本身的生存,另外,国家也借助集中在它手中的各种社会力量来不断地压迫公社。公社也成了商人、地主、高利贷者剥削的对象。尽管如此,马克思仍对公社的新生抱有希望。因为,马克思认为"当时历史"给俄国农村公社提供了"最好的机会"。更为重要的是"它还渡过了资本主义还没有被触动的时期",在它面前"资本主义是处于危机状态",不论是在西欧,还是在美国,这种社会制度现在都处于同科学、同人民群众以致同它自己所产生的生产力本身展开斗争的境地。正是这种"历史环境"使俄国可以不通过资本主义制度的"卡夫丁峡谷","而把资本主义制度的一切肯定成就用到公社中来"②。当然,这还只是一种可能性,如何使这种可能转化为现实呢?马克思认为,"要挽救俄国公社,就必须有俄国革命",认为"如果革命在适当的时刻发生,如果它能把自己的一切力量集中起来以保证农村公社的自由发展,那么农村公社就会很快变为俄国社会复兴的因素"③。

"卡夫丁峡谷"的典故出自古罗马历史。公元前 321 年,萨姆尼特人在古罗马卡夫丁城附近的卡夫丁峡谷击败了罗马军队,并迫使罗马战俘从峡谷中用长矛架起的形似城门的"牛轭"下通过,借以羞辱战败军队。后来,人们就以"卡夫丁峡谷"来比喻灾难性的历史经历,并且卡夫丁峡谷成了"耻辱之谷"的代名词,并可以引申为人们在谋求发展时所遇到的极大的困难和挑战。关于马克思引用的"卡夫丁峡谷"一词的含义,理论界主要有两种认识。一种认为"卡夫丁峡谷"是指资本主义生产发展的过程。所谓可以不通过资本主义制度的卡夫丁峡谷,就是可以超越资本主义生产发展的整个阶

---

① 中共中央马克思恩格斯列宁斯大林著作编译局. 马克思恩格斯文集:第 3 卷 [M]. 北京:人民出版社,2009:590.

② 中共中央马克思恩格斯列宁斯大林著作编译局. 马克思恩格斯文集:第 3 卷 [M]. 北京:人民出版社,2009:587.

③ 中共中央马克思恩格斯列宁斯大林著作编译局. 马克思恩格斯文集:第 3 卷 [M]. 北京:人民出版社,2009:582.

段，由前资本主义的生产方式直接进入以公有制为基础的社会主义生产方式阶段。另一种认为"卡夫丁峡谷"意指资本主义的社会形态。前资本主义国家在特殊的历史条件下，可以直接进入社会主义社会，不仅实现生产方式的变更，同时也实现社会制度的更新。可见，马克思认为俄国社会能不能不经过资本主义制度的"卡夫丁峡谷"而过渡到新的形态中去，除了农村公社不被破坏这种俄国特殊的社会条件外，最根本的起决定作用的则是"外部的推动"，是它所处的"历史环境"，尤其是东西方即将发生的革命。这一点，在《共产党宣言》俄文版第二版序言（1882年）中有明确的表述——"假如俄国革命将成为西方无产阶级革命的信号而双方互相补充的话，那么现今的俄国土地公社所有制便能成为共产主义发展的起点。"[①]

从考察马克思对俄国社会发展道路的历程可以看出，马克思有一个从笼统的提法到逻辑的论证，从情感的愿望到一定条件设定的过程。而且，不经过"卡夫丁峡谷"，也不像有些人认为的那样：在马克思那里是东方国家都可享受的普照的光，而相反，在马克思的原义上，它只是俄国的殊荣。马克思明确把印度排除在外，因为在那里，农村公社已成了"外国征服者的猎获物"[②]。

二、辩证把握马克思的东方社会发展理论

马克思的东方社会发展理论，即跨越论。东方社会发展道路问题是人类社会现代转型与社会主义革命和共产主义运动中的重大课题，是马克思恩格斯在晚年时期探索和思考的主要问题之一。随着人类历史的发展和剧烈变化，东方社会发展道路问题以及马克思主义关于东方社会发展道路问题的探索引起了人们的重视。落后国家的率先跨越本身就是对世界资本主义体系的自我否定，落后国家率先进入社会主义又再次验证了社会革命发生发展的一般规律。

如果要完整、准确地理解马克思所酝酿的资本主义制度的卡夫丁峡谷的

① 中共中央马克思恩格斯列宁斯大林著作编译局. 马克思恩格斯文集：第 2 卷 [M].
北京：人民出版社，2009：8.
② 中共中央马克思恩格斯列宁斯大林著作编译局. 马克思恩格斯文集：第 3 卷 [M].
北京：人民出版社，2009：574.

含义，必须从查苏利奇给马克思的信说起。

1867 年《资本论》第 1 卷出版后，正值俄国废除奴隶制，开始向资本主义发展之际，俄国学者和政论家对《资本论》中所提出的由封建生产方式向资本主义生产方式转变的历史必然性和俄国农村公社的命运以及俄国社会的发展道路等问题展开了激烈的争论。

1881 年 2 月 16 日，俄国的革命民主主义者查苏利奇致信马克思，希望马克思能说明"对我国农村公社可能有的命运以及世界各国由于历史必然性都应经过资本主义生产各阶段的理论的看法"。1881 年 2 月至 3 月，马克思为给查苏利奇复信，先后写了一稿、二稿、三稿和四稿。在复信的草稿中，马克思指出：《资本论》对资本主义生产的起源分析，明确地限于欧洲各国。

俄国由于历史条件不同，"历史必然性"不适用于俄国。在西欧，"是把一种私有制形式变为另一种私有制形式"。在俄国，以土地公有制为特征的农村公社依然存在。一方面，"土地公有制使它有可能直接地、逐步地把小土地个体耕作变为集体耕作，并且俄国农民已经在没有进行分配的草地上实行着集体耕作，俄国土地的天然地势适合于大规模地使用机器。农民习惯于劳动组合关系，有助于他们从小土地经济向合作经济过渡"。另一方面，"和控制着世界市场的西方生产同时存在，使俄国可以不通过资本主义制度的卡夫丁峡谷，而把资本主义制度的一切肯定的成就应用到公社中来"。

显而易见，如果将"卡夫丁峡谷"作为资本主义制度来理解，是明显的同语反复的语法错误。同时也和马克思前面所谈论的俄国农村公社的生产不是一致的。所以，将"卡夫丁峡谷"作为资本主义制度来理解是不确切的。那么"卡夫丁峡谷"是否指资本主义生产发展的整个过程呢？马克思在一稿中指出，在俄国，由于各种情况的特殊凑合，至今还在全国范围内存在着的农村公社能够逐渐摆脱其原始特征，并直接作为集体生产的因素在全国范围内发展起来。正因为它和资本主义生产是同时代的东西。所以，它能够不通过资本主义生产的一切可怕的波折而吸收它的一切肯定的成就。

在此我们可以看出，"卡夫丁峡谷"是和资本主义的生产相关联的，但不是资本主义生产的全过程。是资本主义生产的"波折"以及产生这些"波折"的生产阶段。作为资本主义生产的"可怕的波折"，无疑是指马克思曾多次鞭挞的、由生产的社会化和生产资料私人占有之间的矛盾所导致的经济危机及其灾难性后果。所以，马克思所说的"卡夫丁峡谷"应包括二层含义：一是指资本主义生产所引起的经济危机及其灾难，二是指导致经济危机的资本主义生产的某些阶段。

这样马克思就明确回答了查苏利奇所提出的关于"世界各国由于历史的必然性是否都应经过资本主义生产各阶段"的问题。马克思致查苏利奇的复信共计写了四稿，最后一稿是作为正式复信发出的。在四个复信稿中，马克思关于"卡夫丁峡谷"问题的表述是这样的。

在初稿中，马克思指出，在俄国，"一方面，土地公有制使它有可能直接地、逐步地把小土地个体耕作变为集体耕作……另一方面，和控制着世界市场的西方生产同时存在，使俄国可以不通过资本主义制度的卡夫丁峡谷，而把资本主义制度的一切肯定成就用到公社中来"。接着，马克思分析了俄国农村公社能否改造成先进的社会起点的两个必备条件——经济上改造的需要和物质上实现改造的条件后指出，俄国农村公社"目前处在这样的历史环境中：和它同时并存的资本主义生产在给它提供集体劳动的一切条件。它有可能不通过资本主义制度的卡夫丁峡谷，而享用资本主义制度的一切肯定成果"。

上述马克思关于"卡夫丁峡谷"的表述说明，马克思在这个问题上既是十分谨慎的，也是不确定的。他在初稿中由"可以不通过"到"有可能不通过"的转变，表明马克思对该问题的非完全肯定态度。因为，马克思在此之前主要从事的是关于资本主义的起源、发展、弊端以及灭亡的研究，得出了未来的社会主义只有在资本主义高度发展的基础上才能诞生的论断。要回答当时以公有制为基础的俄国农村公社的发展方向，对马克思来说，这不能不是一个新的问题。所以，马克思在给查苏利奇的复信初稿中，一开始就表现得十分慎重。

在复信的二稿中，马克思指出，俄国公社的情况同西方原始公社的情况完全不同。俄国是在全国广大范围内把土地公社占有制保存下来的欧洲唯一的国家，同时，恰好又生存在现代的历史环境中，处在文化较高的时代，和资本主义生产所统治的世界市场联系在一起。"俄国吸取这种生产方式的肯定成果，就有可能发展并改造它的农村公社的古代形式，而不必加以破坏。"

在该复信稿中，马克思根本没提跨越资本主义卡夫丁峡谷的问题。只是说明了在保存俄国农村公社的前提下，可以利用资本主义生产方式的文明成果来改造农村公社的古代形式。这种由初稿的可以不通过、可能不通过到可以吸取资本主义生产方式的肯定成果，以发展和改造俄国农村公社的进一步思想变化，表明了马克思在是否能够不通过资本主义制度的卡夫丁峡谷问题上是时而肯定，时而不确定，时而否定的。说明马克思在一直思考着这个他一时难以确定的问题。

第三稿中，马克思在分析了俄国农村公社天生的二重性和可能导致的两种结果后指出，"现在，我们暂且不谈俄国公社所遭遇的灾难，只来考察一下它的可能的发展"。它的情况非常特殊，在历史上没有先例。在整个欧洲，只有它是一个巨大的帝国内农村生活中占统治地位的组织形式。"土地公有制赋予它以集体占有的自然基础，而它的历史环境（资本主义生产和它同时存在）又给予它以实现大规模组织起来的合作劳动的现成物质条件。因此，它可以不通过资本主义制度的卡夫丁峡谷，而吸取资本主义制度所取得的一切肯定成果。"

在此复信稿中，马克思对能否不通过资本主义制度的卡夫丁峡谷又基本上作了"肯定"的回答。但这种肯定是有前提的，即"暂且不谈俄国公社所遭遇的灾难，只来考察一下它的可能的发展"。由于这种"可以不通过"只是一种可能的发展，所以，这种肯定也是不确定的。它展示了马克思在该问题上还没有作出最后的结论。

在正式复信的第四稿中，马克思指出："在《资本论》中所作的分析，既没有提供肯定俄国农村公社有生命力的论据，也没有提供否定农村公社有生命力的论据，但是，我根据自己找到的原始材料对此进行的专门研究使我深信：这种农村公社是俄国社会新生的支点。"

在这封正式复信中，马克思根本没有提及"可以不通过资本主义制度的卡夫丁峡谷"的问题。而只是根据俄国农村公社当时的公有制基础作出了这种农村公社是俄国社会新生的支点的论断。这难道是马克思的疏忽吗？回答是否定的。由于马克思对俄国农村公社的发展方向一开始就认为有两种可能性，"或者是私有原则在公社中战胜集体原则，或者是后者战胜前者"。所以在正式复信中，马克思必然表现出更大的慎重。他所作出的俄国农村公社是社会新生的支点的论断，主要是针对农村公社的土地公有制而言的。而公有制作为社会新生的支点，又是和马克思在《共产党宣言》等其他经典著作中所阐述的社会主义代替资本主义的基本原理是完全一致的。

通过上述分析，我们可以得出如下结论：在马克思的思想中，确实对俄国农村公社可以不通过资本主义制度的卡夫丁峡谷问题作过一定的酝酿，但最后没有提出可以不通过"卡夫丁峡谷"的思想。马克思在前三个复信草稿中的这种思想反复，表明了他对该问题孜孜不倦的探究和在新的理论根据没有出现以前不会作出非科学结论的严谨学风和高度的政治责任感。同时也反映了他对该问题的不确定性。马克思之所以没有将其任何一稿作为正式的复信，这说明马克思自己也认为对该问题的考虑并不成熟，尚在酝酿之中。

所以，第四稿才是马克思最终的真实思想表达。在正常情况下，一个人的思想、观点和主张的提出只能以其公开的讲话或正式的文字表达为依据，在公开讲话或正式文字表达前的思考、分析和探索，只能是对问题的酝酿。从这个意义上说，马克思在前三个复信草稿中所提出的"可以不通过资本主义制度的卡夫丁峡谷"，只能说明马克思对该问题有过思想上的酝酿，但最后并未提出可以不通过"卡夫丁峡谷"的思想。

理论界有一种看法，认为"马克思晚年跨越资本主义卡夫丁峡谷的理论与当前的现实有一种直接的关联。相当多的人从中找到东方社会主义道路及其当代改革的理论源头"。但在马克思致查苏利奇的复信草稿中，只有"可以不通过资本主义制度的卡夫丁峡谷"的表述，从未出现过"跨越资本主义制度的卡夫丁峡谷"的文字。这绝不是在咬文嚼字。因为"跨越"和"可以不通过"有着截然不同的含义。马克思"可以不通过资本主义制度的卡夫丁峡谷"是指：由古代原始公社演变而来的俄国农村公社，由于保存了土地公有制，在俄国社会给予必要垫款和资本主义的生产同时存在为它提供集体劳动的一切条件的情况下，有可能绕开资本主义生产方式的某些阶段以及所导致的经济危机，而选择另一条继续向前发展的道路。这样就可以避免西欧资本主义国家所经受的波折和灾难。而"跨越资本主义制度的卡夫丁峡谷"则是指：俄国的农村公社可以超越资本主义生产的整个阶段，而直接进入社会主义生产阶段。这既不是马克思的本意，也是根本行不通的。

马克思在1867年的《资本论》序言中指出，当时世界历史的发展趋势是资本主义的规律正以"铁的必然性"向前资本主义国家扩展，"工业发达的国家向工业较不发达的国家所显示的，只是后者未来的前景"。"一个社会即使探索到了本身运动的自然规律"，"它还是既不能跳过也不能用法令取消自然发展阶段"。马克思逝世后，恩格斯针对"跨越论"者、俄国农民社会主义的代表人物赫尔岑所提出的"俄国公社可以使腐朽的、衰老的西方返老还童和得到新生"的观点，在《〈论俄国的社会问题〉跋》中指出："要处在较低的经济发展阶段的社会来解决只是处在高得多的发展阶段的社会才产生和才能产生的问题和冲突，这在历史上是不可能的。……每一种特定的经济形态都应当解决它自己的、从它本身产生出的任务。如果要去解决另一种完全不同的经济形态所面临的问题，那是十分荒谬的。"

历史唯物主义告诉我们，生产力是继承的，人类社会的发展是一个自然的历史过程。人们只能了解、掌握和利用人类社会发展的客观规律，去推进社会的快速发展，而绝不可能人为主观地改变社会发展的客观规律。因为，"无论哪一种社会形态，在它所容纳的全部生产力发挥出来以前，是决不会灭亡的；而新的更高的生产关系，在它的物质存在条件在旧社会的胎胞里成熟以前，是决不会出现的"。从农业社会到社会主义社会是一个很长的历史阶段，必然要经历若干过渡阶段和中间环节。在过渡时期，只有完成了从落后、简陋的小生产向现代社会化大生产的转变，完成了从农业社会向工业社会的根本转变，完成了从封闭体系向开放体系的转变，才具备了进一步向社会主义社会跃进的最起码的基本条件。否则，在落后的生产力基础上，通过变更生产关系的形式，强行向高级经济形态的过渡，要么根本不成功，要么只是形式上的，要么自受其害。1958 年中国的"大跃进"、人民公社化运动以及苏联和东欧的社会主义建设实践的失败都雄辩地证明了这一规律的真理性。

苏联、东欧等国所建立的社会主义是否是马克思"可以不通过资本主义制度的卡夫丁峡谷"的具体实现？

首先，当代落后国家走上社会主义和马克思的不通过资本主义制度的卡夫丁峡谷有无必然联系。纵观马克思致查苏利奇的四个复信草稿，我们不难发现，马克思所酝酿的不通过资本主义制度的卡夫丁峡谷思想是在非常严格的意义上使用的，应同时具备两个条件。其一，农村公社土地公有制的存在，即俄国农村公社"可以通过发展它的基础即土地公有制和消灭它也包含着的私有制原则来保存自己；它能够成为现代社会所趋向的那种经济制度的直接的出发点，不必自杀就可以获得新的生命"。这就是"可以不通过卡夫丁峡谷"的前提和基础。其二，资本主义现代化大生产的存在，即俄国农村公社"和资本主义生产的同时存在为它提供了集体劳动的一切条件。它有可能不通过资本主义制度的卡夫丁峡谷，而占有资本主义制度所创造的一切积极的成果"。这是"可以不通过卡夫丁峡谷"的必要条件。到十月革命前，俄国已是一个资本主义国家，所以，"跨越"的问题也就不复存在。

其次，苏联、东欧等落后国家所建立的社会主义是否是马克思原意上的科学社会主义。马克思在致查苏利奇的信中所酝酿的可以不经过资本主义制度的卡夫丁峡谷，而直接进入的社会主义，必然是他曾作过多次描述的科学社会主义，而决不可能是遭到他多次批判的形形色色的其他社会主义。那么苏联和东欧的社会主义是否可以称得上科学社会主义呢？笔者认为，这是一个值得商榷的问题。按照马克思在《〈政治经济学批判〉导言》中所提出的"两个必然"和"两个决不会"原理，科学社会主义只能建立在资本主义高度发展的成就基础之上，这是适用于人类社会发展的最一般的普遍规律。苏联和东欧等国在十月革命前虽已进入资本主义的低级生产阶段，但自身却缺乏发达资本主义所创造的物质文明和精神成果，所以，它完全不同于由发达资本主义转变为社会主义的情况。这种独特的发展道路所产生的社会主义，是一种由于特殊的历史条件所形成的、特殊历史形态的社会主义。它和马克思所说的由发达资本主义脱胎而来的社会主义形态，具有质的差别。这种质的差别归根到底是由生产力的水平所决定的。因为不同的生产力水平决定着必然产生不同的生产关系和上层建筑。从此意义上说，苏联和东欧的社会主义，不是跨越"卡夫丁峡谷"的实现。苏联和东欧的这种特殊历史形态的社会主义的出现，实际上是想走出一条不同于马克思提出的由发达资本主义进入社会主义的特殊道路。它的最终失败不是马克思科学社会主义理论的破产。相反，它从反面验证了马克思关于人类社会发展道路的学说具有强大的生命力，展示了资本主义的灭亡和社会主义的胜利是不可避免的历史发展规律。

那么，我们怎样来理解马克思晚年的跨越论与东方社会发展道路思想呢？在对这个问题的回答上，马克思恩格斯晚年的理论无疑对我们具有科学的指导意义。马克思晚年的思想和我国学者对马克思主义的研究告诉我们，应该从如下几个方面把握马克思的东方社会发展理论。

首先，我们应科学理解马克思的"跨越"的真实含义。在马克思那里，"跨越"思想并非是指取消资本主义阶段，在一定意义上是指资本主义制度的自我否定。因为，一方面，马克思在提出跨越"卡夫丁峡谷"这个理论命题时，是把它与外部世界，尤其是把落后的俄国与西欧先进的资本主义国家紧密地联系在一起的。在马克思看来，俄国要想"不通过资本主义制度的卡夫丁峡谷"，就必须"吸取资本主义制度所取得的一切肯定成果"。俄国的农村公社和"资本主义生产是同时代的东西"，所以"它能够不通过资本主义生产的一切可怕的波折而吸收它的一切肯定成就"。在世界历史条件下，落后国家比喻俄国，只有吸收资本主义的一切肯定成果，只有在与外部世界的联系和交往中才能实现。随着世界历史进程的发展，如果说跨越论在某种程度上修正或补充了同时发生论、首先发生论，那么跨越论与它们的共同之处就在于，只有把向社会主义过渡看成是一种世界范围的历史过程才是可能的。在马克思的"跨越论"理论看来，自从资本主义世界体系形成以来，任何国家、任何民族都不可能在闭关自守的状态下得到发展。跨越论也是在马克思恩格斯把俄国村社问题放进与外部世界，尤其是与西欧先进资本主义的联系中形成的。跨越论的这一理论命题的前提条件，是进行跨越的国家所处的历史环境必须是与"资本主义生产是同时代的东西"，或者说是"资本主义生产和它同时存在"，这就为用资本主义的一切肯定成果来改造跨越前的前资本主义的落后状态提供了客观可能性。可见，跨越"卡夫丁峡谷"离不开与外部资本主义世界的联系。另一方面，学者们基本的看法是，马克思的这种"跨越"思想从本质上来看仍然是对资本主义的否定。这就是说，资本主义登上历史舞台以后，开创了世界历史，使整个世界在经济、政治、思想文化上形成一个有机整体，从而使生产力与生产关系、经济基础与上层建筑的矛盾运动超出一个国家、民族、地区的界限，以世界的规模向前发展。在这种情况下，整个资本主义运动和作为其否定物的社会主义运动都不能不具有世界的历史性。东方社会落后的国家对资本主义"卡夫丁峡谷"的超越，归根到底是社会主义和资本主义两种力量在世界范围内斗争的结果。理解这个问题的历史观深层基础是马克思在《〈政治经济学批判〉导言》中所提出的历史发展"普照的光"的思想。在《〈政治经济学批判〉导言》中马克思指出："在一切社会形式中都有一种一定的生产支配着其他一切生产的地位和影响；因而它的关系也支配着其他一切关系的地位。这是一种普照的光，一切其他色彩都隐没其中，它使他们的特点变了样。这是一种特殊的以太，它决定着它里面显露出来的一切存在的比重。"① 资本主义的发展把一切民族甚至最野蛮的民族卷入了文明之中。从这个视角看，在资本主义生产的"普照的光"的照耀下，东方落后国家的前资本主义生产力和生产关系都不能不带上资本主义的性质并由之决定。所以，虽然一切社会主义革命根源于社会化生产力与资本主义生产关系的矛盾，但由于"历史向世界历史转变"，对于某一国家内冲突的发生来说，完全没有必要等这些矛盾在这个国家本身中发展到极端的地步。由于落后国家同工业比较发达的国家进行广泛的国际交往所引起的竞争，就足以使工业比较不发达的国家产生类似的矛盾。由此可见，我们应对马克思所说的"超越""跨越"等思想作辩证的分析，不可作僵死的理解，绝对的、纯粹的超越是不可能的，东方落后国家恰恰是在人类社会历史已进入资本主义历史阶段并在与资本主义发生关系的过程中，以一种特殊的方式实现对资本主义的否定的。

其次，研究者共同认为，在马克思晚年的"跨越论"思想中还包含着"过渡性"的意蕴。在晚年的马克思看来，"跨越"虽然绕过了资本主义，但并非是指直接进入到典型的社会主义，这其中还有一个相当长的过渡时期。按照马克思主义经典理论家马克思恩格斯的基本观点，鉴别社会形态及其历史分期有两种方法。一种是以社会技术尺度为核心的"三分法"，它涉及彼此相关、相互对应的一组情况：（1）以劳动与生产工具的结合类型为尺度，把人类社会分为农业社会→工业社会→全面自动化社会（社会技术形态）；（2）以劳动与劳动的交换方式为尺度，把人类社会划分为自给自足的自然经济社会→社会化的商品经济社会→社会化的产品经济社会（社会交换形式）；（3）以人的发展和社会发展的相互关系为尺度，把人类社会划分为人对人的依赖关系社会→人对物的依赖关系社会→自由人的联合体社会（社会主体形

① 中共中央马克思恩格斯列宁斯大林著作编译局. 马克思恩格斯文集：第8卷［M］. 北京：人民出版社，2009：31.

态）。另一种是以社会经济尺度为核心的"五分法"，即以生产关系（主要是所有制关系）为尺度，把人类社会划分为原始社会→奴隶社会→封建社会→资本主义社会→共产主义社会（社会主义是其第一阶段）等前后相继的五种社会经济形态。由于经济基础决定上层建筑，因此五种社会经济形态中有其相对应的政治上层建筑和意识形态。在马克思看来，对于任何一个国家来说，由"三分法"体现的历史发展过程是不可超越的；但对特定的国家来说，在特定的国际环境下，由"五分法"体现的历史发展阶段却是可以超越的。研究者认为，根据马克思主义的上述思想，可以看到经济落后的国家跨越到社会主义，虽然在经济形态上接近于由落后资本主义转变过来的社会主义，它们都处在历史发展的同一序列——社会主义，但在反映生产力发展的三个社会基本要素方面却有很大不同。在马克思主义的经典理论中，马克思所说的社会主义，在社会技术形态上属于全面自动化社会，在社会交换形式上属于社会化的产品经济社会，在社会交换形态上属于自由人的联合体（人的全面发展）。但从目前来看，现实中的社会主义，在社会技术形态上则属于工业社会，在社会交换形态上属于社会化的商品经济，在社会主体形态上属于人对物的依赖关系（人的片面发展）。因而，在马克思看来，正是社会基本要素的这些差距决定了落后国家的社会主义在生产关系等方面不能采取纯粹的社会主义形式，而是采取现在这种非纯粹的以公有制为主体的形式。

研究者认为，在当前，我国社会主义在社会根本制度上与现代资本主义制度有着质的区别，但从社会技术形态、社会交换形态和社会主体形态方面看，却与资本主义近乎同一形态，处在历史发展的共同进程中，执行着同样的历史转化任务，即实现由农业社会向现代工业社会的转化以及从人对人的依赖关系向现代人对物的依赖关系的转化。由于我国现代化发展较晚，无论是在社会技术形态、社会交换形态上，或是在社会主体形态上，其起点都比资本主义低，到目前为止，还没有在社会基本要素上赶上，更不用说超过资本主义国家。这就是中国还处在并将长时期处在社会主义初级阶段的客观根据。

所以，东方落后国家跨越"卡夫丁峡谷"后，并没有进入到真正意义上的社会主义阶段，还只是处于"不够格"的社会主义阶段，由"不够格"到"够格"的社会主义，其间必须要经历一个相当长的历史时期。在这个时期，进入社会主义制度的国家还要摆脱封建主义的影响，其竞争对手则是资本主义，发展前景才是马克思设想的社会主义。因而，我们既要看到现实社会主义与当代资本主义在社会经济形态上的差异性，也不应忽视二者在社会基本要素上的相通之处。这是一些国家在建设社会主义过程中发生"左"的错误的一个重要的思想理论上的原因。

再次，马克思这里的"跨越"思想不仅是指对资本主义生产关系的超越，本意中也包含了特定历史条件下对资本主义社会生产力的借鉴和超越。而对资本主义社会生产力的超越，不仅是指超越资本主义社会生产力的发展水平，而且更是指超越资本主义社会生产力的发展速度。在我国理论界对东方社会落后国家有可能跨越资本主义"卡夫丁峡谷"的理解中，有一种观点认为：资本主义生产关系可以超越，但资本主义生产力不能超越。一般而言，生产力的发展确实具有不可逾越性。然而，在历史转变为世界历史之后，生产力发展的国际化，人们的世界历史性的而不是狭隘地域性的存在已经是经验的存在了。

随着世界历史的发展和真正的"人类社会"的形成，这种国际间的交互作用所形成的世界生产力的总体联系，使生产力的发展出现了一些新的特点：

第一，生产的重复性被消解了。国际性生产与合作、全球性市场的形成和交往的发展，打破了各个国家、民族、地区生产力发展的重复性。马克思认为，某一地方创造出来的生产力，特别是发明，在往后的发展中是否会失传，取决于交往扩展的情况。在交往具有世界性质，并以大工业为基础的时候，只有在一切民族都卷入竞争的时候，保存住已创造出来的生产力才有了保障。

第二，随着民族历史向世界历史的转变，人类社会历史的发展就打破了各个国家、民族、地区生产力发展的单线性。在前资本主义形态落后的生产力和分工的基础上，不可能形成各个国家、民族和地区之间普遍交往的格局，历史只能被分割在狭隘的民族地域中发展，因而在这种封闭状态下，其生产力的发展只能是一步一步地单线递进。而当世界形成了一个有机整体时，这种单线递进必然受到世界整体生产力发展的规定和制约，它的最终结果必然表现为"合力"的结果，从而打破其生产力发展的单线性。所以，世界历史的形成虽然无法改变整个人类社会生产力发展阶段的循序渐进性，却使某一个国家、民族、地区有可能借助世界先进科学技术力量，绕过一切从头开始来实现生产力发展个别阶段上的超越。

第四节 马克思恩格斯的东方社会理论比较

一、恩格斯关注和探索东方落后国家发展道路的起因

恩格斯晚年对东方社会发展道路的关注和探索是源于 1875 年对民粹派代表人物之一特卡乔夫观点的批判。恩格斯的论述主要集中在 1875 年的《论俄国的社会问题》、1882 年与马克思合写的《共产党宣言》俄文版第二版序言、1894 年的《〈论俄国的社会问题〉跋》及给伯恩斯坦、丹尼尔逊、普列汉诺夫等人的几封信中。而马克思则是在 1877 年 11 月给俄国《祖国纪事》杂志编辑部的信中才对俄国社会的发展道路提出了自己的初步看法。马克思的五大人类学笔记也都是此后的产物。在学界，人们在较多地谈论马克思的不经过"卡夫丁峡谷"设想的时候，却忽视了恩格斯对同一问题的论述。其实，恩格斯在关于东方落后国家社会革命和东方落后国家社会发展道路问题论述中设定了严格的外部条件，而且他一直强调资本主义因素在俄国迅速发展的事实和俄国公社不断遭到破坏的危险性。

关于俄国农村公社新生的可能性，恩格斯更突出强调它所处的历史背景以及"外在的推动"的作用。恩格斯认为，要想使农村公社成为富有生命力的新形式，必须有特定的条件——这就是西欧的无产阶级革命，强调西欧要"在这种公社所有制彻底解体以前就胜利地完成无产阶级革命"。在恩格斯看来，西欧的无产阶级革命会给俄国农民提供实现这种过渡的必要条件，其中也为他们提供在整个农业制度中实行必然与其相联系的变革所必需的物质条件。在 1894 年的《〈论俄国的社会问题〉跋》中，恩格斯进一步明确强调对俄国公社进行改造的"首创因素只能来自西方的工业无产阶级，而不是来自公社本身，西欧无产阶级对资产阶级的胜利，以及与之俱来的以公共管理的生产代替资本主义生产，这就是俄国公社上升到同样的发展阶段所必需的先

决条件"①。恩格斯还指出："只有当西欧各国人民的无产阶级取得胜利和生产资料转归公有之后，那些刚刚进入资本主义生产而仍然保全了氏族制度或氏族残余的国家，可以利用公有制的残余和与之相适应的人民风尚作为强大的手段，来大大缩短自己向社会主义社会发展的过程，并避免我们在西欧开辟道路时所不得不经历的大部分苦难和斗争。"②

所以，在恩格斯看来，如果没有西方无产阶级革命的胜利，目前的俄国无论是在公社的基础上还是在资本主义的基础上，都不可能达到对社会的社会主义改造。在关于东方落后国家社会革命和东方落后国家社会发展道路的问题上，恩格斯在其论述中不仅使用了"必要条件""先决条件"等强调性概念，而且比马克思更明确地指出，俄国公社的新生，当着西方革命形势还不够的情况下，就必须有西方无产阶级革命的胜利并提供必要的帮助。因而，从恩格斯的观点和相关的论述中我们可以看出，在关于东方落后国家社会革命和东方落后国家社会发展道路问题上，对于俄国来说，恩格斯认为，要想不经过资本主义制度的"卡夫丁峡谷"，需要有严格的外部条件，否则是不可能取得社会主义革命胜利，走上社会主义道路的。

二、马克思与恩格斯晚年的俄国发展道路思想比较

针对马克思恩格斯晚年关于俄国社会发展道路的思想，学术界进行了比较研究。基本的问题是，我们应该怎样认识晚年的马克思恩格斯在关于俄国社会发展道路上存在的思想差异？

在比较研究的基础上，学者们在以下几个方面形成了大致相同的看法。

一方面，学者们认为，我们应从马克思恩格斯各自的论述角度和针对的不同对象来看。马克思给《祖国纪事》杂志编辑部的信是对有人把他歪曲为主张资本主义不可避免的宿命论时所做的反驳，因而他强调不能不顾各民族不同的历史环境，一味认定都将走上资本主义道路，反对把他关于西欧资本主义起源的历史概述变成一般发展道路的历史哲学理论，例如，在马克思给

俄国女革命家查苏利奇的信中的观点，即当时俄国革命者查苏利奇向他请教俄国是否只能走资本主义道路时所做的回答。因而，马克思强调只要抓住机会，创造条件，俄国是可以不经过资本主义制度的"卡夫丁峡谷"的。而恩格斯的有关论述主要是针对特卡乔夫等人的民粹主义理论，因而，他更多地侧重于强调俄国向新社会过渡的困难和所需的条件，强调社会主义是资本主义社会本身之后的产物。

还有一方面，学者们认为，我们还应从马克思恩格斯晚年所处的具体的历史环境来看他们关于俄国社会发展道路的思想。1861 年俄国改革后，国内的社会矛盾日趋激化，革命形势高涨，农民普遍不满，民粹派的暗杀暴力活动不断。于是人们认为推翻沙皇政府似乎指日可待，并且认为只要俄国这个欧洲最后的反动堡垒一旦摧毁，就会为西欧革命创造良好的斗争环境。正是在这样的条件下，马克思才在他的信中劝告俄国人不必急急忙忙跳进资本主义的怀抱，而要等待时机成熟以便在改造农村公社的基础上再逐渐过渡到社会主义的新社会。而恩格斯 1875 年《论俄国的社会问题》所针对的是民粹主义在俄国革命问题上的错误幻想。到马克思恩格斯合写《共产党宣言》俄文第二版序言时，他们都认识到俄国原始土地所有制已遭到破坏的事实。到了 19 世纪 90 年代的时候，俄国的公社所有制又向解体迈了一大步。克里木战争的失败使俄国的统治阶级意识到必须迅速发展工业。事实上，当俄国进入公社土地所有制迅速解体的时代，俄国的革命却没有发生。沙皇制度战胜了民粹派的恐怖主义，"喜欢秩序"的有产阶级被推到了沙皇统治者的怀抱。在马克思论述俄国有可能不经过"卡夫丁峡谷"的十多年之后，俄国无论是资本主义的发展还是农村公社的崩溃都已经走得很远了。而这时恩格斯所面对的情况与马克思所面临的问题有很大不同。这时俄国剩下的只有一条路，就是尽快过渡到资本主义。

晚年的马克思和恩格斯关于东方落后国家社会发展的理论在根本上是一致的。

其一，在背景和问题上，马克思、恩格斯都是从世界历史的角度来设想东方社会发展道路的。世界历史的形成，是随着社会生产力的发展，普遍交往的扩大，各民族间的闭关锁国被打破，世界进入相互依存的新阶段。世界历史的形成是资本家阶级在利润的驱使下，奔走世界各地，不断开拓世界市场的结果，从此一切国家的生产和消费都成为世界性的了。马克思恩格斯对东方社会发展道路的考察都没有离开世界历史发展的大背景。

其二，从条件和环境上，马克思和恩格斯都强调外部的推动是俄国非资本主义发展的必要条件。无论马克思还是恩格斯都强调"外部的推动"这个必要条件，即西欧经济体制的变革，资本主义体制在它最先产生的那些国家中的消灭。

其三，从出路和方法上，马克思和恩格斯都强调俄国的非资本主义发展道路只是一种可能，而并非必然。在马克思看来，如果俄国在1861年改革所走的路上停下来，就有可能抓住历史提供给它的"最好机会"，使俄国免受资本主义的一切极端不幸的灾难；如果俄国农村公社能肃清向它袭来的破坏影响，保证俄国革命能够正常发展的条件，那么它就可以成为"俄国社会新生的支点"。而在恩格斯看来，如果有西方无产阶级革命的胜利并提供支持，如果落后国家以西方革命胜利为样板，那么，不仅俄国而且一切前资本主义国家都可以"不必经受资本主义制度的苦难"。从以上三个方面可以看出，马克思恩格斯关于东方社会发展道路的设想，是基于"世界历史"的大背景而作的整体性考虑，是在一定历史条件下的一种选择的可能性。

三、正确区分民粹派与马克思恩格斯的俄国发展理论

"严格区分民粹派与晚年马克思恩格斯的俄国社会发展理论"这一问题，是我们科学对待马克思主义的重要内容之一。通过比较分析和深入研究，我们可以看出，在关于俄国社会革命与发展道路问题的理论上，晚年的马克思恩格斯对俄国社会发展道路的设想是基于历史唯物主义之上的科学结论，而民粹派则是基于主观社会学的一种善良的愿望。

马克思的俄国社会发展道路思想是在同民粹派分子丹尼尔逊等人的通信交往，在研究吸收车尔尼雪夫斯基等人的观点，在批判赫尔岑等人的错误观点的基础上形成的；又由于论战的需要以及论述的角度和当时特殊的历史条件，因而在马克思的论述中存在着民粹派观点的痕迹是很自然的事情。

第一，从主观的善良愿望出发，民粹派强调俄国的特殊性，认为俄国可以直接走上社会主义而不必经历资本主义道路。马克思对此进行了驳斥，总结了资本主义生产起源规律只限于西欧，而俄国则有所不同，俄国有可能不

经过资本主义制度的"卡夫丁峡谷"。

第二，同样，基于主观社会学的民粹派认为俄国农村公社是土地所有制、集体主义和劳动组合的状态，基于这一看法，民粹派进一步认为，农村公社是过渡到新社会的手段。而在马克思看来，如果俄国能避免农村公社免遭破坏，给它自由发展所必需的正常条件，那么农村公社就有可能成为俄国社会新生的支点。

第三，马克思以唯物史观的科学理论为依据强调俄国农村公社是与资本主义大工业同时代的东西，强调俄国农村公社必须吸收资本主义的先进成果。在这一点上，车尔尼雪夫斯基也认为仅靠村社形式以及农民的小土地所有制仍是不可能发展到社会主义的。丹尼尔逊同样提出要把大工业嫁接到俄国村社制度上去。

第四，以唯物史观为理论依据，马克思深刻地认识到，俄国农村公社内部的私有制与集体所有制因素哪一方面取胜取决于它所处的历史环境，它本身并不能把它促进发展到更高阶段的要素。但是民粹派的重要代表人物之一特卡乔夫却认为，村社本身没有任何可以推动它前进或后退的东西，它的组成部分都处在稳定的平衡状态之中。

第五，在俄国革命的时机问题上，民粹派认为，"时间是革命的敌人"。民粹派极力号召立刻进行革命，试图通过革命筑起一道堤坝来防止资产阶级进步的汹涌浪潮，主张借此来挽救俄国的村社，并在此基础上来建立社会主义新社会。而马克思也看到俄国农村公社日益遭到破坏的事实，但在他看来，要挽救它，俄国必须有革命但革命必须适时发生，只有这样农村公社才会变为俄国社会复兴的因素。通过比较可以看出，在关于俄国社会道路上，马克思与民粹派的思想既存在相似之处也存在着明显的差异。

四、落后国家社会主义实践：社会主义道路新尝试

"怎样认识落后国家的社会主义实践"这一问题，既是我们科学对待马克思主义的重要内容之一，又是目前进行社会主义实践探索的重大而严肃的课题。通过对晚年的马克思恩格斯关于东方落后国家社会革命和东方落后国家社会发展道路思想的比较研究，通过对晚年的马克思与恩格斯关于俄国社会发展理论同俄国民粹派理论的深入比较和分析，可以看到，马克思恩格斯

在晚年时期对落后国家的社会主义革命与建设所作的探索的重大意义，同时也可以看出，落后国家的社会主义实践探索的重大价值。

首先，通过比较分析和研究可以看出，苏联、中国等落后国家走上社会主义道路与马克思所讲的俄国不经过资本主义制度"卡夫丁峡谷"的道路不是一回事。从现象上看，两者有一定的相似，但实际上并不相同。其一，马克思对俄国社会发展道路的设想是立足于俄国当时的特殊国情——农村公社在全国范围内存在、农民的集体主义风尚和习惯存在于劳动组合中。没有这些条件，也就没有马克思的设想，正因为印度不具备这些条件，马克思才把印度排斥在"跨越"之外。就十月革命前的俄国而言，本来在资本主义发展的冲击下，农村公社已破坏得面目全非，更经过1906年开始的斯托雷平土地改革，占有归私人所有的土地的农民人数已大大超过了占有村社土地的人数。而在中国，地主所有制是中国农村社会土地所有制的主要形式，更没有俄国那样农村的公社作为整个农村社会的基础。从这一点来说，就与马克思所做的设想的基点有根本不同。其二，当时马克思对俄国走"非资本主义道路"的设想，是以东西方革命的相互补充为前提的。对于俄国十月革命而言，不仅没有西方革命的胜利并提供帮助，反而有西方十四国的武装干涉和围困。就中国的情况来看，中国革命的国际环境比俄国好一些，由于外部有当时苏联的存在，曾经给了中国一定的帮助和支持，但这与马克思设想的西方革命也是不同的。因而，学者们认为，苏联、中国等落后国家走上社会主义道路并不是马克思设想的证明。

其次，苏联、中国等落后国家走上社会主义道路是一定条件下的必然选择。苏联、中国所走的完全是一条全新的独特的通向社会主义的道路，其实现是一定历史条件下的自觉选择。1914年，第一次世界大战爆发，俄国在战争中连吃败仗，战争使本来已经十分尖锐的社会矛盾更加激化，国民经济近于崩溃的边缘，经济萧条，民怨沸腾，人民渴望土地和面包，二月革命终于推翻沙皇统治，各派力量纷纷登场，但人民的愿望仍得不到实现。历史又一次处在十字路口，是固守马克思主义理论的教条，坐失革命时机，还是大胆尝试，创出新路，难题摆在了以列宁为首的俄国布尔什维克面前。列宁冲破教条束缚，创造性地运用马克思主义。十月革命的胜利，开辟了另一条人类通向社会主义的新道路，迈出了人类通过社会主义的第一步。就中国革命而言，由于有共产党的领导，有外部社会主义力量的支持，而且也只有走上社会主义道路，才能够解决民族独立、社会发展、人民幸福的问题。历史选择了共产党，历史选择了社会主义，中国从此走上社会主义道路也是理所当然的。

总体来看，苏联、中国等落后国家走上社会主义道路，所进行的社会主义实践是社会主义道路的新尝试。苏联、中国等落后国家走上社会主义的道路，既不同于马克思恩格斯西方革命的设想，也不同于他们对东方社会道路的探索，而是另一种全新的实践与探索。但毫无疑问，俄国、中国的社会主义革命和建设实践是在马克思主义的指导下进行的，同时也确凿无疑地表明了马克思主义理论是在伟大的实践中并随着实践的发展而不断创新和发展的。

五、马克思恩格斯东方社会理论的重大意义

马克思主义关于经济文化较不发达国家可以跨越资本主义卡夫丁峡谷的理论，不仅在第一次世界大战后俄国的发展中得到了证实，而且也在第二次世界大战以后欧亚拉十多个国家的发展中得到了证实。这些国家取得社会主义革命胜利后，在社会主义建设的过程中，既取得了重大成就，又遭受了重大的挫折。如果就其挫折而言，其中一个重要原因，就是没有正确完整地理解"跨越卡夫丁峡谷"思想所致。跨越"卡夫丁峡谷"这一设想反映了关于世界革命的新思路，是对科学社会主义的重大发展，它冲破了《哥达纲领批判》中所阐述的单一社会主义模式，为东方社会主义构想的成功增添了辉煌的一页。

针对上述观点，有学者指出，20世纪的东方社会主义道路与马克思的东方社会理论没有直接联系：东方社会主义革命并非按照与西方革命相互补充的方式，而是按照一国社会主义胜利的方式发展的，在跨越"卡夫丁峡谷"设想与东方社会主义革命之间有着复杂的演变过程与中间环节。还有学者指出，即使是马克思给查苏利奇的正式信件，当时也只是在"劳动解放社"里的少数人中传阅过，因为查苏利奇尊重马克思的要求，生前未将此信公开。在此后的40多年里，该信鲜为人知。直到十月革命后的1924年，苏联《马克思恩格斯文库》首次将此信连同三篇草稿公开发表。至于此信第一次译成

中文在中国发表，则是 1955 年的事情了。十月革命前和列宁逝世前，以列宁为首的布尔什维克党并不知道马克思给查苏利奇的这封信；1949 年中华人民共和国成立以前，中国共产党人和中国学者更不知道 70 年前马克思的遗稿中设想过俄国农村公社前景这回事。既然如此，探讨俄国十月革命和中国革命与马克思这一本来就不想公开发表的想法有什么联系，也就更无从谈起了。更有学者全面梳理马克思和恩格斯的论述后指出"卡夫丁峡谷"设想，为后来东方落后国家跨越资本主义发展阶段进入社会主义的实践提供了一定的理论准备。马克思提出了这一设想，但没有对此给予充分的阐释。列宁是这一思想的实际完成者。他以自己亲身开辟的社会主义革命和建设的实践证实，广大落后国家的无产阶级可以利用帝国主义之间的矛盾造成的危机，冲破帝国主义链条的薄弱环节，首先在一个国家取得社会主义革命的胜利。也正是在这一思想的指导下，中国共产党人把马列主义与中国的具体实践相结合，取得了中国革命战争的胜利，从而开始了现代化进程。另有学者从方法论角度出发，认为讨论马克思晚年关于跨越资本主义卡夫丁峡谷思想的个别结论，似乎已无多大实际价值。但是，这一思想所蕴涵的方法论意义却很值得加以挖掘和探讨。

六、东方社会理论的当代思考

马克思对东方社会的理论设想是否适用于中国？有学者认为适用于中国，有些观点认为它完全适用于中国社会，并可以成为中国社会主义实践的理论根据，并且，必须联系马克思跨越"卡夫丁峡谷"的设想来分析中国的现代化进程；有观点认为，它对东方国家尤其是当今中国的社会主义改革和社会主义建设事业，具有巨大的理论意义和现实意义。所以，当代社会主义国家的改革，就是要汲取以往未能注意吸收资本主义肯定成果的教训，全面贯彻马克思当年的思想，坚定地沿着马克思、恩格斯的"跨越卡夫丁峡谷"理论所指明的方向，沿着党的十一届三中全会以来的改革开放路线前进。

有学者认为，它不仅为中国的社会主义革命和建设提供了思想武器，也为世界经济不发达国家指明了前进方向：马克思晚年跨越资本主义卡夫丁峡谷的理论与当前的现实有一种直接的关联。相当多的人从中找到东方社会主义道路及其当代改革的"理论源头"；有学者认为，它不适用于中国，认为跨越需要特定的历史环境，无论是苏联的十月革命，还是中国的革命，都不是这种跨越，因而根本不存在被实践证明的问题；还有学者认为，马克思仅仅指出一种可能性而没有肯定它的现实性，没有得出具体的结论。在中国跨越资本主义充分发展阶段是不是合理的，与马克思的论述没有直接关系，马克思的书中没有关于中国能否跨越资本主义的论述。

中国是不是已经跨越或正在跨越？有学者认为已经跨越，中国革命的胜利就是跨越理论的应验，就是运用跨越理论或在跨越理论指导下取得的胜利。有学者认为革命的胜利仅是跨越的第一步，要实现跨越还要充分发展生产力，因而我国还没有完成对资本主义"卡夫丁峡谷"的跨越。有的认为马克思的东方社会理论在理论上为东方社会社会主义革命和建设的胜利提供了理论根据，但这只解决了胜利的可能性，还需要具体实践，把这种可能性变成现实。而我国的社会主义初级阶段，正是实现这一目标的一座桥梁。因此可以说，我国的社会主义初级阶段的理论与实践，是马克思主义东方社会理论和我国社会主义具体实践相结合的光辉典范。

马克思晚年确曾对东方落后国家如何走向社会主义这一问题给予了极大的关注，并且有过认真的思考，提出过一些重要思想，提出人类历史的发展进程是多线条的，是多样性的统一。人类向共产主义社会的演进未必只有西欧资本主义发展一途，东方社会或许会走上与西方国家完全不同的发展道路，并指出像俄国等东方国家存在着两种进化的可能：它既可能重复西欧资本主义国家走过的老路，也有可能不通过资本主义制度的卡夫丁峡谷而吸收资本主义制度所创造的一切积极成果等重要思想，但是，应该看到，马克思的跨越理论仍然属于世界历史理论与世界革命论的范畴，在他看来，在历史发展为世界历史的背景下，如果落后国家首先爆发革命，成为西欧发达国家无产阶级革命的导火线的话，这些国家就有可能反过来受惠于发达国家无产阶级的帮助而绕过资本主义发展的卡夫丁峡谷。跨越理论能否形成一个完整的、与西方社会并列的独立的东方社会主义理论，尚需推敲。

十月革命前后，列宁的基本思路仍然是马克思世界历史理论与世界革命论的逻辑延伸，因此，最初的战略仍是全力促进西方无产阶级革命以获得落后条件下缺少的社会主义物质文化前提，然而，西方无产阶级革命并没有向列宁想象得那样很快爆发，陷入孤立状态的苏俄这才逐渐走上独立发展的道路。此后，一批落后国家踏着苏俄的足迹相继走上了社会主义道路，这些国家走上社会主义道路与马克思的跨越设想并没有直接的逻辑关系。20世纪东方国家实行的苏联社会主义模式的失败和东欧剧变的教训深化了我们对跨越峡谷的设想的认识，使我们认识到实现跨越的不易和社会主义建设的艰巨。

第五节　马克思恩格斯晚年对资本主义的新认识

一、马克思恩格斯对资本主义发展新现象的思考

马克思恩格斯晚年时期，资本主义世界出现了新变化。马克思恩格斯不但关注着资本主义世界的新变化，而且也进行了深入的探索和思考，并做出了科学的回答，丰富和发展了马克思主义的唯物史观关于资本主义发展趋势和人类社会发展规律的理论。

马克思恩格斯晚年的时期，资本主义世界在科学技术和产业领域又有了新的发展。产业革命和新科学技术的运用，有力推动了资本主义的发展，资本主义生产的社会化程度和生产资料的垄断程度都有了很大提高，使资本主义在经济政治等领域都出现了新变化。马克思恩格斯从革命实践和思想理论两个方面都给予了高度的关注和深入的把握。马克思在撰写《资本论》第三卷时已经看到了自由资本主义在发展过程中出现的垄断萌芽，并对垄断萌芽的特点和性质作了重要的揭示。马克思逝世之后，恩格斯在为马克思整理《资本论》第二卷和第三卷时，结合他本人对资本主义经济发展新现象的观察，对资本主义垄断及其发展趋势作了进一步的分析。恩格斯指出，在马克思写完《资本论》第三卷之后，资本主义的一些新的工业企业形式发展起来，这些形式代表着股份公司的"二次方"和"三次方"，这些企业的形式就是卡特尔、托拉斯等垄断组织。对此，列宁也给予了高度评价，认为资本主义正在转化为垄断资本主义。1891年，恩格斯在批判爱尔福特纲领草案时指出："由股份公司经营的资本主义生产，已经不再是私人生产，而是由许多人联合负责的生产。如果我们从股份公司进而来看那支配着和垄断着整个

工业部门的托拉斯，那么，那里不仅没有了私人生产，而且也没有了无计划性。"① 恩格斯在这里所说的"不仅没有了私人生产"，是指由股份公司经营的资本主义生产，不再是单个私人资本生产，而是由许多单个私人资本联合组织起来而负责的生产。这里所说的"没有了无计划性"，是指由这样单个私人资本联合起来组成的股份公司已经消除了公司范围内的无政府生产状态。这段论述是恩格斯在对资本主义发展的新现象进行深入观察与思考后，形成的重大理论创新成果，指明了资本主义正在转变为垄断资本主义的趋势。恩格斯同时认为，无论转化为股份公司和托拉斯，还是转化为国家财产，都没有消除生产力的资本属性。恩格斯说："把由个人或股份公司负责的现代资本主义生产转变成由全社会负责和按预先确定的计划进行的社会主义生产……正在为这个转变创造……唯有通过这样一个转变，工人阶级的解放，从而没有例外的一切社会成员的解放，才得以实现。"② 但是，从资本运行的形式看，股份资本已经把私人资本变为"社会资本"。这样的股份制企业已经是"社会企业"。恩格斯认为，这是作为私人财产的资本在资本主义生产方式本身范围内的扬弃。然而恩格斯更进一步指出，资本主义社会为了维护资本主义生产方式的一般外部条件不受侵犯而建立的组织——现代国家，本质上都是资本主义的机器。

恩格斯对资本主义发展再认识的与时俱进之处，还体现在他的《英国工人阶级状况》1892 年德文第二版序言中。按照恩格斯自己的说法，此书最初于 1845 年出版，那时他才 24 岁，因此，此书带有作者青年时代的痕迹。对此，恩格斯一点也不打算抹去，仍然决定原封不动地重新献给读者。恩格斯坦诚地指出，本书所描写的情况，至少就英国而言，现在在很多方面都已经成为过去。在恩格斯看来，现代政治经济学的规律之一，就是资本主义生产越发展，它就越不能采用作为它早期阶段的特征的那些小的哄骗和欺诈手段。随着资本主义的发展，工厂主越来越懂得必须节约时间和劳动。商业道德也必然发展到一定的水平。这时候那些低劣的谋取金钱的手段，那种打小

---

① 中共中央马克思恩格斯列宁斯大林著作编译局. 马克思恩格斯文集：第 4 卷 ［M］. 北京：人民出版社，2009：410.

② 中共中央马克思恩格斯列宁斯大林著作编译局. 马克思恩格斯文集：第 4 卷 ［M］. 北京：人民出版社，2009：411.

算盘赚钱的办法对他们来说已经没有意义。恩格斯透过资本主义发展的新现象揭示了其本质，认为工人阶级处境悲惨的原因不应当到这些小的弊病中去寻找，而应当到资本主义制度本身中去寻找。

尤其需要提到的是，恩格斯在1888年到美国旅行时观察美国这个民族的独特视角。恩格斯的这次为期一个月的美国和加拿大旅行给我们留下了三份宝贵的资料。一是《美国旅行印象》，二是《美国和加拿大旅行札记》，三是《致劳拉·拉法格》的信。它们分别收在《马克思恩格斯全集》第21卷和第50卷中。从这些资料中可以看出，恩格斯打算写一篇全面评述美国社会政治的文章。但是，恩格斯没能实现这个想法。尽管如此，今天我们仍然可以从这些资料中看到恩格斯观察美国这个民族的睿智目光。恩格斯对美国的观察与众不同的地方在于，他认为这个民族由于没有经历过封建社会时代，因而才有了这些好的素质和天赋。恩格斯在1887年《英国工人阶级状况》美国版的序言中就表达了在美国这片得天独厚的土地上，没有中世纪的废墟挡路，有史以来就已经有了17世纪孕育的现代资产阶级社会的因素。我们从恩格斯关于美国民族的议论中看到，美国这个崭新的民族在其发展初期必然带有的现代与传统、内容与形式的矛盾。从中我们再次体会到恩格斯观察资本主义发展的锐利目光。恩格斯由主张消灭私人企业到主张保留股份公司，就表明了他的这一观点。在恩格斯看来，把为个人或股份公司谋利的资本主义生产转变成为全社会谋利和按预先拟定的计划进行的社会主义生产，这个转变所需要的物质条件和精神条件，正是在资本主义社会自身中创造出来的，而且唯有通过这样的转变，工人阶级的解放，从而没有例外的一切社会成员的解放，才有可能得以实现。

二、对马克思恩格斯关于资本主义新变化思想的认识

我们如何认识马克思恩格斯晚年关于资本主义新变化的思想呢？研究者认为，马克思恩格斯通过对股份公司和工人合作工厂的研究，深化了对资本主义发展变化的认识，同时也深化了与此相关的无产阶级革命方式以及在社会主义革命道路等重大问题上的认识。在晚年的马克思恩格斯看来，那种本身建立在社会的生产方式的基础上并以生产资料和劳动力的社会集中为前提的资本，在这里直接取得了社会资本（即那些直接联合起来的个人的资本）

的形式，而与私人资本相对立，并且它的企业也表现为社会企业，而与私人企业相对立。这是作为私人财产的资本在资本主义生产方式本身范围内的扬弃。股份制度——它是在资本主义体系本身的基础上对资本主义的私人产业的扬弃；它越是扩大，越是侵入新的生产部门，它就越会消灭私人产业；这种向股份形式的转化本身，还是局限在资本主义界限之内；因此，这种转化并没有克服财富作为社会财富的性质和作为私人财富的性质之间的对立，而只是在新的形态上发展了这种对立；工人自己的合作工厂，是在旧形式内对旧形式打开的第一个缺口。

资本主义生产方式的这种新变化还表明，在物质生产力和与之相适应的社会生产形式的一定的发展阶段上，一种新的生产方式怎样会自然而然地从一种生产方式中发展并形成起来。没有从资本主义生产方式中产生的工厂制度，合作工厂就不可能发展起来；如果没有从资本主义生产方式中产生的信用制度，合作工厂也不可能发展起来。由此可见，信用制度是资本主义的私人企业逐渐转化为资本主义的股份公司的主要基础，它又是按或大或小的国家规模逐渐扩大合作企业的手段。资本主义生产方式的这种新变化说明，资本主义的股份企业，也和合作工厂一样，应当被看作是由资本主义生产方式转化为联合的生产方式的过渡形式，只不过在前者那里，对立是消极地扬弃，而在后者那里，对立是积极地扬弃。资本主义生产是一种社会形式，是一个经济阶段，而资本主义私人生产则是在这个阶段内这样或那样表现出来的现象。由股份公司经营的资本主义生产，已经不再是单纯的私人生产，而是由许多人联合负责的具有社会性的生产。

关于股份公司、股份制度的问题，马克思在《资本论》第三卷与第一卷中也有相关的论述。在时过几十年后，马克思关于股份公司及股份制度问题的思想肯定会有一些变化，但总体上还是一致的。在《资本论》第一卷、第三卷中，马克思认为：第一，股份公司是在资本主义体系本身的基础上对资本主义私人产业的扬弃，所有权和管理权有一定的分离，但不是资产阶级的统治虚幻化，也不是一场"和平革命"；第二，股份公司这种财产虽然不再是各个互相分离的生产者的私有财产，而是联合起来的生产者的财产即直接的社会财产，但资本主义也不会就这样向社会主义进行和平过渡。马克思一方面肯定了资本主义的股份企业也和合作工厂一样，应当被看作是由资本主义生产方式转化为联合的生产方式的过渡形式，同时他们又认为，向股份形式的转化本身，还是局限在资本主义界限之内，因此，这种转化并没有克服财富作为社会财富的性质和作为私人财富的性质之间的对立，而只是在新的形态上发展了这种对立，股份制只是把分离的私人财产变为联合的由公司经营的财产。在德文中，"直接的社会财产"中的"社会"有"社会"和"公司"两个含义，而此处的"直接的公司财产"并非是指未来的全社会所有制，也根本谈不上是什么和平"革命"。因而可以看出，《资本论》第三卷的"这个形式本身一旦把资本主义的外壳炸毁""一定的历史形式达到一定的成熟阶段就会被抛弃，并让位给较高级的形式，同《资本论》第一卷中提到的"暴力是每一个孕育着新社会的旧社会的助产婆"，"这个外壳就要炸毁了"，"资本主义私有制的丧钟就要响了"，"剥夺者就要被剥夺了"等思想是一脉相承的。

第六节　马克思恩格斯晚年对共产主义的再认识

一、马克思晚年对科学社会主义理论的新思考

与西方各国资本主义经济的快速发展相伴随，资本主义经济危机不断出现，无产阶级和资产阶级的矛盾日益加深，国际共产主义运动又出现了新高潮。这时在各国工人党内部和国际工人运动中存在着对未来社会主义和共产主义运动的错误认识。马克思恩格斯在科学分析资本主义世界新变化和阐明无产阶级革命新策略的同时，又对共产主义运动和在未来新社会建设问题上提出了一系列新思想。马克思恩格斯的这些新思想深化了对人类社会发展规律的认识，把科学社会主义理论发展到一个新的境界。

马克思晚年对科学社会主义理论的新思考，原因在于资本主义生产方式的新变化和世界总的形势的新发展。19 世纪 60 年代以后，与西方各国资本主义经济飞速发展相伴随，资本主义经济危机不断出现，无产阶级和资产阶级的矛盾日益加深，国际共产主义运动的新高潮露出地平线。马克思恩格斯在 1848 年合著的《共产党宣言》又从历史的后台走到前台，这时马克思也

走出书房，重新投入革命活动，指导新兴的国际工人运动。1864 年 9 月，在英国伦敦成立了国际工人协会，在国际共产主义运动史上称为第一国际。马克思当选为国际临时中央委员会委员。在此后的 10 年中，马克思始终是大家公认的第一国际的"灵魂"。几乎所有国际的纲领和文件都出自马克思的手笔，他还亲自组织领导了许多活动。马克思之所以能够出色地领导当时风起云涌的国际工人运动，重要的一点是他能够根据新情况，不断提出新理论和新策略。第一国际成立时，各国的工人组织和思想成分十分复杂。在英国，工联主义影响很大，它主张在不触动资本主义制度的范围内改善工人的经济和社会地位。在法国，盛行的是蒲鲁东主义和布朗基主义，前者把维护小生产者的私有制作为自己的奋斗目标，后者则主张依靠少数人的密谋活动进行推翻资本主义的革命。在德国，起主导作用的拉萨尔主义主张由普鲁士国家帮助建立生产合作社来和平实现社会主义。在意大利，马志尼主义者要领导工人完成意大利的民族统一事业。在这种情况下，如何统一思想、把各国工人团结起来就成为一个亟待解决的根本问题。复杂而又紧迫的工人运动形势使马克思意识到，像过去那样，简单地与这些思想及其影响下的组织进行斗争是不行的。于是他在起草第一国际的"成立宣言"和"临时章程"时，采取了十分灵活的策略。他选择了各种工人组织都能够接受的方式，强调"工人阶级的经济解放是一切政治运动都应该作为手段服从于它的伟大目标"。同时说明，工人阶级要赢得彻底的经济解放，最终必须夺取政权，建立自己的政治统治。这就既坚持了《共产党宣言》关于无产阶级要夺取政权的思想，又考虑到当时各派的经济解放要求，团结了各国工人组织，扩大了社会主义运动的群众基础和阶级基础。

以上述情况的变化为背景，晚年的马克思通过对工人阶级革命斗争实践经验的总结，对科学社会主义理论做了一系列新的思考。例如，在无产阶级夺取政权之后，新的国家应该是什么样子？这在《共产党宣言》等著作中还没有答案。根据 1871 年巴黎公社革命中工人阶级创造的新鲜经验，马克思提出了未来新的无产阶级国家应当具备的主要特征，这就是：打碎资产阶级的国家机器，包括废除资产阶级的反动军队、警察和官僚机构，建立工人阶级自己的武装和政府；一切社会公职人员都由选举产生，都只能领取相当于工人工资的报酬，并可随时罢免，以防止他们由社会的公仆变为社会的主人；

采取一系列措施，为人民群众谋利益，组织人民积极参与国家的管理；等等。马克思还针对巴黎公社失败的教训提出，要巩固新生的工人阶级政权，必须有一个坚强的马克思主义政党，并建立牢固的工农联盟。巴黎公社虽然只存在了72天，但它是全世界劳动人民当家作主的新社会诞生的第一次壮丽日出，巴黎公社的精神是永存的。

1874年，马克思在指导德国工人阶级的斗争实践中写了著名的《哥达纲领批判》，第一次提出了"过渡时期"理论和共产主义"两个阶段"理论。在该书中，马克思告诫德国的工人领袖们不能对资产阶级抱有幻想，以为在资产阶级民主共和国的基础上可以实现社会主义，要实现资本主义向社会主义的转变，必须有一个"过渡时期"，即无产阶级专政的时期。同时，马克思告诫工人领袖们也不能抱另一种幻想，以为进入共产主义社会后，就可以一下子消灭资产阶级旧社会遗留下来的一切权利而实现拉萨尔派所鼓吹的所谓"公平分配""不折不扣的劳动所得"。马克思明确提出，在未来共产主义社会的第一阶段（也就是后来我们理解的社会主义社会），由于生产力水平还比较低，不可能满足所有人需要，只能实行"各尽所能，按劳分配"。这种分配还不完全公平，还保存了资产阶级社会的一些权利原则，因为人们的劳动能力和家庭负担不同，这种分配原则必然会使人们的实际生活水平有差别。马克思论述到，只有当生产力高度发达，能够充分满足人们的物质和文化需要时，共产主义社会的第二阶段才会到来，那时才能实行"各尽所能，按需分配"原则，从而实现人类的美好理想。马克思的这些思想深化了对人类社会发展规律的认识，把科学社会主义理论发展到一个新的境界，包含着对社会主义革命与建设的长期性和复杂性的深刻认识。

二、恩格斯晚年对科学社会主义理论的新思考

同马克思一样，恩格斯晚年对科学社会主义运动和理论也进行了新的思考，形成了很多新的认识。从某种意义上来说，由于晚年的恩格斯所处的历史背景与马克思又有所不同，因而恩格斯在科学社会主义理论方面的新思想又有深入的发展。

一方面，针对社会主义革命与建设的长期性，恩格斯认为，取得社会主义革命的胜利将是长期的历史任务。1874年在《流亡者文献》一文中，恩格

斯就批评了在向社会主义过渡问题上的急躁思想。恩格斯指出：向未来社会主义的过渡是一个有许多"中间站"的过程，不能幻想"跳过各个中间站"，"就会立刻实现共产主义"。恩格斯富有风趣但不乏深刻地说："在任何一次革命中，就像其他任何时候一样，难免做出许多蠢事；当人们最后平静下来，能够重新进行批判的时候，必然会得出这样的结论：我们做了许多最好不做的事，而没有做许多应该做的事，因此事情搞糟了。"① 1884 年，恩格斯在《家庭、私有制和国家的起源》一书中就指出，要实现公有制，由生产者完全自由地支配生产和产品，"这将是下几代人的任务"。19 世纪 80 年代、90 年代，世界各国的工人运动和社会主义运动风起云涌。在恩格斯的指导下，1889 年 7 月在法国巴黎成立了国际工人运动组织的第二国际。为使理论更好地指导实践，恩格斯总结了将近 50 年工人运动的经验教训，对工人运动和社会主义革命的条件、方法、手段、道路等作了新的理论阐述。恩格斯不无自责地指出：在 1848 年以后的很长时间里，我们不仅对资本主义发展的潜力认识不足，对无产阶级解放斗争的条件、方法等认识也有缺陷。当时，无产阶级队伍、理论、斗争方式等还很不成熟，社会主义的派别和理论各种各样，各个地方和民族的工人群众还处在分散隔离状态。而到了 80 年代、90 年代的时候，情况发生了很大变化，工人阶级的队伍遍布欧美，马克思主义成为大家公认的透彻明了的理论，工人阶级已经成为一支社会主义者的国际大军，它不可阻挡地前进，它的人数、组织、纪律、觉悟程度和胜利信心都与日俱增。但在恩格斯看来，即使是这样，社会主义也不能以一次重大的打击就能取得彻底的胜利，而是不得不逐步向前推进。

再一方面，在谈到未来社会主义社会的蓝图时，恩格斯再一次提出了革命"不断发展论"的思想。在马克思恩格斯合著的《共产党宣言》中，虽然他们"注重暴力革命"，提出"消灭资产阶级私有制"等基本性的思想观点，但也没有完全忽略"革命发展阶段论"，以"和平方式"进行革命的思想。后来，随着资本主义世界经济政治等方面的新变化和世界历史的重大变迁，马克思恩格斯都注意到了无产阶级的革命方式、革命道路和发展方式等重大

---

① 中共中央马克思恩格斯列宁斯大林著作编译局. 马克思恩格斯文集：第 3 卷［M］. 北京：人民出版社，2009：364.

的时代问题。1893 年 5 月 11 日,恩格斯在接受法国《费加罗报》记者的采访时说:"我们是不断发展论者,我们不打算把什么最终规律强加给人类。关于未来社会组织方面的详细情况的预定看法吗?您在我们这里连它们的影子也找不到。"① 在恩格斯看来,所谓"社会主义社会"不是一种一成不变的东西,而应当和任何其他社会制度一样,把它看成是经常变化和改革的社会。因此,恩格斯认为,离开社会主义社会的实践来谈论其具体蓝图,只能重蹈空想社会主义的覆辙。在马克思恩格斯看来,社会主义的蓝图"越是制定得详尽周密,就越是要陷入纯粹的幻想"。

总之,马克思恩格斯晚年关于社会主义的再思考,在很多方面丰富和发展了科学社会主义理论。其中不少思想,比如关于把原则的坚定性与策略的灵活性相结合,关于社会主义社会的主要特征、发展阶段、不断改革以及不要对未来社会具体制度进行人为设计等思想,今天重温一下,并认真对照反思一下我们的现实,仍然备感亲切,具有深刻的理论启发意义和实践指导价值。

另外,马克思恩格斯在创建唯物史观的过程中,国际工人运动和各国工人党内部却存在着将马克思主义理论教条化、僵化的倾向,甚至无意有意地歪曲和错误理解马克思主义,对此,马克思和恩格斯都进行了有力地反驳。在马克思主义理论的基本功能、意识形态等上层建筑的作用等重大问题上,马克思恩格斯都进行了深入思考和科学阐发。这些思想理论成果是晚年的马克思恩格斯对人类精神文明的重大贡献,同样,这些思想和理论也极大地丰富和发展了马克思主义理论,从而构成马克思主义理论的重要内容和组成部分。马克思恩格斯倾其毕生创建的"新世界观"即唯物史观,是全世界无产阶级和劳动人民争取自身解放的精神武器,是科学的世界观和方法论。

思考题

1. 论述马克思恩格斯晚年的理论探索与发展。

2. 马克思和恩格斯晚年是怎样补充与完善唯物史观的?

---

① 中共中央马克思恩格斯列宁斯大林著作编译局. 马克思恩格斯文集:第 4 卷 [M]. 北京:人民出版社,2009:561.

3. 如何把握马克思提出的跨越"卡夫丁峡谷"理论命题?

4. 如何领会马克思在《〈政治经济学批判〉导言》中提出的历史发展"普照的光"的思想?

5. 如何理解马克思恩格斯的东方社会理论的重大意义?

6. 怎样认识马克思恩格斯东方社会理论的当代价值?

7. 马克思恩格斯晚年对资本主义的新认识是什么?

8. 马克思恩格斯晚年对共产主义的再认识是什么?

专题五

俄苏对马克思主义理论的创新和发展

研学导引

1. 了解俄国共产党传播和发展马克思主义的历史背景。

2. 掌握普列汉诺夫对马克思主义的贡献。

3. 列宁早期对马克思主义的贡献。

4.《唯物主义和经验批判主义》的主要内容、理论地位。

5. 掌握"一战"期间列宁对马克思主义辩证法的发展。

6. 了解"一战"时期的历史时代背景。

7.《战争与俄国社会民主党》《第二国际的破产》《社会主义革命和民族自决权》《哲学笔记》等著作的基本内容。

8.《帝国主义是资本主义的最高阶段》《社会主义与战争》《国家与革命》等重要著作的基本内容。

世界历史进入帝国主义和无产阶级革命的时代。1871年巴黎公社革命失败之后,欧洲资本主义进入和平发展时期。资本主义经济的迅速发展,自由资本主义逐步被垄断资本主义代替。列宁指出:在帝国主义阶段,"从经济上来看,帝国主义是资本主义发展的最高阶段,即这样一个阶段,此时生产已经达到巨大的和极为巨大的规模,以致垄断代替了自由竞争"①。帝国主义这些矛盾的发展,导致了世界各国无产阶级觉醒程度的提高和组织性、斗

---

① 中共中央马克思恩格斯列宁斯大林著作编译局. 列宁选集:第2卷[M]. 北京:人民出版社,2012:748.

争性的加强，导致附属国人民争取民族解放运动的高涨，导致帝国主义国家之间经济、政治、军事斗争的加剧。这些矛盾汇集起来，决定了无产阶级革命能够冲破帝国主义阵线的某些薄弱环节的可能和必然。无产阶级反对资本主义制度的社会革命已经成为直接现实的实践任务。从 19 世纪 90 年代起，马克思主义同敌对思想和理论的斗争，已经变成同马克思主义内部的反马克思主义派别的斗争。在资本主义和平发展过程中，工人运动中的机会主义思想逐渐滋长。针对曾经是正统派的马克思主义者的伯恩斯坦，列宁批判指出："以最嚣张的态度和最完整的形式提出了对马克思学说的修改，对马克思学说的修正，即修正主义。"① 他们企图在马克思主义词句的掩盖下，曲解和修改马克思主义的理论基础和基本原理，阉割马克思主义的革命精神，贩卖改良主义。马克思主义对修正主义的思想和理论的斗争，已经成为无产阶级伟大革命运动不可避免的重要内容。

第一节　十月革命与马克思主义在俄国的传播
（1883—1917）

一、俄国共产党传播和发展马克思主义的历史背景

到 19 世纪 90 年代，马克思主义已经战胜了工人运动中的机会主义和修正主义。但是，马克思主义同敌对的学说的斗争仍在继续，只是斗争的原因和形式已经改变。马克思主义同敌对思想和理论的斗争，已经变成同马克思主义内部的反马克思主义派别的斗争。在资本主义和平发展过程中，工人运动中的机会主义思想逐渐滋长。他们企图在马克思主义词句的掩盖下，曲解和修改马克思主义的理论基础和基本原理，阉割马克思主义的革命精神，贩卖改良主义。在哲学方面，他们则是跟在资产阶级学者后面，妄图以新康德主义来"修正"和"补充"马克思主义。19 世纪末 20 世纪初，这个修正主

---

① 中共中央马克思恩格斯列宁斯大林著作编译局. 列宁选集：第 2 卷［M］. 北京：人民出版社，2012：2.

义思潮很快在国际工人运动中蔓延开来，成为一种国际现象。马克思主义对修正主义的思想和理论的斗争，已经成为无产阶级伟大革命运动不可避免的重要内容。新的历史条件对马克思主义者提出了新的理论任务，这就是认识时代变化的新特点，总结无产阶级革命的新经验，批判资产阶级和修正主义的哲学思想，真正继承、捍卫和发展马克思主义哲学。以列宁为代表的俄国马克思主义者从一开始就面临着这样的时代任务。

19世纪中期以前，俄国还是一个农奴制经济占主要地位的落后的封建制国家。1861年，沙皇政府被迫废除农奴制，这是俄国从封建主义过渡到资本主义的转折点。从此以后，资本主义在俄国迅速发展，到19世纪末，开始进入帝国主义阶段。但是，沙俄帝国主义不同于其他欧洲国家的帝国主义。第一，农奴制残余的大量存在。第二，经济的落后性。各种矛盾的相互交错和激烈发展，使俄国成为帝国主义各种矛盾的焦点，成为帝国主义链条中的薄弱环节。俄国资本主义深刻的社会矛盾的发展，面临着的只有两个前途，或者长期保持这种农奴制特点的资本主义制度，或者用革命摧毁它。生活在水深火热之中的广大群众，渴望着自由和土地。从19世纪40年代起，处在空前野蛮和反动的沙皇制度压迫下的俄国进步思想家，就开始了寻求正确的革命理论，探寻俄国革命的道路。1869年，《共产党宣言》俄译本第一次在俄国秘密出版。1872年，《资本论》第一卷最早的外文译本即俄译本出版。俄国资本主义的发展的同时，工人阶级逐渐成长起来。从19世纪70年代中期以后，工人阶级逐渐觉醒，不断展开向资本主义和封建专制制度的斗争。1883年，普列汉诺夫在日内瓦创立了俄国第一个马克思主义组织——"劳动解放社"。随后，在国内也诞生了一些马克思主义小组。俄国正处在资产阶级民主革命的前夜。这个时期，在俄国真正传播马克思主义的第一个也是最出色的一个理论家就是普列汉诺夫。

二、普列汉诺夫对马克思主义的贡献

普列汉诺夫（1856—1918），1856年12月11日（俄历11月28日）诞生于沃罗涅什省利佩茨克县古达洛夫卡村。俄国社会民主工党总委员会主席，早年是民粹主义者，在1883年后的20年间是俄国马克思主义政党的创始人和领袖之一，是最早在俄国和欧洲传播马克思主义的思想家，俄国和国际工人运动著名活动家,十分受列宁尊敬。但1903年俄国社会民主工党第二次代表大会后他渐渐与布尔什维克分道扬镳,转向孟什维克主义,第一次世界大战的时候又支持民族主义,此后对十月革命又持反对态度。

车尔尼雪夫斯基的民主革命观对普列汉诺夫一生的思想发展起了巨大的作用。1882年—1883年是普列汉诺夫由民粹主义者向马克思主义者转变的关键时期。1882年他将《共产党宣言》译成俄文并下了导言。1883年他的第一部成熟的马克思主义著作《社会主义与政治斗争》发表,批判、清算了民粹主义,这是他转变为马克思主义者的重要标志。普列汉诺夫在同民粹主义和各种机会主义的斗争中,一方面翻译和传播马克思恩格斯的理论,一方面写了大量优秀的马克思主义文章和著作。1889年第二国际成立,普列汉诺夫就以俄国社会主义者代表的资格出席了在巴黎召开的第一次代表大会。1900年,他被选为国际社会党执行局领导人,逐步成为第二国际的杰出活动家和著名理论家。普列汉诺夫写了一系列文章和著作批判了以伯恩斯坦为代表的第二国际修正主义。主要内容包括四点:一是旗帜鲜明地坚持和捍卫马克思主义,批判所谓马克思主义"过时论"。二是坚持战斗唯物主义基本立场,揭露和批判新康德主义的唯心主义实质。三是坚持唯物主义认识论的基本前提,批判新康德主义的主观唯心主义认识论和不可知论。四是热情宣传马克思主义的辩证法,批判庸俗进化论。普列汉诺夫说:"一般说来,马克思和恩格斯在唯物主义方面的最伟大的功绩之一,就是他们制定了正确的方法。"[1]

普列汉诺夫对唯物主义历史观的研究和贡献:普列汉诺夫哲学活动的重点是对唯物主义历史观的研究,对唯物史观的几乎一切方面作了系统深入的探索,提出了许多独到的见解,对唯物史观的发展做出了重要贡献。

第一,普列汉诺夫系统地考察了唯物史观的理论来源,深刻地论证了唯物史观的创立是人类思想史上的一次最伟大的革命,阐明了唯物史观的理论实质。

第二,普列汉诺夫系统地论述了和阐明了地理环境对社会发展的作用,

---

[1] 普列汉诺夫. 普列汉诺夫哲学著作选读:第3卷[M]. 北京:生活·读书·新知三联书店,1962:158.

具有开创性的意义。其一，普列汉诺夫之所以重视研究地理环境的作用问题，其基本出发点在于试图揭示生产力的发展所依赖的条件，从而坚持历史观的唯物主义原则。其二，揭示并论述了地理环境与社会发展相互作用的辩证性质。其三，揭示并分析了地理环境影响社会发展的具体途径。其四，揭示并说明了社会运动有其独立于地理环境的自己的内在逻辑。

第三，普列汉诺夫提出了著名的关于社会结构的"五项因素公式"学说。"五项因素公式"包括：生产力的状况，被生产力所制约的经济关系，在一定的经济"基础"上生长起来的社会政治制度，一部分由经济直接所决定的，一部分由生长在经济上的全部社会政治制度所决定的社会中的人的心理，反映这种心理特性的各种思想体系。从普列汉诺夫的"五项因素公式"的论述中，我们可以看到四个方面：一是贯穿着唯物主义一元论的原则。普列汉诺夫坚持马克思的社会存在决定社会意识、生产力决定生产关系、经济基础决定上层建筑的唯物史观的基本观点，并通过五项因素的相互作用，论证了社会结构的客观性和辩证性。马克思的唯物主义历史观承认"精神"在历史上是一种力量，这种力量的方向在每个特定时期并不相同，而且归根到底是由经济发展的行程决定的。二是揭示了社会生活是一个由多种因素相互作用构成的"有完全生命的有机体"。普列汉诺夫把马克思关于社会结构的三个基本层次（生产力、经济基础、上层建筑）具体化为五个方面，五个层次，不仅进一步表明了社会结构的复杂性，而且通过多层次的"等级序列"，把"存在的历史是怎样决定思维的历史"的唯物主义原则具体化。三是在五项因素的相互作用中突出了社会政治制度的作用。社会政治制度既是被社会经济基础决定的上层建筑，同时又与经济基础一起决定着社会心理和社会的思想体系；政治关系可以影响经济运动，政治关系又是经济运动创造出来的。社会政治制度是社会的经济关系和思想关系相互作用的中介环节。普列汉诺夫注意到，从《共产党宣言》以来，"马克思和恩格斯怎样注意政治因素的意义"，强调社会革命不会是经济运动的自发结果，而必须通过政治斗争才能实现。四是，普列汉诺夫的"五项因素公式"虽然与马克思的思想基本一致，但它提供的主要是一幅社会结构的静态画面。

第四，普列汉诺夫对社会意识的结构及其发展规律的探讨和研究。普列汉诺夫不仅坚持了社会存在决定社会意识的唯物史观的基本原则，而且更注意研究社会存在如何决定社会意识，社会意识如何反作用于社会存在。特别是通过对社会意识的层次结构及其发展规律的研究，在一定程度上使它们之间的相互作用关系的阐述具体化了。一是，普列汉诺夫在马克思主义发展史上第一次提出了社会意识层次结构的学说。二是，具体分析和论证了思想体系发展的相对独立性。三是，针对伯恩斯坦的攻击，论证了承认社会意识反作用的观点是马克思和恩格斯一贯坚持的观点。

第五，普列汉诺夫科学地阐述了个人在历史上的作用问题。普列汉诺夫以其深邃的思想，严密的逻辑，系统地阐发和论证了马克思和恩格斯关于个人在历史上的作用的思想，这是他对马克思主义唯物史观的重要理论贡献。

总的来说，虽然普列汉诺夫的思想充满矛盾，但他是一位有独创性贡献的卓越的马克思主义哲学家。他不仅在批判民粹主义、伯恩斯坦修正主义斗争中起到了重大的历史作用，而且发展和丰富了马克思主义哲学理论宝库，尤其是对唯物史观更有深入的研究和贡献。普列汉诺夫在马克思主义哲学史上，可以说是起到了在马克思、恩格斯和列宁之间的承上启下的中介环节的作用。普列汉诺夫的著作"培养了一整代俄国马克思主义者"，对列宁思想的形成和发展有着重要影响。

第二节　列宁早期对马克思主义的贡献

一、列宁简介

列宁（原名弗拉基米尔·伊里奇·乌里扬诺夫），诞生于俄国辛比尔斯克城，是苏俄（世界上第一个社会主义国家）和苏联的主要缔造者、布尔什维克党的创始人、十月革命的主要领导人、苏联人民委员会主席即苏联总理，是著名的马克思主义者和无产阶级革命家、政治家、理论家、思想家。列宁是他参加共产主义运动后的化名，他继承了马克思主义，并与俄国革命相结合形成列宁主义。

1893 年，列宁来到当时俄国的经济政治中心彼得堡，作为一个热诚的马克思主义革命家投身于工人运动中去，很快成为彼得堡马克思主义者公认的领导人。为了把俄国革命引向正确的道路，进一步清除传播马克思主义的思想障碍，列宁坚定地展开了对民粹主义、合法马克思主义的批判。1894 年，列宁写出了他的第一部马克思主义的重要哲学著作《什么是"人民之友"以及他们如何攻击马克思主义者?》。1895 年，列宁在彼得堡成立"工人阶级解放斗争协会"。

坚持理论与现实的革命实践任务紧密相连的根本方向，在全面把握实际生活的一切联系中揭示社会运动和现实发展的内在必然性及其发展道路，正是列宁思想的这一根本特色，使他在实践和理论斗争中，全面地发展了马克思主义哲学并推向新的阶段。

二、捍卫与阐发唯物史观的基本原则

列宁批判民粹派的"主观社会学"，捍卫并深刻阐发了唯物史观的基本原则。

在 19 世纪 90 年代的俄国革命运动中，民粹派仍然有着相当的势力和影响。以米海洛夫斯基为代表的民粹主义思想家们，根本否认发展的客观规律，否认资本主义在俄国发展的必然性，否认无产阶级革命运动的发展在俄国革命运动中的根本意义。他们攻击马克思主义尤其是唯物史观的基本原则，把唯物史观歪曲为"经济唯物主义"。列宁对民粹派的谬论进行了坚决的斗争。第一，批判民粹派对唯物史观的攻击，捍卫并发展了唯物史观的基本原则。米海洛夫斯基等人的"主观社会学"鼓吹以"人类天性"为出发点的所谓关于"一般社会"和"一般进步"的抽象议论，认为所谓"人类天性""民族感情""理性道德生活"的普遍永恒的原则是社会发展的根本动力，否认社会发展的客观规律性。列宁批判了民粹派的唯心主义历史观实质，并准确而深刻地阐发了马克思关于社会经济形态发展的自然历史过程的基本思想，提出了关于"社会有机体"的重要概念，阐述了社会有机体的重要思想。第二，列宁批判民粹派"英雄创造历史"的唯心史观，论述了俄国无产阶级的历史使命及其解放道路。

三、阐明马克思主义哲学的阶级性和科学性的统一

列宁批判"合法马克思主义"的客观主义，阐明马克思主义哲学的阶级

性和科学性的统一。

"合法马克思主义"即"司徒卢威主义",是19世纪90年代司徒卢威等人对马克思主义所作的资产阶级改良主义的歪曲。"司徒卢威主义"宣扬资产阶级民族自由主义,在哲学上则是新康德主义的拥护者。由于他们常在"合法的"即经沙皇政府准许的报刊上发表文章,因此被称为"合法马克思主义者"。他们实质上只承认资本主义存在和发展的必然性,而否认资本主义灭亡的必然性。他们是利用马克思主义的旗帜和工人运动来为资本主义辩护。1895年,列宁发表了《民粹主义的经济内容及其在司徒卢威先生的书中受到的批判》一书,从哲学上揭露了"合法马克思主义"的反马克思主义实质,同时深刻地阐明了马克思主义哲学的党性、阶级性与科学性相一致的原则。列宁指出,司徒卢威等人用超阶级的抽象议论来代替具体的阶级分析,可以称之为"客观主义"或狭隘客观主义,但实质上是主观唯心主义,而决不是唯物主义。

四、科学论述上层建筑在社会发展中的能动作用

列宁批判"经济派"的"自发论",阐明上层建筑在社会发展中的能动作用。

1894年—1898年间,是俄国社会民主运动的高潮时期。1898年3月,俄国社会民主工党成立,是这一时期社会民主运动最突出但也是最后的事情。这时党内占优势的已经是一批靠"合法"马克思主义的刊物教育出来的活动家。新出现的经济派,把马克思主义庸俗化和自由化,宣扬经济主义观点,推崇狭隘实际主义的自发论,否认政治斗争、革命理论和革命政党的作用。这实际上是伯恩斯坦修正主义的俄国变种,严重影响和瓦解了俄国工人运动的发展。1899年,列宁就针对经济派的修正主义本质进行了批判,撰写了《俄国社会民主党人抗议书》。1900年,列宁创办《火星报》,展开对经济派的斗争。1901年—1902年,列宁写了《怎么办?》一书,对经济主义进行了系统的批判,依据唯物史观关于上层建筑和经济基础辩证关系的原理,具体阐述了政治斗争、革命理论和革命政党等主观因素在社会发展中的能动作用。

列宁在1894年—1903年反对民粹主义、"合法马克思主义"和经济派的

斗争有着重要的理论和实践的意义。在斗争中从许多方面丰富和发展了马克思主义哲学，尤其是唯物史观的革命理论，同时也为俄国无产阶级新型政党的建立奠定了思想基础。1903 年，在俄国民主工党第二次代表大会上，形成了以列宁为代表的布尔什维克党，标志着作为帝国主义和无产阶级革命时代的马克思主义即列宁主义的诞生。马克思主义哲学的发展进入一个新的阶段。

第三节　列宁反对马赫主义与保卫和发展马克思主义

一、物理学唯心主义与马赫主义的泛滥

20 世纪初，国际修正主义迅速泛滥，俄国革命的发展也跌宕起伏。列宁在反对马赫主义的斗争中保卫和发展马克思主义哲学唯物主义（1903—1914）。列宁在斗争中，总结和概括了恩格斯逝世以来整个历史时期的斗争经验和科技发展的新成果，对当时流行的冒充马克思主义的马赫主义哲学思想进行了彻底批判，捍卫和发展了马克思主义哲学，特别是它的唯物主义基础。这一时期，《唯物主义和经验批判主义》是列宁哲学思想的代表著作。

1905 年，俄国爆发了第一次资产阶级民主革命，在沙皇政府的血腥镇压下失败，俄国进入所谓斯托雷平的反动黑暗时期。面对革命低潮，俄国社会民主党内出现了严重意见分歧和思想混乱。以列宁为代表的布尔什维克提出"退却"的策略，准备迎接新的革命高潮。孟什维克则主张取消社会民主党，被称为"取消派"。布尔什维克党内部也出现了主张召回国家杜马中的代表，放弃对群众的教育和领导，成为"召回派"，实际上是取消派的一个变种。在这种思想混乱中，对党内影响更大更严重的则是波格丹诺夫在"拥护"马克思主义幌子下宣扬的，用以"修正"马克思主义哲学的，具有科学色彩的马赫主义。

马赫主义又称为"经验批判主义"。马赫主义是 19 世纪末 20 世纪初在欧洲流行的一种主观唯心主义哲学流派，是实证主义哲学的一个分支。它的主要创始人是奥地利著名物理学家、哲学家恩斯特·马赫（1838—1916），

另一个创始人是德国哲学家理查德·阿芬那留斯（1843—1896）。

19世纪末20世纪初正是自然科学首先是物理学发生深刻变革的时期。在经典物理学向现代物理学的转变中，传统思维方式受到强烈冲击，科学中认识论、方法论问题突出出来。马赫用相对主义批判机械论自然观的绝对思维方式，特别是他对牛顿绝对时空观的怀疑和批判，对当时的自然科学家普朗克、爱因斯坦等人冲破经典物理学理论的框架，起到一定的启发和促进作用。但是，他的整个哲学路线和认识论前提，是建立在相对主义基础上的主观唯心主义和怀疑主义，不是科学的世界观和认识论。马赫主义以"经验"作为哲学的基本范畴，但经验被他们用许多新造的名词做了主观唯心主义的解释。他们声称要对唯物主义所理解的经验进行彻底的清洗。他们认为，经验是唯一可靠的，只有在经验中证实的理论才是科学的理论。在哲学认识论中，构成世界的"要素"不是物，而是经验的东西。马赫主义是贝克莱和休谟路线的继续，也与新康德主义有血缘关系。由于他们打着"中立"和"科学"的旗号，因此受到一些知识分子特别是自然科学家的欢迎，并很快渗透进工人阶级政党中来。第二国际修正主义思想家们把马赫主义同马克思主义结合起来，修正和取代马克思主义哲学，特别是用来"补充"马克思主义哲学所"缺乏"的认识论。

在俄国社会民主党内最有影响的马赫主义者是波格丹诺夫。波格丹诺夫当时是布尔什维克领导成员之一、党中央常务委员、《无产者报》编委。在哲学上他先是一个"自然科学和唯物主义者"，后来受唯心主义的影响，对唯物主义动摇而逐渐转向马赫主义。1904年，他的《经验一元论》出版，鼓吹马赫主义是自然科学领域里"最进步的倾向"。马赫主义在国际和俄国社会民主工党内的泛滥，为修正主义者的机会主义路线提供了哲学理论基础，加深了思想混乱。彻底批判马赫主义，保卫马克思主义哲学已成为刻不容缓的理论斗争任务。

二、列宁反对马赫主义的斗争

在国际社会民主党内首先起来公开批判马赫主义的是普列汉诺夫。第二国际的领袖考茨基对哲学修正主义采取"不干涉主义"。普列汉诺夫坚持哲学唯物主义的基本立场，观点鲜明地揭露和批判了马赫主义主观唯心主义和不可知论的实质。但是，普列汉诺夫的批判也存在着严重的缺陷。一是忽略了马赫主义同自然科学发展的联系，仅仅把它看成是贝克莱主义的简单重复，所以针对性不强。二是停留在一般唯物主义的水平上，缺乏对认识论的辩证思考，只是用唯物主义感觉论批判马赫主义。

1908年2月至10月间，列宁完成了《唯物主义和经验批判主义》一书的写作，1909年5月出版。《唯物主义和经验批判主义》是列宁批判经验批判主义哲学思潮、阐述辩证唯物主义认识论的重要著作。1908年2—10月在日内瓦和伦敦写成，1909年5月由莫斯科"环节"出版社出版。这部著作在国际上得到了广泛的传播，先后被译为20多种文字。在1905年俄国资产阶级民主革命失败之后的斯托雷平时期，反动势力在社会生活各个方面的活动都十分猖獗，唯心主义和宗教也泛滥起来，俄国社会民主工党内的一部分人，包括属于布尔什维克的 A. A. 波格丹诺夫、A. B. 卢那察尔斯基、巴扎罗夫（1874—1939）和属于孟什维克的 Л. C. 尤什凯维奇（1873—1945）、B. H. 瓦连廷诺夫（1879—1964）等人，也加入了唯心主义的行列。他们歪曲自然科学新发现的哲学意义，吹嘘马赫主义是现代科学的哲学，妄图用马赫主义"修正"和"发展"马克思主义。这样，哲学上的斗争就被提到了首要地位。为了捍卫无产阶级政党的理论基础，同时为了"消化"革命经验和从哲学上总结自然科学的最新成就，列宁写了这一著作。

为了正确理解列宁这部著作的基本思想，正确评价它在马克思主义哲学发展史上的历史地位，必须注意把握列宁写这一著作的理论特点。在本书中，保卫哲学马克思主义免受马赫主义的攻击被提到主要地位，哲学唯物主义尤其是认识论的唯物主义前提问题被突出出来。这是由当时的历史形势和那一时代修正主义的历史特点造成的。列宁指出："生活实践的观点，应该是认识论的首要的和基本的观点。这种观点必然会导致唯物主义，而把教授的经院哲学的无数臆说一脚踢开。"① 在认识论上和在科学的其他一切领域一样，我们应该辩证地思考。列宁在这部著作中专门研究辩证法的理论，但又是努力以辩证法指导着对辩证唯物主义认识论的研究，把唯物主义放在历

---

① 中共中央马克思恩格斯列宁斯大林著作编译局. 列宁选集：第2卷［M］. 北京：人民出版社，2012：103.

史发展中，尤其是通过对科学变革的总结，推动哲学唯物主义走向新的更高水平。

尽管这是一部论战性的著作，但它仍然在许多方面发展了马克思主义哲学。著作明确规定，从物到感觉和思想，还是从思想和感觉到物，是两条基本的认识路线；并且给哲学范畴"物质"下了一个经典性的定义，考察了物质和意识的辩证关系，揭示了在经验问题上的唯物主义和唯心主义的对立。

著作提出了辩证唯物主义认识论的三个重要结论：（1）物是不依赖于我们的意识而客观存在的；（2）在现象和自在之物之间没有任何原则的差别，差别只存在于已经认识的东西和尚未认识的东西之间；（3）在认识论上应该辩证地思考，即分析怎样从不知到知，从不完全的不确切的知识到比较完全的比较确切的知识。著作阐明了辩证唯物主义的真理论，论证了真理的客观性，论证了绝对真理与相对真理的辩证关系，论证了生活、实践的观点是认识论的首先的和基本的观点。在所有这些问题上，著作都既坚持了唯物论，又彻底运用辩证法。后来列宁在《哲学笔记》中进一步发挥了这些思想。

著作还明确而完整地提出了哲学的党性原则，指出哲学是有党性的，唯物主义和唯心主义是两个斗争着的哲学派别，这种斗争归根到底表现着现代社会中敌对阶级的倾向和思想体系。著作对 19 世纪末 20 世纪初物理学的新发现，电子、伦琴射线、柏克勒尔射线和放射性元素镭的发现，初步作出了哲学上的总结；批判了"物理学"唯心主义的主要论点："物质消灭了"，想象没有物质的运动，将科学定律和原理看作人们主观创造的符号。著作指出，物理学的数学化，认识的相对性原理是"物理学"唯心主义产生的认识论根源；摆脱唯心主义，并从形而上学的唯物主义提高到辩证唯物主义是自然科学健康发展的方向。

著作还指出：辩证唯物主义和历史唯物主义是不可分割的整体，用历史唯物主义的基本原理，驳斥了社会存在和社会意识"等同"论、社会"唯能论"等历史唯心主义理论。这部著作有力地批判了马赫主义这一现代西方哲学中影响最大的实证论思潮的典型代表，粉碎了第二国际修正主义者和俄国马赫主义者对马克思主义哲学的进攻，为布尔什维克党奠定了坚实的思想基础。它是代表列宁哲学思想的一部重要著作，也是学习和研究辩证唯物主义认识论的经典著作之一。

三、对认识论唯物主义基础和前提的深入阐发

马赫主义的主观唯心主义哲学是以认识论的形式表现出来的。列宁在批判马赫主义的斗争中，在马克思主义哲学的著述中第一次集中、系统和专门地论述了认识论问题，尤其是认识论的基础和前提问题。

1. 剖析马赫主义的理论实质和根源，提出两条基本认识路线根本对立的原理

列宁运用恩格斯关于哲学基本问题的原理，通过历史的和逻辑的分析，提出区别哲学上两条基本认识路线的重要原理。列宁指出："唯物主义和唯心主义的对立，哲学上两条基本路线的区别。从物到感觉和思想呢，还是从思想和感觉到物？恩格斯主张第一条路线，即唯物主义路线。马赫主张第二条路线，即唯心主义路线。"① 恩格斯以如何解决世界的本原、本质的问题，即对物质与意识何者第一性问题的不同回答，把哲学家分成两大阵营；列宁则以如何解决认识论的前提、起源、出发点问题，即思想是否对客观世界的反映的问题区分认识论中的两条基本路线，使哲学基本问题具有了时代的特色。

列宁在这部著作中，自始至终以两条根本对立的哲学认识论路线的划分为基本的方法论指导，对马赫主义及其俄国变种的主要概念、观点和理论进行了分析和批判。在前三章中不仅着重考察了感觉论问题，而且分析了自在之物与现象，真理的本质及其标准，物质和经验因果性与必然性，空间和时间，自由与必然性等认识论重大问题的经验批判主义与辩证唯物主义的对立，揭露了马赫主义等人的混乱和诡辩，批判了他们宣扬的所谓世界要素、原则同格、"超越"论、思维经济原则等"最新科学发现"的贝克莱主义实质。第四、五、六章则分别揭露了经验批判主义的俄国变种，诸如"经验符号论""内在论""经验—元论""符号论"等的唯心主义实质，分析了所谓物理学危机的哲学实质和根源，分析了在社会历史领域中经验批判主义与历史唯物主义不相容的对立，哲学上党派斗争的阶级本性。构成列宁这些批判

---

① 中共中央马克思恩格斯列宁斯大林著作编译局. 列宁选集：第 2 卷［M］. 北京：人民出版社，2012：37.

的特色就在于，全力揭露在所有这些问题上的马赫主义的哲学唯心主义实质，把哲学观点上两条基本路线的对立直率、清楚、明确而深刻地描绘出来。

2. 批判经验批判主义的唯心主义和不可知主义认识论，论述了辩证唯物主义反映论的基本原则

列宁总结唯物主义认识论的发展成果，阐述了辩证唯物主义认识论的基本原则，即反映论原则。所谓反映论，就是从物到感觉和思维的认识路线的理论表述形式，就是在承认外部物质世界是第一性的，是不以人的意识为转移的客观存在的前提下，承认认识是对客观世界的反映，感觉、表象、观念是外部世界的主观映像。列宁在书中用反映、映像、摹写、摄影、复写、镜像等术语表述意识与外部世界的反映与被反映的关系。列宁指出：唯物主义认识论可以简要地表述为"思想反映对象的理论"①，并且多方面地不同层次地论述了"反映论"的基本观点。

3. 批判马赫主义的主观主义、相对主义真理观，阐明辩证唯物主义真理观的基本原则

在真理观问题上，波格丹诺夫等人的主观唯心主义、不可知论的哲学路线同样十分明显。他们公然否认客观真理，攻击恩格斯承认相对真理与绝对真理的辩证统一是什么"折中主义"。针对波格丹诺夫，列宁首先提出两个不容混淆的问题："（一）有没有客观真理？就是说，在人的表象中能否有不依赖于主体、不依赖于人、不依赖于人类的内容？（二）如果有客观真理，那么表现客观真理的人的表现能否立即地、完全地、无条件地、绝对地表现它，或者只能近似地、相对地表现它？这第二个问题就是关于绝对真理和相对真理的相互关系问题。"② 对第一个问题的不同回答表现着真理问题的唯物主义和唯心主义的对立；对后一个问题的不同解决则体现着在真理观上的辩证法与形而上学的原则区别。列宁提出的这两个问题十分清晰和深刻地概括了哲学史上真理问题争论的基本内容。

---

① 中共中央马克思恩格斯列宁斯大林著作编译局．列宁选集：第 2 卷［M］．北京：人民出版社，2012：89.

② 中共中央马克思恩格斯列宁斯大林著作编译局．列宁选集：第 2 卷［M］．北京：人民出版社，2012：81—82.

列宁关于真理的客观性、实践是认识论的基础的思想，关于相对真理与绝对真理的区分的确定性与不确定性的思想，关于实践标准的确定性与不确定性的思想，不仅是马克思、恩格斯的思想的继续，而且体现了变化中的时代精神。这些重要思想在列宁以后的著作中尤其是在《这些笔记》中得到了进一步展开和深化。

4. 批判马赫主义对唯物史观的攻击和"修正"，阐明马克思主义哲学的党性原则

马赫主义不仅在一般认识论领域，在自然科学领域，打着"最新科学"的旗号攻击唯物主义，而且也在社会历史观领域贩卖同样的货色，制造了许多新的"术语"和"社会哲学"体系。列宁坚持和捍卫了马克思、恩格斯所创立的唯物史观的基本原则，着重从认识论角度批判了马赫主义者们所制造和宣扬的社会生物学观点，社会趋于稳定的观点，社会存在和社会意识"等同论"，社会选择学说以及社会唯能论和实在一元论等唯心主义社会学理论，揭露了他们对历史唯物主义的歪曲和伪造。尤其是在批判波格丹诺夫的社会存在和社会意识"等同论"的主观唯心主义历史观中，列宁阐发了马克思主义关于社会存在决定社会意识的原理。

列宁指出，历史唯物主义的基本原则和辩证唯物主义的基本原则是一致的，马克思主义是不可分割的整体。列宁指出："一般唯物主义认为客观真实的存在（物质）不依赖于人类的意识、感觉、经验等等。历史唯物主义认为社会存在不依赖于人类的社会意识。在这两种场合下，意识都不过是存在的反映，至多也只是存在的近似正确的（恰当的、十分确切的）反映。在这个由一整块钢铁铸成的马克思主义哲学中，决不可去掉任何一个基本前提、任何一个重要部分，不然就会离开客观真理，就会落入资产阶级反动谬论的怀抱。"① 列宁关于"一整块钢铁"的论断，对马克思主义哲学的发展和完善，有着重要的意义。列宁对马赫主义的批判，进一步发展和完善了马克思主义哲学。

---

① 中共中央马克思恩格斯列宁斯大林著作编译局. 列宁选集：第 2 卷［M］. 北京：人民出版社，2012：221—222.

第四节　列宁对 19 世纪末 20 世纪初
自然科学发展的哲学总结

一、问题与宗旨："物理学危机"及其实质

列宁的《唯物主义与经验批判主义》一书对马克思主义哲学发展的另一突出贡献，就是他对 19 世纪末 20 世纪初自然科学的尤其是物理科学的革命变革的唯物主义认识论方面的总结。这不仅是由于批判马赫主义打着"科学"幌子的新实证论的斗争需要，同时也直接地体现了列宁作为一个伟大的思想家对马克思主义哲学本质的理解。在物理学革命所造成的哲学思想普遍混乱的情况下，列宁以其马克思主义思想家的理论才能，以极大的热情关注和注视着这场革命，深入研究和敏锐洞察这场革命，从而在一定程度上作出了具有时代意义的理论总结，对于哲学和自然科学的发展都具有深远的影响。

19 世纪末 20 世纪初，自然科学尤其是物理学相继出现了许多重大发现，向传统物理学理论（牛顿物理学）提出了挑战。面对物理学新发现，物理学家无法用传统理论作出解释，引起了思想上和理论上的混乱。部分物理学家怀疑物理学理论的客观价值，得出"物理学危机"的结论。法国著名物理学家彭加勒（1857—1912）（《科学的价值》）就是典型代表。

针对这一情况，列宁在大量阅读和仔细研究的基础上，从哲学认识论的角度，深刻地揭示了所谓"物理学危机"的实质。列宁指出，现代物理学危机并不说明物理学本身发生了危机，失去了科学的价值，而是说明一部分物理学家在物理学的新发现面前，在认识论方面发生了危机。过去，他们从自然科学自发的唯物主义出发，相信物质世界是客观存在的，物理学原理是对物理世界的实在的反映。现在，他们许多人偏离了这条路线，他们的自发唯物主义认识论被唯心主义和不可知论代替了。列宁这一深刻分析和科学揭示，为克服"物理学危机"指明了正确方向。

二、总结物理学的新成就，哲学物质范畴的科学规定

在"物理学危机"思潮中，唯心主义"驳倒"唯物主义的典型观点，就是宣扬所谓"物质消失了"，唯物主义的基础被否定了。法国物理学家乌尔维尔在《科学的进化》一书中认为，"原子非物质化了，物质消失了"。马赫主义以及其他唯心主义者抓住这一说法，宣称唯物主义的物质概念已经"陈腐了"，唯物主义世界观只是"一种荒谬的虚构"。

列宁明确意识到，必须具体分析作为哲学范畴的物质概念和关于物质构造的理论的区别与联系，对哲学的物质范畴作出科学的规定，这是列宁对马克思主义哲学基本原理的一个重大贡献。列宁指出：所谓"物质正在消失"这句话的意思是说："迄今我们认识物质所达到的那个界限正在消失，我们的知识正在深化；那些从前以为是绝对的、不变的、原本的物质特征（不可入性、惯性、质量等等）正在消失，现在它们显示出相对的、仅为物质的某些状态所固有的。因为，物质的唯一'特性'就是：它是客观实在，它存在于我们的意识之外，哲学唯物主义是同承认这个特性分不开的。"① 列宁明确指出，承认关于物质构造及其特性的科学原理的相对性、近似性，丝毫不意味着否定世界的物质性，不是"驳倒"了唯物主义，而是形而上学的即反辩证法的唯物主义。列宁总结了物理学革命中的认识论问题，概括了自然科学发展的新成果，对哲学物质范畴作了新的规定："物质是标志客观实在的哲学范畴，这种客观实在是人通过感觉感知的，它不依赖于我们的感觉而存在，为我们的感觉所复写、摄影、反映。"② 列宁对物质概念的科学规定，实质上是表明物质第一性，意识第二性，是在哲学基本问题上确定物质和意识的对立统一关系。这个定义又体现出物质的绝对性与相对性的辩证法。列宁指出，就是物质和意识的对立，也只是在非常有限的范围内才具有绝对的意义，在这里，仅仅在承认什么是第一性的和什么是第二性的这个认识论的基本问题的范围才具有绝对的意义。超出这个范围，物质和意识的对立无疑是

① 中共中央马克思恩格斯列宁斯大林著作编译局. 列宁选集：第 2 卷［M］. 北京：人民出版社，2012：191—192.

② 中共中央马克思恩格斯列宁斯大林著作编译局. 列宁选集：第 2 卷［M］. 北京：人民出版社，2012：89.

相对的。列宁的物质定义，克服了旧唯物主义的形而上学缺陷，把唯物主义奠定在坚实的"哲学物质范畴"的基础之上，同二元论、唯心主义和不可知论划清了界限，同时，又为科学的发展提供了正确的认识论指导。

马赫主义"排除"物质，取消哲学基本问题的另一表现，就是利用"唯能论"，企图设想没有物质的运动。唯能论的代表人物是德国化学家奥斯特瓦尔德（1853—1932）。他在《自然哲学讲演录》一书的序言中说："如果把物质和精神这两个概念包含在能量概念之中，就会简单地自然而然地排除掉那种使这两个概念结合在一起的旧困难，那是一个很大的收获。"又说："一切外界现象都可以说是能量之间的过程，其原因非常简单：我们意识的过程本身就是能量的过程，它把自己的这种特性传给一切外界现象。"① 英国马赫主义者毕尔生则更彻底地认为："万物都在运动——但只是在概念中运动。"列宁指出，在物质和运动的关系上，不仅要划清唯物主义和唯心主义的界限，而且还要划清辩证唯物主义和形而上学的界限。列宁指出："形而上学的即反辩证法的唯物主义者可以承认没有运动的物质的存在（即使是暂时的、在'第一次推动'之前的……存在）；辩证唯物主义者则不仅认为运动是物质的不可分离的特性，而且还批驳对运动的简单化的看法等等。"②

列宁对马赫主义者企图从运动中排除物质从而偷运唯心主义的实质的分析和批判，是深刻的。

三、剖析"物理学"唯心主义，论述自然科学和哲学的关系

剖析"物理学"唯心主义的实质和根源。列宁指出，"物理学"唯心主义作为一种国际思潮，它不属于某一哲学体系，它的产生不能由某些哲学体系来说明，而是有着普遍认识论意义的"一般原因"。列宁指出："唯物主义者和唯心主义哲学信徒的基本区别在于：唯物主义者把感觉、知觉、表象，总之，把人的意识看作是客观实在的映像。世界是为我们的意识所反映的这个客观实在的运动。和表象、知觉等等的运动相符合的是在我之外的物质的

---

① 中共中央马克思恩格斯列宁斯大林著作编译局．列宁选集：第 2 卷［M］．北京：人民出版社，2012：202—203.
② 中共中央马克思恩格斯列宁斯大林著作编译局．列宁选集：第 2 卷［M］．北京：人民出版社，2012：202.

运动。物质概念，除了表示我们通过感觉感知的客观实在之外，不表示任何其他东西。因此，使运动和物质分离，就等于使思维和客观实在分离，使我的感觉和外部世界分离，也就是转到唯心主义方面去。通常使用的否定物质和承认没有物质的运动的手法是：不提物质对思想的关系。"① 列宁指出，产生"物理学"唯心主义的第一个原因，是物理学自身的研究方法、表现形式的进步，即物理学的数学化所引起的。由于数学方法的高度抽象性，使得物理学家和数学家思考问题往往只从纯粹抽象逻辑方面推演和论证，所得到和处理的只是一些数学方程式，而漠视它所依据和反映的客观实在内容。在新的发展阶段上，仿佛是通过新的方式得到了旧的康德主义的观念：理性把规律强加于自然界。产生"物理学"唯心主义的另一个原因，是相对主义的原理，即知识的相对性原理。列宁指出："这个原理在旧理论急剧崩溃的时期以特殊的力量强使物理学家接受；在不懂得辩证法的情况下，这个原理也必然导致唯心主义。"②

列宁总结了"物理学危机"和"物理学"唯心主义的流行在科学史上的影响，探讨和阐发了关于自然科学的发展和哲学的关系问题的马克思主义基本观点。一方面，列宁根据恩格斯关于唯物主义应当随着自然科学的发展必然改变自己的形式的思想，强调马克思主义哲学应当充分重视对自然科学的新成果不断作出必要的概括和总结，以丰富和发展自己。另一方面，列宁又反复强调，自然科学应该接受辩证唯物主义认识论的指导。自然科学的发展必定要走向辩证唯物主义。自然科学家在自己的研究工作中应该把自己从自发的唯物主义者提高为自觉的唯物主义者，才能冲破唯心主义的形而上学的偏见或陈腐观念的束缚，避免走上歧途，从而能够推动科学的健康发展。列宁的这些见解，具有鲜明而迫切的时代感。列宁的《唯物主义和经验批判主义》对马克思主义哲学的发展有重要贡献，至今仍是我们学习马克思主义哲学的基本著作。

由于当时的斗争任务和时代历史条件的限制，列宁的主要关注点集中在

---

① 中共中央马克思恩格斯列宁斯大林著作编译局. 列宁选集：第 2 卷 [M]. 北京：人民出版社，2012：198.

② 中共中央马克思恩格斯列宁斯大林著作编译局. 列宁选集：第 2 卷 [M]. 北京：人民出版社，2012：211.

揭露马赫主义的唯心主义实质，揭露第二国际修正主义的机会主义实质；列宁对物理学革命的哲学总结，也主要集中在批判和澄清它所带来的哲学思想混乱。这对于巩固认识论的唯物主义基础，纠正所谓"物理学危机"中认识路线的唯心主义，具有重大指导意义。随着斗争的发展和自然科学革命的深化，列宁愈来愈认识到要把注意力集中到对辩证法的理论，对认识的辩证法的系统研究上来。

第五节　"一战"期间列宁对马克思主义辩证法的发展

一、"一战"时期资本主义的尖锐矛盾与革命条件的成熟

第一次世界大战期间，在极其严重而又复杂多变的战争和阶级斗争形势下，各国马克思主义者面临重大抉择的考验。在这期间，列宁在理论上深入系统研究了马克思主义哲学，特别是唯物辩证法，把马克思主义哲学全面发展到新的水平，并且使革命的辩证法在革命实践中得到了实现。

1913 年开始，尤其是在 1914 年之后，列宁注重对哲学首先是对马克思主义辩证法的研究，绝非偶然。这是由这一历史时期的特点，由无产阶级革命运动的新形势决定的。1914 年 7 月爆发的第一次世界大战是一场帝国主义战争，是帝国主义矛盾激化，经济和政治危机日益加深的必然结果。战争的实质是帝国主义之间为了重新瓜分殖民地，争夺世界霸权，维护本国反动统治而进行的非正义的、掠夺性的战争。战争一方面使各国资产阶级政府加紧镇压国内革命运动和革命政党，以巩固自己的统治；另一方面，战争也使在资本主义几十年和平环境中逐步形成的机会主义发展到顶点，第二国际大多数领导人先后堕落为机会主义和社会沙文主义者，公开为本国资产阶级政府呐喊辩护。他们已经成为无产阶级革命的叛徒，其中威望最高、影响最大的是考茨基和普列汉诺夫。第二国际修正主义分子为自己的叛变行为和社会沙文主义立场辩护的一个重要手段，就是用诡辩术偷换辩证法，用庸俗进化论和折中主义来阉割马克思主义的革命灵魂。在战争开始不久，列宁就写了

《战争与俄国社会民主党》（1914 年 9 月）、《第二国际的破产》（1915 年 5 月）、《社会主义与战争》（1915 年 7 月）、《社会主义革命和民族自决权》（1916 年 2 月）、《帝国主义是资本主义的最高阶段》（1916 年春）等著作，深刻地分析了帝国主义的矛盾，揭露了战争的帝国主义性质，揭露了第二国际领导人的机会主义和社会沙文主义，制定了变帝国主义战争为“国内战争”的无产阶级革命斗争的战略和策略。而列宁的这些著作的写作都是和他在这一时期对马克思主义哲学，对唯物辩证法的创造性研究分不开的。

二、列宁在“一战”时期对《哲学笔记》的写作

列宁在这一时期对唯物辩证法研究的主要成果，集中在列宁于 1914 年—1916 年间所写的一系列哲学笔记中。《哲学笔记》所体现的列宁进行哲学研究工作的鲜明特点，第一是对马克思主义哲学的研究同对哲学史的研究，尤其是对黑格尔的著作的批判研究相结合。列宁为了更深入系统地把握辩证法的基本理论，对历史上的优秀哲学遗产，对包括亚里士多德，直到黑格尔和费尔巴哈的重要著作进行了深入地研读。特别是对黑格尔的《逻辑学》《哲学史讲演录》《精神现象学》《历史哲学讲演录》作了详尽的笔记。在对黑格尔哲学思想的批判、继承和改造的基础上，继承了马克思和恩格斯的工作，发展了唯物辩证法。列宁的《哲学笔记》体现着历史的和逻辑的相统一的研究方法的巨大力量。

第二，对唯物辩证法的基本理论的研究与革命斗争的实践相结合。列宁以唯物辩证法为武器，分析了帝国主义的矛盾和战争的帝国主义性质，为无产阶级政党制订了反对帝国主义战争，实现社会主义革命的战略和策略。列宁也正是以唯物辩证法为武器，批判了第二国际的社会主义和社会沙文主义的路线，揭露了他们用诡辩论、庸俗进化论和折中主义来取代革命的辩证法的实质。列宁运用唯物辩证法的思想，提出了社会主义可以首先在一国之内取得胜利的理论，引导俄国无产阶级取得了社会主义革命的胜利。《哲学笔记》在列宁哲学思想的发展和唯物辩证法的发展史上都具有十分重大的意义。在笔记中，列宁对辩证法的历史，唯物辩证法的基本理论、规律和范畴，认识论的辩证法以及辩证法的研究途径等，进行了系统全面的考察和探讨，对马克思主义哲学的发展作出了创造性贡献。

《谈谈辩证法问题》是列宁关于辩证法问题的著名论文，写于 1915 年，1925 年首次发表在《布尔什维克》杂志第 5、6 期合刊上，后编入《哲学笔记》。该论文是列宁反对第二国际修正主义的诡辩论的总结，也是对他在《辩证法的要素》一文中所提出的对立统一规律是辩证法的核心的思想的进一步说明和发挥。文章把对立统一规律作为客观世界的规律和认识的规律进行了充分的论述，强调指出，对立统一规律是客观世界运动发展的根本规律，统一物之分为两个部分以及对它的矛盾着的部分的认识是辩证法的实质。文中以对立统一规律为核心，阐述了形而上学发展观与辩证的发展观的根本对立，说明了矛盾的客观性和普遍性，矛盾的同一性和斗争性的辩证关系；着重阐述了认识的辩证法，分析了绝对和相对、抽象和具体、一般和个别等哲学范畴之间的辩证关系，以及唯心主义的认识论根源，提出辩证法也就是马克思主义认识论的著名论断。这篇论文是列宁研究辩证法问题取得的理论成果的突出表现。它补充和深化了《辩证法的要素》一文的思想，丰富和发展了唯物辩证法。在马克思主义辩证法的发展史上占有极其重要的地位。

三、列宁论述唯物辩证法的基本理论

列宁在《哲学笔记》中，历史地和逻辑地研究了唯物辩证法的基本特征、核心和实质、基本原则、规律和范畴，以及唯物辩证法的理论体系，极大地丰富和发展了马克思主义哲学。

1. 论述唯物辩证发展观的根本特征

列宁认为，唯物辩证法理论首先是最全面、最富有内容、最深刻的发展学说，是最彻底、最完整、最周密、内容最丰富的发展理论，是一门关于外部世界和人类思维运动的一般规律的科学。在《哲学笔记》中，列宁概括了唯物辩证法这种发展学说的根本特点，阐明唯物辩证法与黑格尔唯心主义辩证法和形而上学发展观的根本区别。列宁关于两种发展观理论的对立，进一步发展和具体化了马克思关于辩证法的革命批判的精神实质，对于反对第二国际修正主义，制订革命的战略和策略，发挥了重要作用。

2. 探讨和确定唯物辩证法的核心和实质

列宁对马克思主义哲学的重要理论贡献是依据革命形势和斗争需要对唯

物辩证法的研究和发挥。列宁对唯物辩证法的一个重大贡献，就是在哲学史上第一次明确地把关于对立统一的学说确定为辩证法的实质和核心。在《辩证法的要素》中，列宁第一次明确地指出："可以把辩证法简要地确定为关于对立面的统一的学说。这样就会抓住辩证法的核心，可是这需要说明和发挥。"① 在《谈谈辩证法问题》中，列宁指出："统一物之分为两个部分以及对它的矛盾着的部分的认识，是辩证法的实质（是辩证法的'本质'之一，是它的基本的特点或特征之一，甚至可说是它的基本的特点或特征）。"② "对立面的同一，就是承认（发现）自然界（也包括精神的和社会的）一切现象和过程具有矛盾着的、相互排斥的、对立的倾向"，"发展是对立面的'斗争'"，"对立面的统一（一致、同一、均势）是有条件的、暂时的、易逝的、相对的。相互排斥的对立面的斗争是绝对的，正如发展、运动是绝对的一样"③。

对立面的统一学说，是辩证法的实质和核心。这是列宁在对辩证法的理论进行逻辑的和历史的全面考察基础上概括出来的。第一，对立面的统一问题是自赫拉克利特到黑格尔的辩证法所提出的问题的中心。第二，对立面的统一学说揭示了事物自己运动和发展的动力、源泉、动因。第三，对立面的统一学说提供了理解全部辩证法理论的钥匙，揭示了质变、转化、旧东西的灭亡和新事物产生过程的实在内容。第四，是否承认和理解对立面的统一的学说，是辩证法与形而上学的根本分歧。第五，对立面的统一学说把辩证法应用于反映论，应用于认识的过程和发展的基本内容，是马克思主义认识论同主观主义的怀疑论、诡辩论，以及形而上学认识论的本质区别。列宁正是抓住了辩证法的这一核心和实质，把辩证法理论从整体上提高到一个新的水平，并且把它的认识和改造现实的方法论作用更明显地突出出来。

在《哲学笔记》中，列宁还以对立面的统一学说为核心，全面地研究和

---

① 中共中央马克思恩格斯列宁斯大林著作编译局. 列宁选集：第 2 卷 ［M］. 北京：人民出版社，2012：412.

② 中共中央马克思恩格斯列宁斯大林著作编译局. 列宁专题文集 论辩证唯物主义和历史唯物主义 ［M］. 北京：人民出版社，2009：148.

③ 中共中央马克思恩格斯列宁斯大林著作编译局. 列宁专题文集 论辩证唯物主义和历史唯物主义 ［M］. 北京：人民出版社，2009：149.

阐发了辩证法的理论。列宁对于联系、转化、中介环节、必然与偶然、本质与现象、假象与规律、因果联系、内容和形式、有限与无限等进行了研究；对于质的规定性和量的规定性的辩证过程进行了研究；对同一、差别、绝对和相对、自由与必然等问题进行了研究，提出了一系列精辟而深刻的具体见解，深化了唯物辩证法的理论内容，并且为唯物辩证法作为一个完整而生动的理论体系的进一步发展，建立了一个理论宝库。

3. 建立唯物辩证法理论体系的探讨和设想

列宁关于辩证法理论体系的设想，是在研究马克思的《资本论》基础上，在具体研读黑格尔的著作，主要是《逻辑学》和《哲学史讲演录》中，不断探索和逐步形成的。这些设想，比较集中在四个重要材料中：

第一个材料：1914 年年底，《辩证法的要素》；

第二个材料：1915 年，《黑格尔辩证法（逻辑学）的纲要》；

第三个材料：1915 年，《拉萨尔〈爱非斯的晦涩哲人赫拉克利特的哲学〉一书摘要》中关于"构成认识论和辩证法的知识领域"的方框；

第四个材料：1915 年，《谈谈辩证法问题》。

列宁的一系列研究成果，他的科学态度和提出的方法论原则，不仅极大地丰富和发展了马克思主义辩证法理论，而且对唯物辩证法的进一步发展开创了更加广阔的道路和局面。

四、列宁论述认识论的辩证法

把辩证法作为认识论来研究，是列宁《哲学笔记》的重要特色。这不仅把在《唯物主义和经验批判主义》中对认识论的研究提高到新的水平，而且对马克思主义认识论的发展，作出了重大贡献。

1. 辩证法、逻辑学和唯物主义认识论三者统一原理的确立和阐发

黑格尔在哲学史上最早明确地阐述了辩证法、逻辑学和认识论三者一致的思想，但他这种统一是建立在彻底唯心主义基础之上的。在他看来，世界的本体是绝对观念，辩证法是绝对观念发展的内在本性，绝对观念在纯粹概念中运动就是逻辑学，绝对观念通过主体的自我认识就是认识论。因此，三者当然是同一个东西。马克思、恩格斯在唯物主义基础上，把头脚倒立的黑格尔辩证法倒转过来，确立辩证法是关于自然界、人类社会和人类思维的普

遍规律的科学，解决了这一统一的基础和实质。马克思和恩格斯的著作，尤其是《资本论》正是贯彻这一原则的典范。但是，马克思和恩格斯对于这一原则却没有专门的理论论述。

列宁正是自觉地站在马克思主义的立场上，以马克思的《资本论》为样板来进行这一研究工作的。关于辩证法、逻辑学和唯物主义认识论的三者统一，列宁指出："辩证法也就是（黑格尔和）马克思主义的认识论。"① 第一，辩证法是"客观自然界"所固有的，同时也是"人类的全部认识所固有的"②。第二，马克思主义认识论的"本质"要求自觉地"把辩证法应用于反映论，应用于认识的过程和发展"，"不懂得、不能够把辩证法应用于认识论是形而上学唯物主义的根本缺陷"③。第三，认识和把握真理的辩证过程，认识的环节、阶段的理论表现，就是逻辑学。思维的逻辑本质是"万物之间的世界性的、全面的、活生生的联系，以及这种联系在人的概念中的反映"④。第四，对辩证法的研究和理论叙述，表现通过揭示和概括认识运动的辩证法才能实现。逻辑学是辩证法的理论形式。列宁强调指出，是事物的辩证法创造了观念的辩证法，但又明确指出，对事物的辩证法又必须用概念的辩证法才能把握。客观辩证法是概念辩证法的根源、源泉，但又只有"最主观"的概念辩证法才能"最客观"地揭示、表达客观辩证法。列宁说："从逻辑的一般概念和范畴的发展与运用的观点出发的思想史——这才是需要的东西!"⑤

2. 阐述真理的辩证法

列宁认为，认识论、逻辑学是关于真理的学说，应该研究认识真理的辩

---

① 中共中央马克思恩格斯列宁斯大林著作编译局. 列宁专题文集 论辩证唯物主义和历史唯物主义 [M]. 北京：人民出版社，2009：151.
② 中共中央马克思恩格斯列宁斯大林著作编译局. 列宁全集：第38卷 [M]. 北京：人民出版社，1986：410.
③ 中共中央马克思恩格斯列宁斯大林著作编译局. 列宁全集：第38卷 [M]. 北京：人民出版社，1986：190.
④ 中共中央马克思恩格斯列宁斯大林著作编译局. 列宁全集：第38卷 [M]. 北京：人民出版社，1986：153—154.
⑤ 中共中央马克思恩格斯列宁斯大林著作编译局. 列宁全集：第38卷 [M]. 北京：人民出版社，1986：188.

证途径，研究真理发展的辩证法。第一，科学的抽象是认识真理的必要环节。第二，列宁进一步论述了"真理是具体的、全面的、辩证的发展过程"的思想。真理性认识应该是"现实的各个环节的全部总和的展开（注意）＝辩证认识的本质"①。列宁认为，"认识是在无限的发展中不断接近客观真理的"，"必须把认识和实践结合起来"。列宁指出："实践高于（理论的）认识，因为实践不仅有普遍性的优点，而且有直接的现实性的优点。"② 改变世界的过程就是认识真理和检验真理的过程。

列宁在《哲学笔记》中所阐发的认识过程的辩证法，真理发展的辩证法的思想极其丰富、深刻，对马克思主义哲学认识论发展作出了重大贡献。

3. 揭露诡辩论的实质和唯心主义的认识论根源

批判诡辩论，揭露唯心主义产生的根源，是列宁与第二国际修正主义、社会沙文主义作斗争中的重要课题。在《哲学笔记》中，列宁为深刻地揭露他们的诡辩手法的实质，科学地分析了唯心主义产生的根源，划清了辩证法与诡辩论的界线，并进而深化了对辩证法的理论研究，丰富了马克思主义认识论的内容。

列宁指出，诡辩论本质上是一种背离了认识的客观性原则的主观主义的手法，它的突出的特点，是抓住孤立的、个别的、枝节的、表面的、片面的方面，以暂时的、外在的东西来代替内在的、必然的东西，以毫无根据的虚构的假象来代替客观存在的真实现实。

列宁在对诡辩论和唯心主义批判过程中，反复地突出强调认识辩证法的客观性。在《哲学笔记》中，列宁系统而深刻地剖析了唯心主义产生和存在的认识论根源。列宁指出，对待唯心主义不应像"粗陋的、简单的、形而上学的唯物主义"那样，只是宣布它们是"胡说"，是"僧侣主义"，而应当具体地辩证地分析它们产生的根源，总结认识论的教训。列宁认为，唯心主义的产生，不仅有其社会的阶级原因，而且有其认识论的根源。它的"根基"就在人的无限复杂的活生生的认识过程中。列宁指出："从辩证唯物主

---

① 中共中央马克思恩格斯列宁斯大林著作编译局．列宁全集：第38卷［M］．北京：人民出版社，1986：166.
② 中共中央马克思恩格斯列宁斯大林著作编译局．列宁专题文集 论辩证唯物主义和历史唯物主义［M］．北京：人民出版社，2009：139.

义的观点看来，哲学唯心主义是把认识的某一特征、方面、部分片面地、夸大地、复杂（膨胀、扩大）为脱离了物质、脱离了自然的、神话了的绝对。唯心主义精神僧侣主义。这是对的。但'更确切些'和'除此而外'，哲学唯心主义是经过人的无限复杂的（辩证的）认识的一个成分而通向僧侣主义的道路。"① "直线性和片面性、死板和僵化，主观主义和主观盲目性就是唯心主义的认识论根源。"② 列宁认为，理解辩证法的客观本性，自觉地掌握辩证法的世界观和方法论，是避免滑向唯心主义的根本途径。

列宁的《哲学笔记》以其对唯物辩证法的理论，尤其是认识辩证法的丰富的、深刻的、创造性的论述，构成了马克思主义哲学宝库的有巨大价值的财富。

五、列宁分析和研究时代的辩证法

列宁对唯物辩证法的研究，不仅体现为一系列关于唯物辩证法的理论成果，而且应用它来"解决当前的问题"，直接体现为对实际社会生活辩证法的科学分析，完成了《帝国主义是资本主义的最高阶段》《社会主义与战争》《国家与革命》等重要著作。这些著作中，列宁剖析了帝国主义特征、本质及其发展规律，发展了马克思主义关于国家与革命等历史唯物主义的基本理论，研究了时代的变化和无产阶级革命的形势和策略，为十月社会主义革命的胜利奠定了理论基础。

1. 分析资本主义的发展，揭示帝国主义的本质及其发展规律

资本主义进入帝国主义阶段，形成了不同于自由竞争时代资本主义的一系列新特点。列宁继承了马克思和恩格斯对资本主义形成、发展和灭亡的规律的研究成果，对帝国主义矛盾进行了科学分析，揭示了帝国主义时代的特征、经济实质及其发展规律。列宁认为，资本主义发展到帝国主义阶段，就使生产走到最全面的社会化，它不顾资本家的愿望与意识，可以说是把他们拖进一种从完全自由竞争过渡到完全社会化的新的社会制度。列宁指出：

---

① 中共中央马克思恩格斯列宁斯大林著作编译局. 列宁专题文集 论辩证唯物主义和历史唯物主义［M］. 北京：人民出版社，2009：152.

② 中共中央马克思恩格斯列宁斯大林著作编译局. 列宁专题文集 论辩证唯物主义和历史唯物主义［M］. 北京：人民出版社，2009：152.

"资本已经变成国际的和垄断的资本"①，"在资本主义发展到最高程度的时代，少数几个大国对地球上将近10亿人口的掠夺，就是这样组织的"②。列宁还指出："政治革命在社会主义革命的过程中是必不可免的，不能把社会主义革命看做是一次行动，而要把它看做是一个充满剧烈的政治和经济动荡、最尖锐的阶级斗争、国内战争、革命和反革命的时代。"③

2. 揭示帝国主义发展不平衡的规律，提出社会主义可能首先在一国胜利的理论

19世纪40年代，马克思和恩格斯根据当时资本主义相对稳定发展的情况，曾断言无产阶级革命不能单独在某个国家内发生的说法。列宁则具体分析了资本主义发展到帝国主义时代的新情况，揭示了帝国主义经济和政治发展不平衡的规律，得出了社会主义可能在一国或几国首先取得胜利的结论，用新的理论武装了革命的无产阶级。列宁分析了资本主义发展到帝国主义时代的新特点，认为帝国主义战争使得帝国主义国家间相互削弱，造成帝国主义链条上的薄弱环节，这就为无产阶级冲破这个环节而获得社会主义的胜利提供了可能。1915年8月，列宁在《论欧洲联邦口号》一文中指出："经济政治发展的不平衡是资本主义的绝对规律。由此就应当得出结论：社会主义可能首先在少数或者甚至在单独一个资本主义国家内获得胜利。"④ 1916年，列宁又在《无产阶级革命的军事纲领》一文中进一步阐明和强化了这个结论："社会主义不能在所有国家内同时获得胜利。它将首先在一个或者几个国家中获得胜利，而其余的国家在一段时期内将仍然是资产阶级的或者资产阶级以前时期的国家。"⑤ 列宁这一结论，是总结时代新发展而对马克思主

① 中共中央马克思恩格斯列宁斯大林著作编译局.列宁选集：第2卷［M］.北京：人民出版社，2012：552.
② 中共中央马克思恩格斯列宁斯大林著作编译局.列宁选集：第2卷［M］.北京：人民出版社，2012：553.
③ 中共中央马克思恩格斯列宁斯大林著作编译局.列宁选集：第2卷［M］.北京：人民出版社，2012：551—552.
④ 中共中央马克思恩格斯列宁斯大林著作编译局.列宁选集：第2卷［M］.北京：人民出版社，2012：554.
⑤ 中共中央马克思恩格斯列宁斯大林著作编译局.列宁选集：第2卷［M］.北京：人民出版社，2012：722.

义的无产阶级革命理论的新贡献。

3. 对马克思主义国家学说的发展

1917 年 2 月，俄国爆发了资产阶级民主革命，但无产阶级革命的目的并没有达到。对于如何总结二月革命的经验和教训，如何对待资产阶级国家机器，如何实现向无产阶级的社会主义革命的转变，即如何认识国家问题，无论在理论方面或政治实践方面，都具有特别重大的意义。1917 年 8 月至 9 月，列宁写成了《国家与革命》一书，系统地考察了马克思和恩格斯的国家学说，特别详细地总结了 1848 年到 1917 年国际工人运动的经验，捍卫和发展了马克思主义的国家学说，为俄国无产阶级的社会主义革命进行了直接的理论准备。

为了驳斥资产阶级对国家本质的歪曲，列宁指出：国家是"阶级统治的机关，是一个阶级压迫另一个阶级的机关，是建立的一种'秩序'，来使这种压迫合法化、固定化，使阶级冲突得到缓和"①。列宁指出："资产阶级国家被无产阶级国家代替，根据一般规律，只能通过暴力革命，这是马克思和恩格斯全部学说的基础。"② 列宁还对无产阶级专政条件下专政和民主的关系，以及国家消亡等问题进行了论述。列宁的国家学说为俄国革命胜利后无产阶级专政国家的建立和巩固提供了理论武器。在《国家与革命》中，列宁还深入彻底地批判了无政府主义、各种机会主义，进一步科学揭示了国家的实质，论述了无产阶级社会主义革命和无产阶级专政的途径，分析了社会主义革命和建设以及向共产主义发展的过程性。

简要总结

本专题考察和论述了 19 世纪末到俄国十月社会主义革命之前，世界进入帝国主义和无产阶级革命的历史转变时期的马克思主义哲学的发展，主要是列宁的哲学创造活动。这个时期，世界无产阶级革命的重心、马克思主义哲学发展的中心已转移到俄国。普列汉诺夫作为在俄国传播马克思主义哲学

① 中共中央马克思恩格斯列宁斯大林著作编译局. 列宁选集：第 3 卷［M］. 北京：人民出版社，2012：112—114.
② 中共中央马克思恩格斯列宁斯大林著作编译局. 列宁选集：第 3 卷［M］. 北京：人民出版社，2012：145.

的先驱，起到了从马克思和恩格斯到列宁的中间环节作用。列宁深入发掘和研究他对马克思主义哲学发展的贡献，并具体分析和总结他后来走向错误道路的教训。

列宁的哲学思想，在这一时期经历了形成、成熟和全面发展的过程。这一过程相对比较集中地形成了三个阶段、三个高峰。第一个阶段，1894—1903 年，是列宁哲学思想形成和早期发展的时期。在批判民粹派、合法马克思主义者和经济派的斗争中，捍卫和发展了唯物主义历史观的基本理论。第二个阶段，1903—1914 年，是列宁哲学思想进一步成熟和发展时期。以《唯物主义和经验批判主义》为代表，在批判马赫主义的斗争中，着重捍卫和发展了马克思主义的哲学唯物主义的前提和基础，对自然科学革命初期阶段进行了重要的哲学概括和总结。第三个阶段，1914—1917 年，以唯物辩证法的系统研究为核心，对马克思主义哲学的各个领域作了重大的实质性的发展。列宁非常重视哲学理论研究，而他的哲学研究活动又总是和时代的发展、无产阶级革命斗争的发展、科学的发展紧密地结合在一起，这构成了列宁哲学思想的突出特点。

思考题

1. 列宁早年是怎样捍卫与阐发唯物史观的基本原则的？

2. 列宁是怎样反对马赫主义与保卫和发展马克思主义的？

3. 列宁是怎样从哲学认识论角度批判“物理学危机”论的？

4. 列宁关于唯物辩证法基本理论的主要思想是什么？

5. 列宁关于认识论的辩证法的主要思想是什么？

7. 列宁关于真理的辩证法的主要思想是什么？

8. 列宁关于时代的辩证法的主要思想是什么？

专题六

俄苏在新实践中对马克思主义的发展
（1918—1956）

学研导引

1. 《苏维埃政权的当前任务》《无产阶级专政时代的经济与政治》《无产阶级革命与叛徒考茨基》《共产主义运动中的"左"派幼稚病》《再论工会、目前局势与托洛茨基和布哈林的错误》《伟大的创举》等重要著作的内容与理论贡献。

2. 列宁在反对考茨基和"左"派错误思想中坚持和发展历史唯物论。

3. 列宁在社会主义文化建设中坚持与发展战斗的唯物主义。

4. 列宁是怎样批判无产阶级文化派的？

5. 《论战斗唯物主义的意义》的基本内容、理论贡献。

6. 列宁的"两个联盟"思想。

7. 《论列宁主义基础》《论列宁主义的几个问题》的基本内容与理论贡献。

8. 《论辩证唯物主义和历史唯物主义》的基本内容、理论贡献。

列宁领导的十月革命的胜利、第一个社会主义国家的诞生，最好地显示了马克思主义哲学世界观和科学社会主义的理论力量。这一历史性的胜利，为亚洲和东方被压迫民族和被压迫人民树立了光辉榜样。从 1917 年到 19 世纪 50 年代中叶，是在十月革命胜利的影响下各国革命向前发展并取得伟大胜利的时代。随着马克思主义的发展和广泛传播，对马克思主义的理解也逐渐多样化，有的将马克思主义教条化，还有的甚至丑化马克思主义，因而，马克思主义理论自身的规定性及理论把握更是一个迫切需要解决的问题。从革命实践活动的层面来看，资本主义的新变化、社会主义运动的起伏、东方民族国家社会主义发展道路的复杂性，更需要马克思主义者对之进行新的探索。还有，随着社会主义革命和共产主义运动的新发展，为了正确理解和把握社会主义与共产主义之间的关系，也需要对马克思主义和苏俄的社会主义进行认真总结。苏俄马克思主义者，尤其是列宁和斯大林在从事革命和建设的实践中，同"左倾"和右倾错误理论思潮进行了不懈斗争，将马克思主义基本原理运用于本国的实际情况，创造性地发展了马克思主义。

第一节　列宁在巩固无产阶级专政的斗争中坚持和发展马克思主义

十月革命的伟大胜利，建立了世界上第一个无产阶级专政的社会主义国家，科学社会主义从理论变成了现实，从此开创了人类历史的新纪元。十月革命胜利后，列宁领导苏联共产党和人民战胜了国内外敌人的破坏，开始了巩固无产阶级专政和建设社会主义的伟大实践。在这期间，列宁发表了《苏维埃政权的当前任务》《无产阶级专政时代的经济与政治》《无产阶级革命与叛徒考茨基》《共产主义运动中的"左"派幼稚病》《再论工会、目前局势与托洛茨基和布哈林的错误》《伟大的创举》等一系列重要著作，用历史唯物主义的观点，深刻地分析了过渡时期的特点和规律，阐述了新时期向马克思主义哲学提出的新课题，创造性地丰富和发展了马克思主义哲学。

一、反对考茨基和"左"派错误思想，坚持和发展历史唯物论

苏维埃政权的建立不仅激起了国内外阶级敌人的强烈反对，而且第二国际的机会主义者也不断地歪曲和攻击无产阶级专政。列宁依据马克思主义的基本原理，批判了考茨基以及"左"派共产党人的错误思想，结合十月革命的具体实践，坚持和发展了历史唯物主义关于阶级、阶级斗争和无产阶级专政的学说。

1. 提出新的过渡时期理论，阐发了过渡时期的阶级和阶级斗争学说

马克思在研究人类社会发展的历史规律时，曾经提出了过渡时期的理

论。马克思恩格斯认为，在资本主义社会和共产主义之间，有一个从前者变为后者的革命转变时期。同这个时期相适应的也有一个政治上的过渡时期，这个时期的国家只能是无产阶级的革命专政。列宁指出："无论从革命这一概念的严格科学意义来讲，或是从实际政治意义来讲，国家政权从一个阶级手里转到另一个阶级手里，都是革命的首要的基本的标志。"① 1918 年，考茨基发表《无产阶级专政》一文，反对马克思关于过渡时期的理论学说，否认在资本主义向共产主义过渡时期的阶级斗争和无产阶级专政的客观必然性。列宁继承了马克思关于过渡时期的理论学说，总结了俄国无产阶级夺取政权后同资产阶级斗争的新经验，写了《无产阶级和叛徒考茨基》《论民主和专政》等论著，批判了考茨基的谬论，并进而分析了过渡时期阶级斗争的基本形式及其规律性。列宁指出："无产阶级和农民的革命民主专政，同世界上一切事物一样……它的未来就是反对私有制的斗争，雇佣工人反对业主的斗争，争取社会主义的斗争……"② 列宁指出，只有承认阶级斗争，同时也承认无产阶级专政的人，才是马克思主义者。列宁阐述了消灭阶级的途径和方法。列宁认为，消灭阶级，唯有通过阶级斗争，通过无产阶级专政，这是人类历史发展的必由之路。

2. 揭示无产阶级专政的实质，阐述无产阶级专政的历史任务

列宁认为，在从资本主义到共产主义期间，无产阶级专政是绝对必需的。然而，正是在无产阶级专政问题上，第二国际的机会主义者竭力歪曲马克思主义的国家学说，攻击无产阶级专政。考茨基不仅在十月革命前反对无产阶级专政的革命学说，在十月革命后，他更加反对实行无产阶级专政，鼓吹所谓的"纯粹民主"。1918 年 10 月到 11 月，列宁写了《无产阶级革命与叛徒考茨基》，论证了无产阶级专政是马克思主义国家学说的实质，是马克思恩格斯依据人类社会发展的客观规律，特别是资本主义发展的客观规律和无产阶级革命的经验作出的科学结论。1918 年 12 月，列宁利用《国家与革命》再版的机会，增写了第二章第三节的内容，提供了在过渡时期区分真假

① 中共中央马克思恩格斯列宁斯大林著作编译局．列宁选集：第 3 卷 [M]．北京：人民出版社，2012：25.
② 中共中央马克思恩格斯列宁斯大林著作编译局．列宁选集：第 3 卷 [M]．北京：人民出版社，2012：33.

马克思主义的革命方法论。列宁论证了无产阶级民主是阶级社会中民主的最高形式。人民当家作主，是无产阶级专政的实质。

3. 阐明了无产阶级专政时代的经济和政治的新关系

列宁在《无产阶级专政时代的经济和政治》《再论工会、目前局势及托洛茨基和布哈林的错误》等著作中阐明了无产阶级专政时代的经济和政治的关系，阐述了经济与政治之间的相辅相成关系。

4. 阐明群众、阶级、政党、领袖之间的辩证关系

列宁提出了社会主义是由人民群众自己创立的伟大思想，充分肯定了人民群众是改造自然、改造社会的伟大力量。列宁指出，社会主义不是按上面的命令创立的，它和官场中的官僚机械主义根本不能相容；生机勃勃的创造性的社会主义是由人民群众自己创立的。

列宁关于群众、阶级、政党、领袖相互关系的思想，在马克思主义哲学史和政党学说的发展史上具有重要的地位。列宁的新贡献在于：第一，他赋予群众、阶级、政党、领袖之间的关系以历史唯物主义的科学规定，把从前个别考察的问题构成有机的统一整体；第二，他把这个问题置于历史唯物主义科学体系中不可或缺的重要内容。马克思主义发展的历史表明，列宁的上述思想至今仍是最好的马克思主义的科学表述。

二、在社会主义文化建设中坚持与发展战斗的唯物主义

列宁在坚持和发展马克思主义关于无产阶级专政学说的同时，注意用历史唯物主义的观点对社会主义文化革命和文化规律进行理论探索，揭示社会主义文化和文化建设的特殊规律，这是他坚持和发展马克思主义哲学的重大历史功绩。

十月革命胜利后，随着经济建设高潮的到来，社会主义文化革命和文化建设的任务提上了日程。在《共青团的任务》《论无产阶级文化》中，列宁批判地继承了历史上优秀的文化遗产，阐明了社会主义文化形成发展的特点和规律。在《论战斗唯物主义的意义》中，列宁强调唯物论的战斗性，总结了无产阶级专政下哲学斗争的特点和规律，阐明了哲学的战斗任务。

1. 在反对历史虚无主义的斗争中，阐明无产阶级文化是人类全部知识合乎规律的发展

第二国际的机会主义和俄国孟什维克之流，认为无产阶级只有达到较高的文化水平后才能掌握政权，无产阶级在没有掌握文化之前，不能也不应该夺取政权。列宁指出，在唯物史观看来，精神文化需要有自己的物质基础，这就是与之相适应的生产方式。列宁指出，伟大的文化革命随着社会主义生产方式的发展而在无产阶级专政的基础上展开。然而，列宁进而又阐明了社会主义的文化革命与政治革命的关系。列宁指出，社会主义的政治革命和经济变革是文化革命的前提，而社会主义的文化革命和文化建设又对社会主义政治变革和经济变革起着重大的保证和促进作用，二者是相互作用相互促进的，是不可分割的；没有文化革命和文化建设的发展，就不可能有经济上的振兴与无产阶级专政的巩固。

列宁在论述了社会主义文化产生和发展的规律后，进而分析了社会主义文化的具体含义。首先，社会主义文化是同资本主义文化根本对立的。列宁指出："马克思主义这一革命无产阶级的意识形态赢得了世界历史性的意义，是因为它并没有抛弃资产阶级时代最宝贵的成就，相反却吸收和改造了两千多年来人类思想和文化的发展中一切有价值的东西。只有在这个基础上，按照这个方向，在无产阶级专政（这是无产阶级反对剥削的最后的斗争）的实际经验的鼓舞下继续工作，才能认为是发展真正的无产阶级文化。"① 列宁指出，只有马克思主义的世界观才正确反映了革命无产阶级的利益、观点和文化。列宁认为，提高全民族的科学文化水平，建设社会主义、共产主义的新型文化，是一个很长的思想、文化建设过程。其次，列宁论证了社会主义文化的人民性。列宁指出，社会主义文化革命要解决的重要问题之一就是要造就一大批有文化、有觉悟、有教养的社会主义文化建设者。

列宁在阐述无产阶级专政的社会主义新型文化的同时，批判了国内外机会主义，尤其是"无产阶级文化派"反对建设无产阶级文化的斗争。所谓"无产阶级文化派"，指的是全俄无产阶级文化协会。它成立于十月革命前夕

---

① 中共中央马克思恩格斯列宁斯大林著作编译局. 列宁选集：第4卷［M］. 北京：人民出版社，2012：299.

（1917年9月）。在其成立初期，曾对反对资产阶级意识形态和资产阶级临时政府的斗争起到过一定的作用。但是，由于它的主要领导人和理论家（波格丹诺夫等人）的错误领导，大量的小资产阶级分子和社会上的敌对分子（未来主义者、颓废派、马赫主义哲学的追随者等）涌进了这个团体，使之成为一个特殊的反马克思列宁主义的文化派。无产阶级文化派提出反马克思主义的纲领，它要求文化独立于政治，建立一个和前期的文化发展毫无联系的纯粹的无产阶级文化，在文化和艺术中同一切传统决裂。无产阶级文化派实践纲领的哲学基础实质上是波格丹诺夫的马赫主义的主观真理论和相对主义的观点。他们认为，社会意识的形式不是客观事物真实的反映，而是社会经验的主观的组织手段，无产阶级自己的阶级"经验"同历史上的一切统治阶级的阶级"经验"是对立的。因此，无产阶级必须将人类以往的一切"旧文化""旧科学""旧秩序"统统抛弃。

　　列宁坚决地批判了无产阶级文化派对待人类文化遗产的虚无主义态度，阐明了马克思主义对待历史文化遗产的态度，论证了批判与继承的关系。列宁指出："现代历史的全部经验，特别是《共产党宣言》发表后半个多世纪以来世界各国无产阶级的革命斗争，都无可争辩地证明，只有马克思主义的世界观才正确地反映了革命无产阶级的利益、观点和文化。"① 无产阶级文化不是从天上掉下来的，也不是所谓的无产阶级文化专家杜撰出来的。无产阶级文化应当是人类在资本主义社会、地主社会和官僚社会压迫下创造出来的全部知识合乎规律的发展。列宁强调指出，无产阶级掌握前人的文化，不是简单地、机械地抄袭其内容，而是要批判地继承历史文化遗产。只有用人类创造的全部知识财富来丰富自己的头脑，才能成为共产主义者。

　　思想、文化建设问题是社会主义建设的重要组成部分，思想、文化建设密切关系到无产阶级专政能否巩固、社会主义革命和建设能否胜利发展的重大问题。在马克思主义哲学发展史上，马克思、恩格斯对这个问题只是作过原则性的论述，而列宁则在社会主义的具体实践中，遵循历史唯物主义的基本原理，对社会主义社会的文化和文化建设问题进行了创造性的研究。列宁

---

①　中共中央马克思恩格斯列宁斯大林著作编译局．列宁选集：第4卷［M］．北京：人民出版社，2012：299.

的主要贡献在于：第一，列宁揭示了发展社会主义文化的一般规律，科学地规定了发展社会主义文化的指导思想和具体内涵。第二，列宁运用历史的辩证法，突破了西欧发达国家进行社会主义革命的一般模式，揭示了落后国家发展社会主义文化的特殊规律。列宁关于社会主义文化和文化建设的理论，指明了建设社会主义新型文明的道路，对社会主义条件下如何进行文化革命和文化建设有重要的理论意义和实践意义。

2. 在批判折衷主义和形而上学的斗争中，阐发辩证逻辑的思想

列宁认为，马克思主义哲学最本质的东西，马克思主义哲学活的灵魂，就在于具体问题具体分析。那么，怎样才能做到具体地分析具体的情况呢？列宁从辩证逻辑的高度作了深刻的概括，提出了辩证逻辑的四点要求。

第一，辩证逻辑要求，要真正地认识事物，就必须把握、研究它的一切方面、一切联系和"中介"，要求全面性，防止片面性和僵化。因为任何一个事物同周围其他事物都是相互联系的，同时，任何一个事物又具有多方面的质、量、属性以及其他种种特征，这就要求用全面的联系的观点去认识事物。

第二，辩证逻辑要求，从事物的发展、运动、变化中来观察事物。因为，客观事物是处在不断运动变化发展中的，客观事物同周围其他事物的相互联系也是处在不断的变化发展中的，所以要用运动、变化、发展的观点去观察认识事物，要把事物作为一个运动发展的过程来认识。

第三，辩证逻辑要求，必须把人的全部实践作为真理的标准，并包括到事物的充满的"定义"中去。因为，客观事物是不断发展的，而检验真理的标准——实践——也是不断发展的。任何思想理论只有在不断发展的实践中反复进行检验，才能不断得到修正、补充、丰富和发展。实践是一个由低级到高级、由简单到复杂的历史的发展过程。实践是整体，是全部，无论是实践作为真理的标准，还是作为事物同人的需要相联系的实际确定者，人的全部实践都应当包括到事物的完满的"定义"中去。列宁的实践理论深入推进马克思主义的实践观、认识论和真理观。

第四，辩证逻辑要求，没有抽象的真理，真理总是具体的。真理只要向前再多走一小步，仿佛是向同一方向迈出一小步，便会变成谬误。世界上的一切事物都是具体的，都是在一定的时间、地点、条件下产生、存在和发展

的。因此，真理作为客观事物的正确反映，也必然是具体的。在一定的具体的历史环境中，深刻地理解整体和它的基本的、决定性的方面之间的相互关系，对具体事物进行具体分析，这是真理的具体性问题的实质。

列宁关于辩证逻辑的四项要求，提出了现代唯物主义辩证逻辑的基本原则：全面的观点、发展的观点、实践的观点和具体的观点，坚持辩证法和认识论的统一、认识论和逻辑学的统一。列宁在《哲学笔记》中曾经阐发了辩证法、认识论和逻辑学三者一致的原则，列宁提出的辩证逻辑的原则，是继《哲学笔记》之后对辩证逻辑作出的重要贡献，丰富了马克思主义的认识论和辩证法。

3. 高举战斗唯物主义的旗帜，提出马克思主义哲学工作者的战斗任务

十月革命胜利后，资本主义不仅在军事、政治和经济领域中，而且在思想领域包括哲学领域中，反对、攻击无产阶级专政。各种唯心主义流派，一些资产阶级的哲学家，利用各种形式，宣传唯心主义和宗教，诽谤唯物主义，力图抵制、攻击马克思主义哲学。"路标转换派"是这个时期资产阶级思想的代表之一。1921 年，白俄罗斯流亡者在布拉格出版了《路标转换》文集，在巴黎也出版了《路标转换》杂志，宣传资产阶级自由化思想和宗教思想，攻击苏维埃政权。列宁指出"路标转换派"反映了成千上万的各式各样资产阶级分子或者参加我们新经济政策工作的苏维埃职员的情绪。这是一个主要的真正的危险。除此而外，马赫主义的主要代表波格丹诺夫写了《组织形态学》《新鲜经验的哲学》等著作，继续宣扬马赫主义。

列宁不但继续研究、运用马克思主义哲学，并亲自领导了反对资产阶级哲学思想的斗争。1922 年，列宁写了《论战斗唯物主义的意义》，这是列宁最后一篇哲学论著，它确立了辩证唯物主义在反对资产阶级哲学斗争中的主要任务，也确定了在新的历史条件下进一步研究马克思主义哲学的任务。列宁为马克思主义哲学工作者提出的战斗任务就是结成两个联盟，即共产党和非党的彻底的唯物主义者的联盟，哲学家和自然科学家的联盟，宣传无神论，研究辩证法。列宁为哲学工作者提出的战斗任务，反映了无产阶级专政条件下哲学研究的特点和要求，表现了马克思主义的批判的和革命的鲜明态度和坚定立场。

第二节　斯大林对社会主义革命和建设的理论贡献

一、斯大林简介

约瑟夫·维萨里奥诺维奇·斯大林（1878 年 12 月 18 日—1953 年 3 月 5 日），是苏联共产党中央委员会总书记、苏联部长会议主席，对 20 世纪苏联和世界产生了影响深远。1953 年 3 月 5 日病逝于莫斯科，享年 74 岁。

在马克思主义哲学发展史中，斯大林是个在思想和实践上存在很多矛盾的无产阶级领袖。按照以往人们的通常看法，应当承认斯大林是一个马克思列宁主义者，他的理论活动和实践活动，在国际共产主义运动史上占有重要的地位。斯大林结合革命和建设的实践经验，先后撰写了《无政府主义还是社会主义》《略论党内意见的分歧》《马克思主义与民族问题》《辩证唯物主义与历史唯物主义》《苏联社会主义经济问题》等重要理论著作，对于批判各种错误思潮，探索苏联社会主义社会的发展规律，阐发和捍卫马克思主义哲学和经济学的基本原理，作出了重要贡献。

二、斯大林在国家工业化和农业集体化时期对列宁主义的捍卫和发展

斯大林在 1924 年至 1926 年所写的《论列宁主义基础》《论列宁主义的几个问题》等著作中，系统地阐述和发挥了列宁主义思想。

1. 斯大林深刻地发挥了列宁主义的基本原则

十月革命前，托洛茨基等人反对俄国进行革命斗争，认为社会主义不可能首先在一国取得胜利。十月革命胜利后，他们又否认在苏联建成社会主义的可能性。斯大林批驳了这种论调，论述和发挥了列宁关于无产阶级革命在一国首先胜利的学说。给列宁主义下一个科学的定义，系统阐明列宁主义产生的历史条件、内容实质和重要意义，是斯大林的一个重要贡献。斯大林提出了列宁主义的定义："列宁主义是帝国主义和无产阶级革命时代的马克思主义。确切些说，列宁主义是无产阶级革命的理论和策略，特别是无产阶级

专政的理论和策略。"① 这个定义立足于时代特点的高度，揭示了列宁主义的主要内容及本质特征。

2. 斯大林对德波林派的批判

阿布拉姆·莫伊谢耶维奇·德波林（1881—1963），苏联哲学家。1903年加入布尔什维克，1907年又加入孟什维克，直到1917年才脱离孟什维克，于1928年加入联共（布）。1926年至1930年间，德波林担任《在马克思主义旗帜下》杂志主编。德波林在研究和宣传马克思主义哲学方面，在探讨唯物主义史方面，在宣传辩证法、反对机械论方面都做出了一定的贡献，在苏联哲学史上起了一定的积极作用，但在这个过程中也暴露了不少缺点和错误。1930年，在斯大林的指示下，苏联哲学界对德波林进行了批判。斯大林首先把德波林集团定义为"孟什维克化的唯心主义"，即站在孟什维克的立场上宣传唯心主义。然后，斯大林进一步指出了德波林集团的主要错误：第一，对马克思主义哲学进行唯心主义的歪曲，混淆了马克思主义辩证法和黑格尔唯心主义辩证法之间的原则界限。第二，贬低列宁在马克思主义哲学发展史上的作用。

三、《论辩证唯物主义和历史唯物主义》一书的哲学思想

斯大林的《论辩证唯物主义和历史唯物主义》一书是一本系统阐发马克思主义哲学基本观点的著作，于1938年作为《联共（布）党史简明教程》的一部分公开发表。自发表以后的20余年间，曾在马克思主义哲学著作中居于十分重要的地位，成为国际无产阶级和革命人民学习马克思主义哲学的重要教材，对马克思主义在全世界的传播起了巨大作用。

1. 斯大林对唯物辩证法基本特征的阐述和概括

斯大林继承了马克思、恩格斯和列宁的辩证法思想，概括综合了马克思主义的主要内容，第一次提出了唯物辩证法的四个基本特征：（1）自然界是有机的统一的整体，自然界现象互相有机地联系着，互相依赖着，互相制约着；（2）自然界现象处在不断运动和变化，不断更新和发展的状态中；（3）发展是从量变到质变的过程，是前进的、上升的运动，是从旧质态到新质态

---

① 斯大林. 斯大林选集：上卷［M］. 北京：人民出版社，1979：185.

的转化，是从简单到复杂、从低级到高级的发展过程；（4）对立面的斗争，是发展过程的内在内容，是量变转化为质变的实在内容，是事物发展的动力。斯大林关于辩证法基本特征的主要优点和贡献在于：第一，辩证法的四个基本特征之间是有着内在联系的，它们的顺序体现了列宁所强调的辩证法的体系应从简单到复杂、由抽象到具体的原则，也是符合人类认识由浅入深的发展过程的。斯大林关于辩证法四个特征的概括，是对马克思主义哲学辩证法的一个理论升华，从而显示了辩证法的逻辑力量。第二，斯大林从普遍联系的原则出发，提出了"一切以条件、地点和时间为转移"的重要论断，发展了恩格斯和列宁的思想，把列宁的"具体地分析具体的情况"这一马克思主义活的灵魂的思想更加具体化了。

2. 斯大林对哲学唯物主义基本特征的理论概括

在《论辩证唯物主义与历史唯物主义》一书中，斯大林把马克思主义哲学唯物主义概括为以下三个基本特征：世界的本质是物质的，世界上形形色色的现象是运动着的物质的不同形态；物质是第一性的，意识是第二性的，意识是物质的反映；世界及其规律是完全可以认识的，经过经验和实践检验的知识是可靠的。斯大林的这一概括，显示了他的天才和卓越之处。

3. 斯大林对历史唯物主义基本原理的概括与发挥

在《论辩证唯物主义和历史唯物主义》一书中，斯大林对历史唯物主义的原理也作了系统而简明的阐释，在某些问题上作了新的概括和发挥，在一定程度上丰富和发展了历史唯物主义的基本原理。第一，系统地阐发了社会物质生活条件的科学含义。斯大林对社会存在的内涵作了明确规定，认为地理环境、人口的增长以及物质资料的生产方式，都包括在社会物质生活条件的体系中，并具体论述了这些因素对社会的发展所起的不同的作用。其中，地理环境、人口的增长是社会物质生活条件的必要因素，是作为社会发展的前提条件。它们可以加速或延缓社会发展的进程，但不是社会发展的最终决定力量。决定社会面貌、社会制度性质以及社会从这一制度向另一制度过渡的主要力量，乃是物质资料的生产方式。斯大林对社会发展的基本因素的规定和关于社会发展的决定因素的论证，是对历史唯物主义的一个贡献。第二，提出和阐述了生产发展的三个特点的理论思想。斯大林指出，生产的第一个特点，就是它永远也不会长期停留在一点上，而是始终处在变化和发展的状态中。社会的发展史首先是生产的发展史，是物质资料生产本身的历史。生产的第二个特点：生产的变化和发展是从生产力的变化和发展，首先是从生产工具的变化和发展开始的。生产力是生产中最活跃、最革命的因素，是社会发展的最终决定因素。生产的第三个特点：新的生产力以及同它相适应的生产关系的产生是在旧制度内部发生的，是一个从自发到自觉、从量变到质变的过程。斯大林在阐述生产发展的三个特点时，着重揭示了生产关系一定要适合生产力性质和发展水平的规律，对经济基础和上层建筑的矛盾运动的作用，没有给予应有的重视。

4.《论辩证唯物主义和历史唯物主义》在马克思主义哲学发展史上的地位

在马克思主义哲学史上提供了一个以辩证法、唯物论和历史唯物主义为内容和结构的马克思主义哲学体系，这也正是斯大林对马克思主义哲学研究探索的一个成果。使马克思主义哲学通俗化、大众化，是为了宣传、普及马克思主义的世界观和方法论。对于斯大林关于马克思主义哲学体系的理论框架，应作出全面的和历史的评价。总之，斯大林的《论辩证唯物主义与历史唯物主义》一书，作为对马克思主义哲学的一个探索，作为马克思主义哲学的一本哲学教科书，在马克思主义哲学发展史上是占有一定重要历史地位的。

思考题

1. 列宁在巩固无产阶级专政的斗争中是怎样坚持和发展马克思主义的？

2. 列宁是怎样分析过渡时期的特点和规律的？

3. 列宁是怎样坚持和发展马克思主义关于无产阶级专政学说的？

4. 论述列宁对社会主义文化革命和文化规律的理论探索。

5. 论述斯大林对社会主义革命和建设的理论贡献。

6. 斯大林是怎样给列宁主义下定义的？

7. 斯大林是怎样批判德波林派的？

专题七

中国共产党对马克思主义的创新和发展

学研导引

1. 中国共产党探索和发展马克思主义的时代背景。
2. 《实践论》《矛盾论》对中国革命和建设实践的哲学概括。
3. 毛泽东对马克思主义哲学的主要贡献。
4. 邓小平理论在马克思主义发展上的伟大成就。
5. "三个代表"重要思想对马克思主义的重大贡献。
6. 科学发展观对马克思主义的重大贡献。
7. 习近平新时代中国特色社会主义思想的重大贡献。

马克思主义是共产党人行动的指南。在马克思主义中国化的理论和实践进程中，中国共产党人将马克思主义与中国革命和建设实践成功实现了两次伟大结合，形成了毛泽东思想和中国特色社会主义理论两大理论成果。在当代中国，坚持中国化马克思主义理论，就是真正坚持马克思主义。今天，时代变化和我国发展的广度和深度远远超出了马克思主义经典作家当时的想象。同时，我国社会主义只有几十年实践、还处在初级阶段，事业越发展新情况新问题就越多，也就越需要我们在实践上大胆探索、在理论上不断突破。理论上不彻底，就难以服人。习近平指出："马克思主义及其在中国的发展，为党和人民事业发展提供了既一脉相承又与时俱进的科学理论指导，为增进全党全国各族人民团结统一提供了坚实思想基础。"① 并强调指出："马克思主义是我们立党立国的根本指导思想。"② 还强调指出："实践证明，马克思主义的命运早已同中国共产党的命运、中国人民的命运、中华民族的命运紧紧连在一起，它的科学性和真理性在中国得到了充分检验，它的人民性和实践性在中国得到了充分贯彻，它的开放性和时代性在中国得到了充分彰显！"③ 我们要以更加宽阔的眼界审视马克思主义在当代发展的现实基础和实践需要，坚持问题导向，坚持以我们正在做的事情为中心，聆听时代声音，更加深入地推动马克思主义同当代中国发展的具体实际相结合，不断开辟 21 世纪马克思主义发展新境界，让当代中国马克思主义放射出更加灿烂的真理光芒。

第一节　中国共产党探索和发展马克思主义的时代背景

时代是思想之母，实践是理论之源。实践发展永无止境，我们认识真理、进行理论创新就永无止境。对马克思主义进行发展和创新，推进马克思主义中国化、时代化，是中国共产党成立以来最重要、最具决定意义的内容，也是需要持续深化和提升的现实课题。回顾和总结中国共产党成立近百年来在发展创新马克思主义实践中积累的成功经验和曲折的教训，对今天我们推进马克思主义创新，提升马克思主义中国化、时代化水平，有着重要的启示意义。

中国是一个人口众多、幅员辽阔、矛盾复杂的大国，又是一个政治经济发展极端不平衡的半殖民地半封建大国，是世界东方各种矛盾的焦点。帝国

---

① 习近平. 在庆祝中国共产党成立 95 周年大会上的讲话［M］. 北京：人民出版社，2016：8—9.

② 习近平. 在庆祝中国共产党成立 95 周年大会上的讲话［M］. 北京：人民出版社，2016：9.

③ 习近平. 在纪念马克思诞辰 200 周年大会上的讲话［M］. 北京：人民出版社，2018：14.

主义、封建主义和官僚资本主义成为压在中国人民头上的三座大山。从鸦片战争到五四运动长达 80 多年的时间里，先后爆发了太平天国革命、中法战争、中日战争、戊戌变法、义和团运动和辛亥革命等革命运动和反抗斗争，沉重打击了帝国主义和封建势力。但是，由于农民阶级的狭隘性和民族资产阶级的软弱性，这些革命都失败了。这说明，中国的农民阶级和资产阶级都不能领导反帝反封建的革命斗争，只有中国无产阶级才能担当这一重任。马克思主义及其哲学在中国的广泛传播，正是适应了中国革命斗争的需要。中国的先进分子从近代中国向西方学习的经验和教训中认识到，只有马克思主义才能救中国。五四运动后，中国社会上掀起了学习和宣传马克思主义的思想运动。李大钊、陈独秀、瞿秋白、李达、毛泽东、蔡和森、周恩来等中国社会主义的思想先驱，以高度的热情学习和宣传马克思主义及其哲学思想，并以他们所能掌握的马克思列宁主义理论，到工农群众中去，为进一步传播马克思主义，筹建共产党组织，作出了积极的贡献。他们热情讴歌十月革命的伟大胜利，宣传唯物史观的思想。他们的不懈斗争和努力，为马克思主义及其哲学在中国的广泛传播和运用奠定了坚实的思想基础。

从中华人民共和国创立到 1978 年党的十一届三中全会开启的改革开放，中国共产党领导中国人民走过了 70 多年波澜壮阔的伟大征程。中国共产党带领全国人民，以一往无前的进取精神、实事求是的科学态度和超越前人的创新实践，开辟了一条中国特色社会主义的伟大道路，形成了中国特色社会主义理论体系，谱写了一曲自强不息、与时俱进、求真务实、锐意进取的壮丽史诗。改革开放是决定当代中国命运的关键抉择，促进了中国特色社会主义总体战略布局不断完善。改革开放推动了中国特色社会主义理论体系的产生和发展，中国特色社会主义理论体系给改革开放以理论支撑和科学指南。改革开放是决定当代中国命运的关键抉择，是发展中国特色社会主义、实现中华民族伟大复兴的必由之路；同时，又不断推动着马克思主义哲学文化理论在中国特色社会主义伟大实践活动中的创新和发展。

第二节　毛泽东对马克思主义的创新和发展

一、毛泽东思想是马克思主义中国化的第一个伟大成果

毛泽东（1893—1976）是中国革命史上和国际共产主义运动史上最有威望的马克思主义理论家之一。毛泽东思想是马克思主义哲学与中国革命和建设的第一次结合与创新。他所发挥的理论思想，特别是他的哲学思想，在指导中国人民革命战争和社会主义革命的实践中显示了伟大的理论力量。在长期的中国革命实践中，毛泽东哲学思想的形成和发展都具有最突出的代表性。毛泽东哲学思想是中国化了的马克思主义哲学，是具有中国共产党人特色的世界观和方法论，是毛泽东同志和中国共产党在总结中国革命实践经验中对马克思主义哲学所作的理论升华。

马克思主义哲学思想在东方的传播和运用具有为欧洲所不曾表现的特点。《实践论》《矛盾论》等伟大著作，是对中国新的实践的重要哲学概括。这些著作简明地论述了唯物论、认识论的根本问题，指出了认识的发展规律和如何取得正确认识的科学道理，丰富和发展了辩证唯物论的认识论。它们告诉我们：正确的路线、方针、政策、计划、办法只能从实践中来；贯彻执行上级指示时，也必须从实际情况出发。根据人的正确思想的形成必须经过由物质到精神、由精神到物质多次反复的道理，我们要用辩证发展的眼光看问题，在取得对客观事物发展某一阶段的正确认识时，不要把它绝对化、凝固化、终极化，不要骄傲自满，固步自封；在工作中遇到困难和挫折时，不要悲观失望、怀疑一切，而要认真分析原因，总结经验，修正错误，满怀信心地继续寻求对于客观事物的正确认识。总之，我们只有老老实实地遵循辩证唯物主义认识论的基本原理，去研究问题，解决问题，才能推动中国特色社会主义又好又快地发展。

作为科学理论的毛泽东哲学思想是马克思主义哲学在中国的继续和发展，与马克思、恩格斯、列宁的哲学思想是一脉相承的，并在马克思主义哲学发展史上表现出自己的鲜明特点：一方面，毛泽东哲学思想丰富发展了马

克思主义哲学。毛泽东哲学思想是在中国革命和建设实践中具体化了的、丰富发展了的马克思主义哲学。毛泽东和以他为主要代表的中国共产党人不是简单重复马克思主义哲学的一般原理，而是根据中国社会历史特点和中国革命的需要，具体地运用和发展马克思主义及其哲学原理，揭示出中国革命和建设的客观规律，并从哲学上概括总结新的实践经验。另一方面，毛泽东哲学思想富有鲜明的中华民族特色。毛泽东哲学思想在其表现形式上富有中国民族特色，它用中国语言，反映中国作风和中国气派，为中国人民大众所喜闻乐见。毛泽东哲学思想作为具有中国特色的马克思主义哲学，批判地继承和吸收了中国传统哲学的许多优秀成果，包括朴素唯物主义和辩证法思想的精华，富有深刻哲理的成语、警句、历史典故等思想资料，以及中国传统哲学所特有的逻辑思维方式和用语。毛泽东的哲学著作以及其他许多科学著作，善于运用广大群众熟悉的事例和语言阐述马克思主义哲学原理，善于把复杂的抽象的哲学问题、深刻的哲学思想同叙述的生动性、形象性和鲜明性结合在一起，言简意赅，深入浅出，生动活泼，通俗易懂，充分体现出毛泽东哲学思想民族化、群众化、通俗化的重要特色。

毛泽东哲学思想以自己所作出的宝贵贡献，在马克思主义哲学史上和中国哲学史上占有特殊重要的地位。毛泽东具有丰富的实践经验、渊博的历史知识、高度的马克思主义理论素养和革命创造精神。他善于调查研究，把马克思列宁主义普遍原理同中国革命和建设实际紧密地结合起来，用新的实践经验和理论概括来丰富和发展马克思列宁主义及其哲学。

二、毛泽东对马克思主义哲学的主要贡献

1. 唯物论方面的主要贡献

毛泽东从马克思主义哲学世界观和方法论的高度，科学地解释"实事求是"这句中国古语，赋予它新的含义。毛泽东用中国传统哲学特有的方式和语言，唯物辩证地论证和回答了哲学基本问题。毛泽东的实事求是思想原则，深刻地反映了马克思主义哲学的精神实质，集中体现了具有中国共产党人特色的立场、观点和方法。它是中国共产党的思想路线的核心，是毛泽东哲学思想的精髓和根本点，是毛泽东对马克思主义哲学作出的最突出最重要的贡献。

2. 认识论方面的主要贡献

毛泽东着重阐明了辩证唯物主义认识论是能动的革命的反映论，特别强调充分发挥符合客观实际的自觉的能动性。他以社会实践为基础，全面系统地论述了辩证唯物主义关于认识的源泉、认识的发展进程、认识的目的、真理的标准等理论；指出正确的认识的形成和发展，往往需要经过由实践到认识，由认识到实践的多次反复；指出真理是同谬误相比较而存在、相斗争而发展的，真理是不可穷尽的，认识的是非即认识是否符合客观实际，最终只能通过社会实践来检验，强调主观和客观、理论和实践、知和行的具体的历史的统一。他结合中国革命和建设的实践经验和认识经验，提出自由不仅是对必然的认识，而且包括对客观世界的改造，人类的历史就是一个不断地从必然王国向自由王国发展的历史，等等。这些都是对马克思主义认识论的深刻论述和发挥。

3. 辩证法方面的主要贡献

毛泽东集中阐述了对立统一规律，在马克思主义哲学史上，第一次提出矛盾的普遍性和矛盾的特殊性的关系问题是矛盾问题的精髓；强调不仅要研究客观事物矛盾的普遍性，尤其要研究它的特殊性，强调用不同的方法解决不同质的矛盾；认为不能把辩证法看作死背硬套的公式，必须把它同实践，同调查研究密切结合起来加以灵活运用。他对矛盾特殊性问题作了详尽的阐发，论述了各种物质运动形式所包含的矛盾特殊性、一切物质运动形式在其发展不同过程和阶段上矛盾的特殊性、矛盾斗争形式之对抗与非对抗的特殊性以及矛盾和矛盾双方地位的特殊性，形成了一个如何正确分析现实中各种复杂矛盾的逻辑体系。他结合中国革命和建设的新经验，论述了对立面的结合、总的量变过程中的部分质变等重要思想。他还从哲学高度总结自然科学的新发展、新成果，运用对立统一的观点着重指出物质的内部矛盾性和物质无限可分性，深化了自然辩证法思想。

4. 历史观方面的主要贡献

毛泽东重点阐述了社会基本矛盾推动历史发展的基本思想，创立了关于社会主义社会矛盾问题的科学理论，特别是关于社会主义社会存在两类不同性质的社会矛盾学说。他指出，在社会主义社会中仍然存在矛盾，生产力和生产关系、经济基础和上层建筑的矛盾仍然是社会主义社会的基本矛盾，只是这些矛盾的性质同旧社会不同，因而解决矛盾的方法也不同。他提出在生产资料私有制的社会主义改造基本完成以后，必须特别重视如何区分敌我矛盾和人民内部矛盾的问题，必须把正确处理人民内部矛盾作为社会主义国家政治生活的主题。他把历史唯物主义关于人民群众是历史的创造者的原理系统地运用在中国共产党的全部活动中，形成了党在一切工作中的群众路线。他强调指出：共产党必须一切为了群众，一切依靠群众；要取得正确的领导意见，必须坚持从群众中来，到群众中去。这就把党的群众路线同唯物史观和马克思主义的认识论统一起来了。

5. 其他领域的重大贡献

在其他领域，毛泽东把马克思主义哲学基本原理广泛地运用于政治、经济、军事、思想文化和党的建设等中国革命的各个实践领域，不仅解决了各个领域中的重大理论问题和实际问题，而且反过来又丰富和发展了马克思主义哲学。特别是在运用马克思主义哲学研究中国革命战争问题上，毛泽东提出了一整套人民军队建设的理论和人民战争的战略战术原则，为在实践中运用和发展马克思主义认识论和辩证法提供了光辉范例。毛泽东一贯重视方法论问题，坚持马克思主义哲学世界观和方法论的统一，善于把哲学原理具体化为指导实际工作的一整套思想方法、领导方法和工作方法。他还大力倡导并且毕生致力于哲学的解放事业，强调哲学群众化，号召把哲学从书本里和课堂上解放出来，变为广大群众手里的尖锐武器。这些都是马克思主义哲学史上具有独创意义的贡献。

总之，毛泽东哲学思想是随着实践的发展而不断前进的具有无限生命力的科学。毛泽东哲学思想作为中国共产党人科学的世界观和方法论，在当前和今后建设有中国特色的社会主义的伟大斗争中，必将进一步显示出它的强大生命力，充分发挥其认识世界和改造世界的指导作用，也必将在飞速发展的科学技术革命、社会主义实践和亿万人民群众的创造中，不断丰富和向前发展，对马克思主义哲学和整个人类思想宝库作出新的更大的贡献。坚持毛泽东哲学思想，认真学习和运用它的立场、观点和方法，并应用于研究实践中出现的新情况，解决新问题，概括新经验，用符合实际的新原理和新结论来丰富和发展它，以保证社会主义现代化建设事业不断胜利前进，不但具有迫切的现实意义，而且有其深远的历史意义。

第三节　马克思主义中国化发展的重大推进

自从 1978 年 12 月中国共产党召开十一届三中全会以来，中共中央在重新确立和坚持实事求是思想路线的过程中，结合新的实践，多方面地丰富和发展了毛泽东哲学思想。中国共产党第十七次全国代表大会提出了中国特色社会主义理论体系的科学命题，明确指出：中国特色社会主义理论体系，就是包括邓小平理论、"三个代表"重要思想以及科学发展观等重大战略思想在内的科学理论体系。中国共产党第十八次全国代表大会对这一命题做出新的表述：中国特色社会主义理论体系，就是包括邓小平理论、"三个代表"重要思想、科学发展观以及习近平新时代中国特色社会主义思想在内的科学理论体系。这一理论体系，凝结了几代中国共产党人带领人民不懈探索实践的智慧和心血。全面、系统、深刻地理解和坚定不移地坚持这一理论体系，对于夺取全面建成小康社会新胜利，谱写人民美好生活新篇章，实现中华民族的伟大复兴，具有重大而深远的历史意义。

一、邓小平理论在马克思主义发展上的伟大成就

（一）历史背景

一种科学理论的诞生，是有其历史背景和时代条件的。邓小平理论之所以能够出现在当代中国，也是有着深刻原因的。邓小平理论，是马克思列宁主义同当代中国实际相结合的产物，是毛泽东思想的继承和发展。伟大领袖毛泽东同志和其他老一辈革命家，早就发现苏联模式的某些弊端，他们在寻找一条适合我国国情的建设社会主义道路过程中，曾经做出过许多努力，提出过许多好的思想。邓小平理论继承了这些思想和观点，逐步形成了理论体系。

马克思主义产生于 19 世纪 40 年代，是资本主义矛盾激化和工人运动发展的产物，以《共产党宣言》的问世为标志。它吸收和改造了人类思想文化的一切优秀成果，特别是 18 世纪中叶和 19 世纪上半叶的社会科学和自然科

学的成果。它的主要理论来源是德国古典哲学、英国古典政治经济学和英法空想社会主义。此外，法国启蒙学者的思想和法国复辟时期历史学家的阶级斗争学说，也为科学社会主义理论提供了有益的思想资料。19世纪科学技术的新成果，特别是细胞学说的确立，能量守恒和转化规律的发现、进化论的新发展为马克思主义的产生奠定了坚实的自然科学基础。

邓小平理论是党在继承马克思主义和毛泽东思想的基础上结合中国实践的时代特征提出来的理论观点。党的十五大报告指出：邓小平理论"是在和平与发展成为时代主题的历史条件下，在我国改革开放和现代化建设的实践中，在总结我国社会主义胜利和挫折的历史经验并借鉴其他社会主义国家兴衰成败历史经验的基础上，逐步形成和发展起来的"。这是对邓小平理论形成与发展的高度概括。和平与发展已经成为当今时代的两大主题。发生世界大战的可能性越来越小，世界上所有的国家，不论是发展中国家，还是发达国家，不论是社会主义国家，还是资本主义国家，都在谋求更快的发展。这是社会主义与资本主义两种制度的竞赛；也是一个国家能否在世界上站稳脚跟，处于有利位置的竞赛。在这种历史条件下，我们这样一个经济文化都比较落后的社会主义大国，必须尽快发展起来。这就要求有一种能够指引我们更快更好地发展，不断走向胜利的理论。党的十一届三中全会以来，在改革开放和社会主义现代化建设的实践中，不断创造出许多新经验和新事物，这些，就是产生邓小平理论的源泉。可以说，如果没有改革开放和现代化建设的实践，就不可能形成邓小平理论。

我国社会主义胜利和挫折的历史经验，以及其他国家社会主义兴衰成败的历史经验，也为邓小平理论的形成提供了重要的历史借鉴，它使我们从正反两个方面加深了对社会主义规律的认识。这种认识是付出了很大代价换来的，对于形成正确的理论是十分珍贵的。

（二）理论贡献

邓小平理论是当代中国的马克思主义，是马克思主义在中国发展的新阶段。这个理论之所以能够成为马克思主义在中国发展的新阶段，是因为：第一，邓小平理论坚持解放思想、实事求是，在新的实践基础上继承前人又突破陈规，开拓了马克思主义的新境界。第二，邓小平理论坚持科学社会主义理论和实践的基本成果，抓住"什么是社会主义，怎样建设社会主义"这个根本问题，深刻地揭示社会主义的本质，把对社会主义的认识提高到新的科学水平。第三，邓小平理论坚持用马克思主义的宽广眼界观察世界，对当今时代特征和总体国际形势，对世界上其他社会主义国家的成败，发展中国家谋求发展的得失，发达国家发展的态势和矛盾，进行正确分析，作出了新的科学判断。第四，总体来说，邓小平理论形成了新的建设中国特色社会主义理论的科学体系。邓小平理论第一次比较系统地初步围绕"什么是社会主义，怎样建设社会主义"这个根本问题回答了中国社会主义的发展道路、发展阶段、根本任务、发展动力、外部条件、政治保证、战略步骤、党的领导和依靠力量以及祖国统一等一系列基本问题，指导我们党制定了在社会主义初级阶段的基本路线。它是贯通哲学、政治经济学、科学社会主义等领域，涵盖经济、政治、科技、教育、文化、民族、军事、外交、统一战线、党的建设等方面比较完备的科学体系，又是需要从各方面进一步丰富发展的科学体系。

一是解放思想、实事求是。解放思想，实事求是，是由马克思、恩格斯创立的。党的十一届三中全会批评了"两个凡是"的错误方针，果断地将党和国家的工作重点转移到社会主义现代化建设上来，这次全会标志着解放思想、实事求是思想路线的重新确立。邓小平指出，我们讲解放思想，是指在马克思主义指导下打破习惯势力和主观偏见的束缚，研究新情况解决新问题。解放思想，就是使思想与实际相符合，使主观和客观相符合，就是实事求是。解放思想是实事求是的前提，只有解放思想，才能使思想与实际相符合，主观与客观相符合，做到实事求是；解放思想与实事求是是相辅相成的，解放思想，目的是为了实事求是，所以解放思想也可理解为实事求是。

二是尊重实践、尊重群众。按照马克思主义的观点，实践是认识的来源，是检验认识真理的标准，是认识发展的动力，是认识的目的。生活、实践的观点，是认识论的、首要的和基本的观点。马列主义的实践观，对指导中国革命有重大的理论意义和实践意义。20 世纪 70 年代，在粉碎"四人帮"、结束"文革"之后，在全国范围内掀起一场实践是检验真理的唯一标准的大讨论。正是在这条正确路线的指导下，全党全国各族人民投入了建设有中国特色的社会主义的宏图伟业之中去，并取得了辉煌的成就。这一切，都是由于坚持贯彻了马克思主义的实践观才得来的。作为总设计师的邓小平同志，对建设有中国特色的社会主义这一事业的艰巨性，有着深刻的认识。只能在马克思主义的指导下，依靠人民群众的伟大实践去不断探索。

三是按照辩证法办事。按照辩证法办事，是中国特色社会主义理论的一大特点，主要表现在以下几个方面：把普遍真理同具体实际结合起来，用客观战略的眼光分析问题，联系和发展的观点，具体问题具体分析，坚持两点论和重点论的统一，等等。这些辩证法思想都体现了对马克思主义哲学理论的创造和发展。

四是坚持生产力标准。"生产力标准"是历史唯物主义关于生产力是社会发展的最终决定力量的原理的体现，是实践标准在社会历史领域的集中体现。在生产方式的矛盾运动中，生产力是主导方面，是最活跃、最革命的因素，人类社会的发展就是先进生产力不断取代落后生产力的历史进程。生产力决定生产关系，进而决定整个社会关系的基本面貌，决定社会发展的历史进程。所以，生产力是社会发展的最终决定力量。是否有利于解放和发展生产力，是判断我们的路线、方针、政策正确与否，工作是非得失，社会制度是否优越和进步的根本标准。"三个有利于"理论、"三个代表"重要思想、科学发展观等都丰富发展了历史唯物主义。

（三）历史地位

党的十一届三中全会后，在邓小平理论这一当代中国的马克思主义形成和发展过程中，全党越来越认识到，它是我们党领导改革开放和现代化建设的指导思想。党十三大的报告明确指出，建设有中国特色的社会主义理论是全党同志和全国人民统一认识、增强团结的思想基础，是指引我们事业前进的伟大旗帜。党的十四大提出了坚持用邓小平同志建设有中国特色社会主义的理论武装全党的战略任务，并在党章中规定这一理论是"引导我国社会主义事业不断发展的指针"。党的十五大把邓小平理论确立为党的指导思想，并把这一理论同马克思列宁主义、毛泽东思想一起作为自己的行动指南写入党章。

（四）指导意义

邓小平理论是对中国社会主义建设规律的科学认识。邓小平理论坚持和发展了毛泽东思想，是马克思主义在中国发展的新阶段。它坚持解放思想、实事求是，在新的实践基础上继承前人又突破陈规，它开拓了马克思主义的新境界。

邓小平理论是改革开放和社会主义现代化建设的科学指南。党的十一届三中全会以来，邓小平理论指引我们进行拨乱反正和全面改革，逐步实现了从"以阶级斗争为纲"到以经济建设为中心、从封闭半封闭到改革开放、从计划经济到社会主义市场经济等一系列重大转变，使我国实现政治稳定、经济发展、民族团结，社会生产力、综合国力和人民生活都上了一个大台阶，成功地走出了一条具有中国特色的社会主义新道路。

邓小平理论是党和国家必须长期坚持的指导思想。今天我们推进中国特色社会主义的伟大事业，仍然要继续围绕"什么是社会主义、怎样建设社会主义"这个首要的基本的理论问题，紧紧抓住实事求是的思想路线，不断推进思想的解放；紧紧抓住和深入领会"两手抓，两手都要硬"的基本方针，推动经济社会的全面发展；贯彻执行"一个中心、两个基本点"的基本路线；紧紧抓住和领会社会主义初级阶段的理论，努力完成分"三步走"基本实现现代化的战略任务；等等。这些根本性的指针，关系到中国特色社会主义的命运和前途，我们不能有任何动摇。

二、"三个代表"重要思想对马克思主义的重大贡献

"三个代表"重要思想是面向21世纪的中国化的马克思主义，是新世纪新阶段全党全国人民继往开来、与时俱进，实现全面建设小康社会宏伟目标的根本指针。"三个代表"重要思想的本质是立党为公、执政为民。"三个代表"重要思想同马克思列宁主义、毛泽东思想和邓小平理论是一脉相承而又与时俱进的科学体系，是马克思主义在中国发展的最新成果。

进入新的世纪，我们的国际环境是机遇大于挑战。在20世纪的百年历史中，世界社会主义运动既有辉煌，也有严重挫折。我们一定要吸取苏共解体的教训，必须始终不渝地加强党的建设。我们党作为中国这样一个大国的执政党，只有通过加强自身建设，始终坚持"三个代表"以保持先进性，才能不断提高执政水平和领导水平，准确把握世界发展的新潮流、新趋势，抓住机遇，迎接挑战，化解风险，因势利导，更好地巩固、加强和发展我们的

党，才能在激烈的国际竞争中始终立于不败之地。

（一）时代背景

随着改革开放的深入和社会主义市场经济的发展，我国的社会生活发生了广泛而深刻的变化，社会经济成分、组织形式、利益分配和就业方式的多样化还将进一步发展。旧的平衡打破之后，新的平衡尚处于建立和完善过程之中，人民内部矛盾日趋复杂化和多样化。与此同时，一部分党员干部存在着思想僵化、信念动摇、组织涣散、作风浮漂，特别是腐败问题。再加上我们党正进入整体性新老交替的重要时刻，从改革开放到 21 世纪头十几、二十年，一大批年轻干部要走上中高级领导岗位。在这种情况下，从严治党，进一步全面提高全党特别是党的干部队伍的素质，成为十分紧迫的任务。所有这些，都必须紧密结合实际来进行思考和研究，积极探索在新形势下加强党的建设的有效途径和办法，把"三个代表"的要求贯彻落实到党的建设的各项工作中去，保证我们党始终走在时代的前列，始终走在领导中华民族伟大复兴事业的前列，使我们党在思想上、政治上、组织上进一步巩固起来，经得起任何风险的考验。

（二）科学内涵

一是我们党要始终代表中国先进生产力的发展要求，就是党的理论、路线、纲领、方针、政策和各项工作，必须努力符合生产力发展的规律，体现不断推动社会生产力的解放和发展的要求，尤其要体现推动先进生产力发展的要求，通过发展生产力不断提高人民群众的生活水平。

二是我们党要始终代表中国先进文化的前进方向，就是党的理论、路线、纲领、方针、政策和各项工作，必须努力体现发展面向现代化、面向世界、面向未来的民族的科学的大众的社会主义文化的要求，促进全民族思想道德素质和科学文化素质的不断提高，为我国经济发展和社会进步提供精神动力和智力支持。

三是我们党要始终代表中国最广大人民的根本利益，就是党的理论、路线、纲领、方针、政策和各项工作，必须坚持把人民的根本利益作为出发点和归宿，充分发挥人民群众的积极性、主动性、创造性，在社会不断发展进步的基础上，使人民群众不断获得切实的经济、政治、文化利益。

（三）主要地位

一是"三个代表"是我们的立党之本。我们党自成立之日起，就是走在中国社会发展前列的先进政党。我们的党章规定，中国共产党是中国工人阶级的先锋队。我们党的历史使命、历史地位、历史作用，始终是与党的先进性联系在一起的。什么时候坚持并做到了这样"三个代表"，我们党就兴旺发达，就得到人民群众的拥护，就经得起任何风浪的冲击。什么时候如果偏离或没有完全做到"三个代表"，就会出这样那样的问题，人民就会不满意，党就会遇到困难和曲折。

二是"三个代表"是我们的执政之基。我们党的执政地位是历史赋予的、人民赋予的。我们党能够执政、并且能够执好政的基础，从根本上来说，就在于能够代表中国先进生产力的发展要求，代表中国先进文化的前进方向，代表中国最广大人民的根本利益。我们党执政的内容和任务，就是要不断解放和发展中国社会的生产力，增强综合国力，推进社会发展；就是要不断建设和发展面向现代化、面向世界、面向未来的民族的、科学的、大众的社会主义文化，培育"四有"公民，弘扬民族精神；就是要全心全意为人民服务，维护最广大人民的根本利益，不断满足人民群众日益增长的物质文化生活需要。面向新的世纪，我们党治国理政的任务更加艰巨，所要解决的问题也更多、更复杂。只有坚持"三个代表"，当好"三个代表"，我们才能始终用好人民赋予的执政权力，无愧于历史赋予的执政地位；才能不断提高我们的执政水平，巩固我们的执政基础。

三是"三个代表"是我们的力量之源。我们党建党之初，只有几十个党员。为什么能够不断发展壮大，成为今天拥有6100多万党员的大党？为什么能够战胜比自己强大得多的国内外敌人，建立起社会主义的新中国？为什么能够在一穷二白的基础上，取得经济和社会发展的巨大成就，解决了12亿人的温饱问题？为什么曾经遭遇挫折，但始终"岁老根弥壮，阳骄叶更阴"，经得起各种风浪、磨难的考验，得到人民群众的拥护和支持？所有这一切，就是因为我们党能够始终从根本上促进中国社会生产力的发展，推动中国文化的进步，切切实实地为人民办实事、谋利益。这是我们全部力量的源泉所在，也是我们不断成功和发展的奥秘所在。

三、科学发展观对马克思主义的重大贡献

胡锦涛同志在党的十七大报告中提出，在新的发展阶段继续全面建设小康社会、发展中国特色社会主义，必须坚持以邓小平理论和"三个代表"重要思想为指导，深入贯彻落实科学发展观。

胡锦涛说，科学发展观，是对党的三代中央领导集体关于发展的重要思想的继承和发展，是马克思主义关于发展的世界观和方法论的集中体现，是同马克思列宁主义、毛泽东思想、邓小平理论和"三个代表"重要思想既一脉相承又与时俱进的科学理论，是我国经济社会发展的重要指导方针，是发展中国特色社会主义必须坚持和贯彻的重大战略思想。

胡锦涛指出，科学发展观，是立足于社会主义初级阶段基本国情，总结我国发展实践，借鉴国外发展经验，适应新的发展要求提出的重大战略思想。强调认清社会主义初级阶段基本国情，不是要妄自菲薄、自甘落后，也不是要脱离实际、急于求成，而是要坚持把它作为推进改革、谋划发展的根本依据。我们必须始终保持清醒头脑，立足于社会主义初级阶段这个最大的实际，科学分析，深刻把握我国发展面临的新课题、新矛盾，更加自觉地走科学发展道路，奋力开拓中国特色社会主义更为广阔的发展前景。

科学发展观的第一要务是发展，核心是以人为本，基本要求是全面协调可持续发展，根本方法是统筹兼顾，其内涵主要包括四个方面。

其一，必须坚持把发展作为党执政兴国的第一要务。要牢牢抓住经济建设这个中心，坚持聚精会神搞建设、一心一意谋发展，不断解放和发展社会生产力。要着力把握发展规律、创新发展理念、转变发展方式、破解发展难题，提高发展质量和效益，实现又好又快发展。

其二，必须坚持以人为本。要始终把实现好、维护好、发展好最广大人民的根本利益作为党和国家一切工作的出发点和落脚点，尊重人民主体地位，发挥人民首创精神，保障人民各项权益，走共同富裕道路，促进人的全面发展，做到发展为了人民、发展依靠人民、发展成果由人民共享。

其三，必须坚持全面协调可持续发展。要按照中国特色社会主义事业总体布局，全面推进经济建设、政治建设、文化建设、社会建设，促进现代化建设各个环节、各个方面相协调，促进生产关系与生产力、上层建筑与经济

基础相协调。

其四，必须坚持统筹兼顾。要正确认识和妥善处理中国特色社会主义事业中的重大关系，统筹个人利益和集体利益、局部利益和整体利益、当前利益和长远利益，充分调动各方面积极性。既要总揽全局、统筹规划，又要抓住牵动全局的主要工作、事关群众利益的突出问题，着力推进、重点突破。

胡锦涛指出，深入贯彻落实科学发展观，要求我们始终坚持"一个中心、两个基本点"的基本路线。党的基本路线是党和国家的生命线，是实现科学发展的政治保证。以经济建设为中心是兴国之要，是我们党、我们国家兴旺发达和长治久安的根本要求；四项基本原则是立国之本，是我们党、我们国家生存发展的政治基石；改革开放是强国之路，是我们党、我们国家发展进步的活力源泉。要坚持把以经济建设为中心同四项基本原则、改革开放这两个基本点统一于发展中国特色社会主义的伟大实践，任何时候都决不能动摇。

总之，科学发展观是中国共产党党章规定的党的指导思想，是以胡锦涛为总书记的党的第四代领导集体对马克思主义、毛泽东思想的发展，是中国特色社会主义理论体系的重要组成部分。科学发展观，是对党的三代中央领导集体关于发展的重要思想的继承和发展，是马克思主义关于发展的世界观和方法论的集中体现，是同马克思列宁主义、毛泽东思想、邓小平理论和"三个代表"重要思想既一脉相承又与时俱进的科学理论，是我国经济社会发展的重要指导方针，是发展中国特色社会主义必须坚持和贯彻的重大战略思想。

四、习近平新时代中国特色社会主义思想

（一）时代背景

社会主要矛盾的变化，构成了我们进入新时代的基本依据和基本动力，也是习近平新时代中国特色社会主义思想建构的逻辑起点。以此为基础，我们党坚持以马克思列宁主义、毛泽东思想、邓小平理论、"三个代表"重要思想、科学发展观为指导，坚持解放思想、实事求是、与时俱进、求真务实，坚持辩证唯物主义和历史唯物主义，紧密结合新的时代条件和实践要

求，以全新的视野深化对共产党执政规律、社会主义建设规律、人类社会发展规律的认识，进行艰辛理论探索，取得重大理论创新成果，形成了习近平新时代中国特色社会主义思想。

2017 年 10 月 18 日，在中国共产党第十九次全国代表大会上，习近平总书记首次提出"新时代中国特色社会主义思想"。新时代中国特色社会主义思想是全党全国人民为实现中华民族伟大复兴而奋斗的行动指南。2017 年 10 月 24 日，中国共产党第十九次全国代表大会通过了关于《中国共产党章程（修正案）》的决议，习近平新时代中国特色社会主义思想写入党章。习近平新时代中国特色社会主义思想是在中国共产党第十九次全国代表大会上提出的。习近平新时代中国特色社会主义思想，用八个"明确"清晰阐明，用十四项基本方略进行具体谋划，吸引着想要透过中国找寻未来方向的世界目光，代表着马克思主义中国化的最新成果。2018 年 3 月 11 日，习近平新时代中国特色社会主义思想载入宪法，在党内外、在全国上下已经形成广泛的高度认同。

（二）核心思想

八个明确、十四个坚持，是习近平新时代中国特色社会主义思想的具体展开和内涵逻辑，从世界观和方法论的高度，系统全面地回答了中国特色社会主义进入新时代后，中国共产党的新目标、新使命，面临的新矛盾等一系列带有根本性的问题，与治党治国治军的各方面工作紧密相连，既有理论高度，更具实践价值，将指导我们更好坚持和发展中国特色社会主义。

八个明确：（1）明确坚持和发展中国特色社会主义，总任务是实现社会主义现代化和中华民族伟大复兴，在全面建成小康社会的基础上，分两步走在 21 世纪中叶建成富强民主文明和谐美丽的社会主义现代化强国；（2）明确新时代我国社会主要矛盾是人民日益增长的美好生活需要和不平衡不充分的发展之间的矛盾，必须坚持以人民为中心的发展思想，不断促进人的全面发展、全体人民共同富裕；（3）明确中国特色社会主义事业总体布局是"五位一体"、战略布局是"四个全面"，强调坚定道路自信、理论自信、制度自信、文化自信；（4）明确全面深化改革总目标是完善和发展中国特色社会主义制度、推进国家治理体系和治理能力现代化；（5）明确全面推进依法治国总目标是建设中国特色社会主义法治体系、建设社会主义法治国家；（6）明确党在新时代的强军目标是建设一支听党指挥、能打胜仗、作风优良的人民军队，把人民军队建设成为世界一流军队；（7）明确中国特色大国外交要推动构建新型国际关系，推动构建人类命运共同体；（8）明确中国特色社会主义最本质的特征是中国共产党领导，中国特色社会主义制度的最大优势是中国共产党领导，党是最高政治领导力量，提出新时代党的建设总要求，突出政治建设在党的建设中的重要地位。

十四个坚持：（1）坚持党对一切工作的领导。（2）坚持以人民为中心。（3）坚持全面深化改革。（4）坚持新发展理念。（5）坚持人民当家作主。（6）坚持全面依法治国。（7）坚持社会主义核心价值体系。（8）坚持在发展中保障和改善民生。（9）坚持人与自然和谐共生。（10）坚持总体国家安全观。（11）坚持党对人民军队的绝对领导。（12）坚持"一国两制"和推进祖国统一。（13）坚持推动构建人类命运共同体。（14）坚持全面从严治党。

以上十四条，构成新时代坚持和发展中国特色社会主义的基本方略。

其一，习近平对中国特色社会主义规律的深刻揭示。

从一定意义上说，探索和把握规律就是把实践经验理论化。在延安时期，毛泽东就提出"要使中国革命丰富的实际马克思主义化"这个重要命题，也就是说要总结和把握中国革命规律。党的十八大向全党提出了探索和把握中国特色社会主义规律的要求。习近平同志强调："我之所以要从世界社会主义思想源头讲起，从中国特色社会主义的历史发展讲起，就是要说明，我们党在推进革命、建设、改革的进程中，是怎样经过反复比较和总结，历史地选择了马克思主义、选择了社会主义道路的；是怎样把马克思主义基本原理同中国实际和时代特征结合起来，独立自主走自己的路的；是怎样历经千辛万苦，付出各种代价，开创和发展了中国特色社会主义的。"习近平同志在这次讲话中明确地把中国特色社会主义作为世界社会主义五百年发展的六个时间段中的一个完整阶段，并且提出：中国特色社会主义，是科学社会主义理论逻辑和中国社会发展历史逻辑的辩证统一，是根植于中国大地、反映中国人民意愿、适应中国和时代发展进步要求的科学社会主义，是全面建成小康社会、加快推进社会主义现代化、实现中华民族伟大复兴的必由之路。习近平同志的讲话无疑是当代中国马克思主义的新发展。

其二，习近平对国家治理体系和治理能力现代化重大课题的贡献。

纵观社会主义发展历史可以看出，怎样治理社会主义社会这样的全新社会，是一个在实践中没有解决好的重大课题。马克思恩格斯有许多关于未来社会的科学预测，但是他们没有经历社会主义建设的实践，更没有遇到后来社会主义国家所面临的大范围、全局性、长时间的矛盾和问题。列宁虽然经历了几年领导社会主义建设的实践，他生前也已经看到了社会主义实践中产生的问题超出了马克思主义创始人的预计，而且在初步探索苏维埃国家治理方面也创造性地提出了一些政策措施，但是由于列宁过早去世，没有来得及深入探索和持续实践。后来，苏联对这个问题进行了探索，取得了一些成功经验，但也犯下了严重错误。我们党在全国执政后，也遇到了如何治理社会主义社会这个问题。在没有现成经验的情况下，我们一度照搬了苏联模式，但很快发现苏联社会治理模式不适合我国国情，我们较快地作出了调整，进行了积极探索并取得了重要成果。20 世纪五六十年代，毛泽东发表的两部光辉著作《论十大关系》和《关于正确处理人民内部矛盾的问题》，集中体现了我们党这一时期在这方面的探索成果。但是总体来看，改革开放前，我们党在国家治理体系上还没找到一种完全符合我国实际的治理模式。改革开放以来，我们党开始以全新的角度思考国家治理问题。经过 30 多年的改革开放和现代化建设，我们在这方面积累了丰富经验。总体来看，前半程即建立社会主义基本制度并在这个基础上进行改革，我们已经走过；后半程即完善和发展中国特色社会主义制度，为全面建成小康社会和实现中华民族伟大复兴中国梦提供更完备、更稳定、更管用的制度体系的任务。习近平指出，中国特色制度模式中的国家治理体系，是在我国历史传承、文化传统、经济社会发展的基础上长期发展、渐进改进、内生性演化的结果，是我们坚持独立自主选择自己的道路，走出了一条不同于西方国家的成功发展道路，形成了一套不同于西方国家的成功制度体系。当然，这并不是说我国治理体系就没有弊端、不需要改革了，治理能力也不需要提高了。但是，怎么改，怎么完善，怎么提高治理能力，我们只能从中国国情出发，走自己的路。我们要吸收借鉴人类政治文明的有益成果，但绝不照搬西方政治制度模式。

其三，习近平对人民中心思想的深化、提升和践行。

　　马克思恩格斯在创立自己理论过程中多次指出，他们的理论是科学性、阶级性和人民性的统一。也就是说一切为了人民、一切依靠人民，是马克思主义的价值理念和政治立场。中国共产党自成立之日起，就以马克思主义为指导，因此，这个价值理念和政治立场始终贯穿于我们党领导人民进行革命、建设和改革的整个过程中。毛泽东曾经用"全心全意为人民服务"来加以概括，邓小平以"人民拥护不拥护、人民赞成不赞成、人民高兴不高兴、人民答应不答应"作为衡量党的方针政策正确与否的标准，江泽民同志认为"三个代表"最终要落到代表最广大人民根本利益上来，胡锦涛同志指出，科学发展观的核心是以人为本。可以说，任何国家和政党的治国理政的主张或方案中都包含有民生思想和措施，所不同的是它的真实性或落实状况。我们常常看到西方一些政党在竞选时也是高举"民生"旗帜的，并且作出种种慷慨的许诺。至于能否兑现，这些国家的老百姓最有体会。2012 年 11 月 15 日，习近平同志当选为中共中央总书记后在同中外记者见面讲话中，就鲜明表达了新一届中共中央以人为本的民生理念。他说，我们的人民热爱生活，期盼有更好的教育、更稳定的工作、更满意的收入、更可靠的社会保障、更高水平的医疗卫生服务、更舒适的居住条件、更优美的环境。人民对美好生活的向往，就是我们的奋斗目标。实现全面建成小康社会与全国各族人民的幸福安康息息相关。党的十八大以来，习近平同志从坚持和发展中国特色社会主义战略全局出发，提出并形成协调推进"四个全面"战略布局。"四个全面"战略布局体现了一切为了人民、一切依靠人民的社会主义价值理念和政治立场。全面建设小康社会，是居于引领位置的战略目标，就是把人民过上美好生活的期盼放在首位。全面深化改革，是以促进社会公平正义、增进人民福祉为出发点和落脚点的，要从人民利益出发谋划改革思路、制定改革措施，紧紧依靠人民推进改革。全面依法治国，强调的是人民主体地位。中国特色社会主义法治建设是为了人民、依靠人民、保护人民、造福人民。全面从严治党，是新的历史起点上加强党的建设的指针，其核心是保持党同人民群众的血肉联系，是要下大气力解决党内存在的问题，让人民群众满意。"四个全面"战略布局适应了时代和实践发展对党和国家工作提出的新要求，其中包含今后我们继续为实现中华民族伟大复兴中国梦而奋斗的具有长远意义的指导方针。

其四，习近平强调共产党员要认真学习、领会和发展马克思主义理论。

掌握马克思主义哲学，是掌握马克思主义完整科学体系的重要前提。在革命、建设、改革各个历史时期，我们党都必须坚持运用历史唯物主义，系统、具体、历史地分析中国社会运动及其发展规律，才能推动党和人民事业取得一个又一个胜利。习近平指出：学哲学、用哲学是我们党的一个好传统，马克思主义哲学在当今时代依然有着强大生命力。习近平总书记指出："历史唯物主义是马克思主义哲学不可分割的重要组成部分。在革命、建设、改革各个历史时期，我们党运用历史唯物主义，系统、具体、历史地分析中国社会运动及其发展规律，在认识世界和改造世界过程中不断把握规律、积极运用规律，推动党和人民事业取得了一个又一个胜利。"① 习近平指出，10卷本《马克思恩格斯文集》和5卷本《列宁专题文集》已经出版发行，这两部文集是学习马克思主义经典著作的权威性教材；习近平还指出，毛泽东思想是马克思列宁主义基本原理同中国具体实际相结合的产物，是中国特色社会主义理论体系的重要思想来源，学习马克思主义经典著作要认真学习毛泽东同志的重要著作；认真学习《邓小平文选》《江泽民文选》和党的十六大以来以胡锦涛同志为总书记的党中央提出的科学发展观等重大战略思想，深刻理解中国特色社会主义理论体系的重大理论意义和实践意义。

马克思主义理论从来不是教条，而是行动的指南。它要求人们根据它的基本原则和基本方法，不断结合变化着的实际，探索解决新问题的答案，从而也发展马克思主义理论本身。习近平同志也指出，领导干部首先要认真学习马克思主义理论，这是我们做好一切工作的看家本领，也是领导干部必须普遍掌握的工作制胜的看家本领。邓小平和习近平同志这里讲的马克思主义理论，既指经典马克思主义，又指当代中国马克思主义。

其五，习近平关于学习和掌握唯物辩证法的思想理论。

学习和掌握唯物辩证法的科学方法，是在实际工作中不断增强战略思维能力、历史思维能力、辩证思维能力、创新思维能力和底线思维能力的理论依据。当前，我们党面临各种考验、危险和挑战，如果缺乏理论思维的有力支撑，是难以战胜各种风险和困难的，也是难以不断前进的。党的十八大以

---

① 习近平. 习近平总书记系列重要讲话读本 [M]. 北京：学习出版社，2014：175.

来，习近平同志在治国理政中自觉贯彻马克思主义的世界观方法论。习近平强调，要认真学习运用这些思想方法观察事物、分析问题，不断增强工作的科学性、预见性、主动性和创造性。一是战略思维能力，就是高瞻远瞩、统揽全局，善于把握事物发展总体趋势和方向的能力。习近平系列重要讲话，总是善于从全局角度、以长远眼光看问题，从总体上把握事物发展趋势和方向，体现出恢宏的战略智慧。他强调，要树立大局意识，善于从大局看问题；要善于观大势、谋大事，把握工作主动权；要加强战略思维，增强战略定力。二是历史思维能力，就是以史为鉴、知古鉴今，善于运用历史眼光认识发展规律、把握前进方向、指导现实工作的能力。习近平指出，"历史、现实、未来是相通的"，"历史是最好的教科书"，"中国革命历史是最好的营养剂"①。提高历史思维能力，就要深刻总结历史经验、把握历史规律、认清历史趋势，坚定中国特色社会主义方向，在对历史的深入思考中做好现实工作、更好走向未来。三是辩证思维能力，就是承认矛盾、分析矛盾、解决矛盾，善于抓住关键、找准重点、洞察事物发展规律的能力。习近平总书记系列重要讲话，处处体现着唯物辩证的思想方法。提高辩证思维能力，就要认真学习辩证唯物主义，客观地而不是主观地、发展地而不是静止地、全面地而不是片面地、系统地而不是零散地、普遍联系地而不是孤立地观察事物、分析问题、解决问题，在矛盾双方对立统一的过程中把握事物发展规律，克服极端化、片面化。四是创新思维能力，就是破除迷信、超越过时的陈规，善于因时制宜、知难而进、开拓创新的能力。习近平指出："惟创新者进，惟创新者强，惟创新者胜"；"生活从不眷顾因循守旧、满足现状者，从不等待不思进取、坐享其成者，而是将更多机遇留给善于和勇于创新的人们"②。提高创新思维能力，就是要有敢为人先的锐气，打破迷信经验、迷信本本、迷信权威的惯性思维，摒弃不合时宜的旧观念，以思想认识的新飞跃打开工作的新局面。五是底线思维能力，就是客观地设定最低目标，立足最低点，争取最大期望值的一种积极的思维能力。习近平总书记重要系列讲话多次强

---

① 习近平. 习近平总书记系列重要讲话读本 [M]. 北京：学习出版社，2014：178—179.

② 习近平. 习近平总书记系列重要讲话读本 [M]. 北京：学习出版社，2014：180.

调："要善于运用'底线思维'的方法，凡事从坏处准备，努力争取最好的结果，这样才能有备无患、遇事不慌，牢牢把握主动权。"① 提高底线思维能力，就是要居安思危、增强忧患意识，要见微知著、未雨绸缪，增强前瞻意识，把工作预案准备得更充分、更周详，做到心中有数、处变不惊。

其六，习近平总书记关于核心价值观的思想理论。

习近平总书记认为，国家文化治理能力归根到底来自核心价值观的影响力和感召力。核心价值观，对内可以引导、整合、统摄不同人群的利益要求，实现合作共赢，促进社会融合与和谐；对外可以传输国家核心价值，展示国家形象，增强文化影响力。以核心价值观为主要内容的核心价值体系在国家和社会中起着主导和统领作用，它是国家制度、社会制度的精神支柱，是国家机器得以运转、社会秩序得以维持的思想基础。实践证明，没有核心价值体系，中华文化就立不起来、强不起来，中华民族就没有赖以生存的精神纽带，国家就没有统一的意志和独立的主张，人民就没有主心骨和奋斗方向。因此，不断增强核心价值体系的凝聚力和感召力，这是文化治理的重中之重。做好这项工作，必须弘扬"以爱国主义为核心的民族精神，以改革创新为核心的时代精神"②，"把弘扬和培育社会主义核心价值观作为一项经常性的基础性的工作"③。

其七，习近平总书记关于弘扬中华优秀传统文化的思想理论。

在长期的历史发展中，中华民族留下了优秀的文化产品和传统道德，自强不息的精神追求，厚德载物的精神滋养，独立不倚的坚强人格，圆润通融的博纳胸怀，这些都是社会主义核心价值体系建设中不可或缺的养料。习近平总书记在不同场合分别提出"两个讲清楚"和"四个讲清楚"的要求："要讲清楚中华优秀传统文化的历史渊源、发展脉络、基本走向，讲清楚中

---

① 习近平. 习近平总书记系列重要讲话读本［M］. 北京：学习出版社，2014：180—181.

② 习近平在十二届全国人民代表大会第一次会议上的讲话［N］. 人民日报，2013 - 03 - 18.

③ 培育和弘扬社会主义核心价值观 作为凝魂聚气强基固本的基础工程［N］. 人民日报，2014 - 02 - 26.

华文化的独特创造、价值理念、鲜明特色，增强文化自信和价值观自信"①；
"要讲清楚每个国家和民族的历史传统、文化积淀、基本国情不同，其发展
道路必然有着自己的特色；讲清楚中华文化积淀着中华民族最深沉的精神追
求，是中华民族生生不息、发展壮大的丰厚滋养；讲清楚中华优秀传统文化
是中华民族的突出优势，是我们最深厚的文化软实力；讲清楚中国特色社会
主义植根于中华文化沃土、反映中国人民意愿、适应中国和时代发展进步要
求，有着深厚历史渊源和广泛现实基础。"② "两个讲清楚"和"四个讲清
楚"的基本要求是一致的，目的是把中华优秀传统文化的本质要义贯彻体现
在群众的思想和行为中，把中华优秀传统文化讲仁爱、重民本、守诚信、崇
正义、尚和合、求大同的时代价值贯彻到当代中国特色社会主义建设实践
中，通过转化和创新，使之成为涵养社会主义核心价值观的重要源泉。中华
优秀传统文化是我们民族的"根"和"魂"。

其八，习近平总书记关于意识形态问题的思想理论。

意识形态工作是党的一项极端重要的工作，宣传思想工作就是要巩固马
克思主义在意识形态领域的指导地位，巩固全党全国人民团结奋斗的共同思
想基础。一是要把加强主流意识形态建设贯彻到党的建设的全过程。党员干
部要起到表率示范作用，自觉加强思想道德建设，理想纪律教育，价值观、
人生观教育，廉洁意识教育，坚持党性和人民性的统一，增强紧迫感和责任
感，坚定理想信念，保持同人民群众的血肉联系。二是要把加强主流意识形
态建设贯彻到改革开放和群众路线实践教育的全过程。解决思想问题，必须
与现实的利益结合起来，实现社会和谐稳定和国家长治久安，要靠制度规范
社会行为，要靠社会主义核心价值观规范人心，要靠全社会的力量推进国家
治理现代化。三是要把加强主流意识形态建设贯彻到文化建设的全过程。因
为社会主流意识形态决定着文化的性质和方向，是文化建设的最深层要素。
在文化建设中，社会主流意识形态的引领作用，表现为对社会主体思想的引
导和行为的规整，在深化改革、维护社会系统正常运转中起着"胶合剂"的

---

① 培育和弘扬社会主义核心价值观 作为凝魂聚气强基固本的基础工程［N］．人民日
报，2014－02－26．

② 胸怀大局把握大势着眼大事 努力把宣传思想工作做得更好［N］．人民日报，
2013－08－21．

作用。我们要继续坚持走中国特色社会主义文化发展道路，推动社会主义文化大发展大繁荣，深化文化体制改革，提高国家文化软实力，加强社会主义核心价值体系建设，丰富人民群众精神文化生活，增强人民精神力量。做好这项工作，需要创新和改进网上宣传方式，尊重网络传播规律，弘扬主旋律，激发正能量，把网上舆论引导的时、度、效有机结合起来。在网络空间里，要弘扬社会主义先进文化，深化文化体制改革，推动社会主义文化大发展大繁荣，增强全民族文化创造活力，推动文化事业全面繁荣、文化产业快速发展，不断丰富人民精神世界、增强人民精神力量，不断增强文化整体实力和竞争力，朝着建设社会主义文化强国的目标不断前进。在习近平看来，文学作品、理论研究、新闻媒体、影视艺术是宣传主流思想的重要载体或渠道，是加强爱国主义、集体主义、社会主义教育的重要方式，也是展示正确的历史观、民族观、国家观、文化观的很好方式，这些工作要与主流意识形态建设结合起来。

总之，中国共产党人坚持学习和创新发展马克思主义哲学理论。在新的历史条件下，我们应一如既往地坚信马克思主义哲学的基本原理，以马克思主义哲学的基本原理为指导，研究新情况，总结新经验，以丰富和发展马克思主义哲学。只有认真学习马克思主义哲学，坚持理论联系实际的学风，才能使普遍真理在自己的特色和模式中体现出来，才能不断推进马克思主义理论的创新和发展。

思考题

1. 论述中国共产党对马克思主义的创新和发展。

2. 论述毛泽东对马克思主义哲学的主要贡献。

3. 论述邓小平理论在马克思主义发展上的伟大成就。

4. 论述"三个代表"重要思想对马克思主义的重大贡献。

5. 论述科学发展观对马克思主义的重大贡献。

6. 论述习近平新时代中国特色社会主义思想的重大贡献。

專題八

西方马克思主义主要流派及观点

学研导引

1. 西方马克思主义主要流派及观点。
2. 西方马克思主义产生的社会背景及思想源流。
3. 卢卡奇关于主体和客体的辩证法思想。
4. 卢卡奇的物化理论。
5. 卢卡奇的总体性理论。
6. 葛兰西的"实践的哲学"。
7. 葛兰西的集体"意志论"。
8. 葛兰西关于经济基础和上层建筑的思想。
9. 阿尔都塞的"认识论断裂"的思想。
10. 阿尔都塞的"多元决定"论。
11. 阿尔都塞的"理论实践"观。
12. 阿尔都塞的"反人道主义"观。
13. 萨特关于人的本质的观点。
14. 萨特的"人学辩证法"。
15. 萨特的"历史人学"。

    西方马克思主义流派的生成过程同 20 世纪人类历史的总体变化有直接的关系，可以从 20 世纪人类文化和历史的大背景入手而加以把握。西方马克思主义的兴起不仅有着深刻的理论根据，而且有着现实的文化和历史原因。西方马克思主义的兴起并非纯粹是理论情趣不同而导致的结果，而是对新的文化和历史背景的新的应答的产物。不同的西方马克思主义流派，无论理论观点有多大差异，无论其理论结论是否正确，都有着一个共同的特点，即都试图依据新的历史条件为无产阶级革命运动或人类解放运动制定新的策略，即是说，是 20 世纪新出现的革命形势、革命条件或人类生存的文化境遇的转变促使一些理论家或政治家重新审视马克思主义的理论观点和革命策略，在新的历史条件下发展了青年马克思的异化理论，或者接受了现代西方人本主义或科学主义思潮的影响，由此而导致各种西方马克思主义流派的产生。

第一节　西方马克思主义的产生与思想源流

马克思主义在当代社会生活中产生着愈来愈巨大的影响，当代西方的主要社会思潮都这样或那样地同马克思主义哲学相联系。在这些社会思潮中，有些代表人物致力于马克思主义哲学的研究，并为马克思主义的事业奋斗了一生，如卢卡奇、葛兰西、阿尔都塞、萨特等人。在过去的一段时间里，人们对他们的哲学思想的评价很不一致，有人把他们的思想同资产阶级中旨在伪造和歪曲马克思主义的"西方马克思学"相提并论。现在越来越多的人认为这是不妥当的。除此之外，还有些代表人物，虽然为自己的学说冠以"马克思主义"之名，但其实质是企图将马克思主义融化于他们的思想体系之中，从他们错误的哲学立场出发，对马克思主义哲学进行解释和引用。因此，这些思潮本质上不属于马克思主义。

"西方马克思主义"哲学的确立、发展和传播，与欧洲的共产主义运动是分不开的。"欧洲共产主义"不仅仅是一种思潮、意识形态、社会理论或政治学，它是"发达的资本主义国家如何过渡到社会主义"这样重大的实际问题和理论问题。有人给"欧洲共产主义"下了一个定义：它是把民主和社会主义结合起来的一种主张，它要"通过民主的道路走向社会主义"。用贝利略的话说就是使资本主义国家机器民主化，把它改造成为建设社会主义社会的有效工具而不必采用暴力从根本上加以摧毁。贝林格指出，走一条既不是社会民主党道路，同时又不是苏联和其他社会主义国家的道路，即"第三条道路"。

俄国十月革命的胜利传到欧洲，使欧洲各国无产阶级掀起了新的革命高潮。从1918年到1923年间，德国、匈牙利、奥地利等国家和地区相继爆发了起义和革命。但是，这些国家的起义和革命都失败了。于是，人们进行思考，俄国社会主义革命的道路是不是资本主义通向社会主义的唯一道路？当时，第三国际所属西方国家的某些共产党人，如卢卡奇、科尔施等，相继提出了一些与列宁主义不同的理论。1923年继卢卡奇的《历史和阶级意识》一书发表不久，科尔施也发表了《马克思主义和哲学》的长篇文章。西方马克思主义哲学就这样产生了。但是，由于这股思潮从产生时起，就不仅被第二国际所抨击，而且也受到共产国际的批判，因此，这种当时被称为马克思主义"异端"的思潮在很长时间里没有很大的影响。只是在1968年的"五月风暴"以后，它的影响开始增大。由法国学生引起，后又有法国千百万工人群众参加的这场"五月风暴"，触及、暴露、反映并试图解决的，乃是发达资本主义社会的状况和矛盾。"西方马克思主义"者在其著作中所力图考察、分析或在朦胧中预示的，正是这种状况和矛盾，他们所提出的，也正是适应于这种情况并试图解决这种矛盾的种种方案。

"欧洲共产主义"的主要内容是：（1）对内政策的核心是通过民主、普选、多党制走向社会主义，建立民主社会主义（不经过无产阶级专政）；（2）对外政策的主导思想是建立一个独立于美苏之外的"联合起来的欧洲"；（3）在党的关系上，反对苏联以"无产阶级国际主义"的名义干涉他党内政，主张各党之间的完全平等和独立自主，反对"领导党"和"领导中心"。"西方马克思主义"者的一些政治主张和哲学观点与"欧洲共产主义"的很多思想相通，并且"欧洲共产主义"者往往把"西方马克思主义"者葛兰西奉为自己的理论先驱。在这种情况下，"西方马克思主义"哲学在欧洲许多国家的共产党内部就由原来的"异端"走向"合法"，于是这种哲学也就巩固、发展起来。

"西方马克思主义哲学"的兴起，还有一个不可忽视的原因，就是西方社会从20世纪50年代末到70年代初科学技术的大发展。这段时间，以电子技术应用为基础的"科技革命"的巨大成就，以及"科技革命"所引起的新发展、新变化（如生产力的高度发展，阶级结构的某些变化，所有制形式的某些改变，工人物质生活的改善，所谓"人民资本主义"和"福利国家"的出现，人们思想中随之而来的某些变化，等等），加之20世纪30年代中期开始的资本主义经济危机和接踵而来的长期衰退以及回身无力的现状，这对马克思主义的研究也产生了相当大的影响。

从理论上说，在当代西方，马克思主义哲学与西方世界的两大主要思潮，即人本主义思潮与科学主义思潮都有联系。前者主张"暴露马克思主义的黑格尔根源"，强调马克思的思想与黑格尔辩证法的直接联系，着重研究马克思的某些早期著作，尤其是异化劳动理论，强调"恢复马克思主义的主观方面"，否认客观辩证法，把人的主观能动性和人的主观意识看成历史发展的首要因素。这种思潮根源于20世纪20年代初的卢卡奇、科尔施和葛兰西等人的思想。而在当代，这一思潮的主要流派是法兰克福学派与萨特等人的所谓"存在主义的马克思主义"。

与前者"把马克思主义黑格尔化"相反，后者则主张"马克思主义的非黑格尔化"，强调马克思与黑格尔的彻底决裂，从马克思主义中把黑格尔的影响彻底清除出去。这股思潮的两大流派是"新实证主义的马克思主义"和"结构主义的马克思主义"。新实证主义学派认为马克思继承了康德哲学的成果和卢梭的政治观点，马克思的辩证法与黑格尔的辩证法没有任何联系，把马克思的辩证法解释为一般的科学实验方法。在马克思的思想发展问题上，这一学派的代表人物既不是强调马克思的早期而否定其晚期，也不是强调晚期而否定早期，而是确认马克思的早期和晚期思想发展的连续性。"结构主义的马克思主义"代表人物则完全否认马克思的早期著作，认为马克思的思想发展过程出现了"中断""断裂"，在早期"人道主义者"的马克思和后期的"科学主义者"的马克思之间没有连续性。这种"唯科学主义"的对马克思主义的解释是由德拉－沃尔佩开创而为科莱蒂和阿尔都塞所发扬的。

总之，在西方已经和正在兴盛起来的研究马克思主义哲学的思潮，要求我们去实事求是地分析它的一些主要的哲学思想，这是马克思主义哲学史研究工作所不能回避的。

卢卡奇、葛兰西、阿尔都塞的思想在理论上属于不同的两种潮流，一是人本主义的，一是结构主义的。但他们有一个共同点，就是都致力于马克思主义的研究，并在各自国家的马克思主义政党内部进行革命活动，都属于

"西方的马克思主义者"。他们的思想在一定程度上反映了西方发达国家中无产阶级革命运动的实际。同时，在某些方面吸取了西方社会思潮中的一些有益的东西。

第二节　卢卡奇的哲学思想及其马克思主义观

卢卡奇（1885—1971）是匈牙利哲学家和文学家。通常，人们都认为他是开创"西方的马克思主义"传统的第一个代表人物，是"西方的马克思主义"的奠基人。卢卡奇 1906 年在匈牙利一所大学毕业后，又三度去德国柏林、海德堡、弗莱堡投师德国的生命哲学家席美尔、社会学家韦伯以及新康德主义哲学家李凯尔特、文德尔班。1918 年 12 月，他参加了匈牙利共产党。在 1919 年成立的匈牙利苏维埃共和国中，卢卡奇曾担任教育事务部副教育人民委员、匈牙利红军第五师团政委。匈牙利革命失败后，他流亡德国和奥地利。1920 年至 1921 年期间，他在维也纳主办第三国际内"左倾"思潮的宗派集团刊物——《共产主义》杂志。列宁对他的"左派"幼稚病曾经作过批判。1928 年，卢卡奇在为匈牙利共产党第二次代表大会起草的政治提纲中，由于提出了同共产国际当时推行的路线相抵触的主张而受到批判。不久，他便到莫斯科的马克思恩格斯研究院工作。在此期间，他研究了《1844 年经济学—哲学手稿》等没有公开发表过的马克思早期著作。以后，他又在苏联社会科学院哲学研究所从事研究工作，并撰写了十多本著作。1945 年匈牙利解放，卢卡奇回到匈牙利，任布达佩斯大学美学和哲学教授，并被选为匈牙利科学院院士。1956 年赫鲁晓夫在苏共第二十次代表大会作关于斯大林问题的秘密报告以后，卢卡奇积极参加"裴多菲俱乐部"活动，批判"斯大林主义"。匈牙利事件中，卢卡奇曾在纳吉政府中任文化部长。纳吉政府覆灭时，卢卡奇因在纳吉政府声明退出华沙条约时投了唯一的反对票而幸免于死。晚年，卢卡奇因捷克的"布拉格之春"和苏联入侵，以及波兰罢工等事件的发生继续对苏联模式的社会主义进行批判。

卢卡奇一生的著作很多，主要有《历史和阶级意识》《青年黑格尔和资本主义社会问题》《歌德及其时代》《存在主义还是马克思主义?》《帝国主义时代的德国文学》《理性的毁灭》《美学》等。而使他成为"西方的马克思主义"思潮奠基人的著作则是《历史和阶级意识》。对这部著作，卢卡奇本人后来虽然作了自我批判，但它的思想影响深远，因此，我们在这里所要介绍的卢卡奇的哲学思想还是着重于本书所阐发的一些思想。

1923 年发表的《历史和阶级意识》，是一本由八篇文章合成的文集，1968 年再版前，卢卡奇为它写了一个自我检讨性的"序言"。

一、主体和客体的辩证法

卢卡奇给自己提出的任务是"重建马克思主义哲学"，向"传统的"马克思主义提出挑战。他认为，以往的马克思主义只是"片面"地接受了马克思的"个别的命题"，而忽略了它最本质的东西——辩证法。马克思主义的辩证法是"黑格尔力图达到而未能达到的那种东西的合乎逻辑的继续"。因此，马克思主义辩证法是和黑格尔辩证法一脉相承的。要"恢复""拯救"马克思主义的辩证法，根本任务就是恢复马克思主义同黑格尔辩证法的联系。

在卢卡奇看来，辩证法的关键性的决定因素，即主体和客体的相互作用，理论和实践的统一。主体和客体同一的思想是马克思从黑格尔那里继承过来的珍贵遗产。在黑格尔那里，"绝对观念"是唯一真实的、能动的"活的实体"。它在自身的发展中，把自己外化为主体和客体两个方面，并使二者相互转化。主体即客体，思维即存在，二者是同一的（即同一个东西）。主体之所以能够认识客体，只是因为它创造了这客体。卢卡奇认为，黑格尔把这种同一转到超历史的理性领域中，把历史发展中的创造者的作用赋予了精神的存在——"绝对理念"，这就使他的体系中保留了神学的残余。要"恢复"马克思主义辩证法的本来面目，就必须恢复主体和客体同一的辩证法。

社会历史何以是一个"客观的辩证过程"？卢卡奇说，这个辩证过程就表现在主体和客体的相互作用之中。而辩证法按其本意，就是指人类社会这个客观辩证过程中主体和客体的相互作用。人类社会历史的发展，就是主体和客体相互作用的结果。

根据上述对辩证法的理解，卢卡奇反对恩格斯的自然辩证法和列宁的唯物主义反映论。道理很简单,既然辩证法就是指主体和客体之间的相互作用,那么,必须把这个方法限制在包含有主体和客体的社会历史领域中。恩格斯把辩证法"扩展到"没有主体,因而就没有主体和客体相互作用的自然界,这就"误解"了辩证法。与此同时,卢卡奇认为,列宁的唯物主义反映论是以承认反映对象与反映者的对立为前提的,这就把思维和存在非辩证地分割开来,使思维和存在处在一种僵硬的对立之中,从而违反了主体和客体的同一性。同时,他认为反映论只是指示了人们认识客体的主观过程,所以也违反了理论与实践的统一。

卢卡奇并不是为谈理论而谈理论,他要从主体和客体同一的理论出发来解释无产阶级的历史使命,特别是论证"无产阶级意识"在历史上的重要作用。他认为无产阶级高于历史上其他阶级之处就在于它既是历史的主体,又是历史的客体,它体现了主体和客体的统一。而无产阶级之所以能体现历史中的主体和客体的统一,则是由无产阶级的特殊利益和人类利益相一致所决定的。因此,他认为,无产阶级的历史使命就在于自我认识到自己的地位,自觉地参与历史的进程。而马克思主义辩证法就是无产阶级走向革命成熟时的"阶级意识""理论意识"。这种无产阶级意识既是无产阶级认识客体的思想意识,又是无产阶级改造客体、影响历史进程的实际活动。无产阶级只有具备关于自己在社会中的地位以及起来把握命运的彻底的自我的阶级意识,才有可能完成无产阶级的革命任务。

对于主体和客体同一的辩证法,特别是卢卡奇对恩格斯和列宁的某些指责,曾受到第三国际和苏联理论界的猛烈批判,后来他本人也曾部分地认识到其错误所在,进行了自我批判。他承认了客观辩证法的存在,认为主观辩证法是以客观辩证法为前提的。不过,卢卡奇并没有完全改变自己的观点。黑格尔的"思有同一论",强调主体的能动性,强调人的意识是历史发展的首要因素,是卢卡奇哲学理论体系的基石,正是它影响了以后的一些"西方马克思主义"派别的发展。

二、物化理论

据卢卡奇自称,在《历史和阶级意识》中,异化问题是从马克思以来第一次被他当作对资本主义的革命批判的核心来加以论述的。卢卡奇的"主体和客体的辩证法"正是通过分析资本主义社会的物化过程，以及对人的意识的影响而展开的。

据卢卡奇后来的回顾，他在《历史和阶级意识》一书中是把"物化"同"异化"当作同义词使用的。提出"物化"理论时，卢卡奇还未看到马克思的《1844 年经济学哲学手稿》。"物化"这一概念，是卢卡奇从马克思的《资本论》中对商品拜物教所作的描述和分析的理论中推导出来的。他利用这一概念来概括商品拜物教的主要特征，概括现代资本主义的主要特征。那么，什么叫"物化"呢？卢卡奇所说的"物化"主要是指"人和人之间的关系，采取物与物之间的关系的形式出现"。卢卡奇认为，具有核心重要性的是，由于这种情况，一个人的自我活动，他自己的劳动，变成某种客观的和独立于他的东西，某种靠了外在于人的自主性而控制着人的东西。

卢卡奇分析说，这种物化的现象表现在主观和客观两个方面。从客观方面来说，物与物之间关系的世界出现了，支配这些关系的法则也逐渐被人发现了；即使如此，这些法则仍然作为产生者的异己力量而同人相遇，个人能把他对这些法则的认识用来为自己服务，但他却不能用自己的活动改变这个过程。从主观方面来说，在市场经济充分发展的地方，一个人的活动变得同他自己疏远开来，它变成一种商品，它像任何消费品一样，必须照自己的独立于人之外的意思去做。就是说，在物化条件下，不仅人之外的整个物质世界作为与人对立、支配人的东西存在，就连人自己也不属于自己，而只是一种用以交换的商品。

那么，资本主义的这个物化过程对人的意识有何影响呢？卢卡奇指出，当劳动从手工业经过合作生产和工场手工业过渡到资本主义大机器生产后，生产的客体被分成了许多部分，这就必然引起把生产的主体也分为许多部分。当劳动的过程逐步分解成各个抽象的、合理的和专门化的操作，工人的工作变成了一套机械操作系统一直推行到工人的灵魂中去，使工人的心理属性也跟他的整个人格相分离、相对立，成为专门化的合理的系统的一部分，所以卢卡奇认为，在资本主义制度下，当劳动力变成商品时，主体的肉体上的能力也被从他那里撕裂下来而变成一种在客观过程的法则范围内运动的"物"。而当着劳动过程的心理方面也被小心地分析和操纵时，那么，甚至主体的"内心世界"也被从他那里撕裂下来而融合到客观的生产体系中去了。

这样，工人、主体不再是生产过程的真正主人，而是作为结合在机械系统中的一个机械部件，这个机械系统不依赖于他而运行，而他不管愿意与否，都得服从它的规律。因此，随着资本主义经济的发展，在人的活动中能动性少而直观性多，人要服从机器的法则，于是，物化的结构就越来越深刻。这种物化的意识遍及资本主义社会生活的一切方面，本来是资产阶级的物化了的意识却逐渐侵蚀着无产阶级的阶级意识，无产阶级的阶级意识的伟大作用就不能发挥出来了，陷入了"阶级意识危机"，因此，发达资本主义国家中无产阶级革命迟迟不能爆发，或即使爆发也不能胜利。

卢卡奇认为，无产阶级要摆脱这种"物化"意识，就要意识到物与物之间的关系只不过是人与人之间的关系，觉悟到自己是"主体"，理解社会生活各种形式的物化，并起而反对之。这里，卢卡奇把"无产阶级的阶级意识看作主体和客体辩证法的决定因素"①。

当卢卡奇后来看到马克思的《1844年经济学哲学手稿》时，他一方面认识到，自己把"异化"与"对象化""物化"不加区别是错误的；另一方面，他又把马克思的劳动异化理论说成"马克思从人的本性得出的"，是马克思主义中最本质的东西。他把资本主义描述为异化了、物化了的世界，从而得出结论时说，在资本主义社会，与其说需要摧毁生产资料私有制，不如说需要终结异化。

三、总体性理论

卢卡奇把马克思主义的辩证法看成是主体和客体之间的相互作用，而这个辩证法的实质则是所谓的总体性。在他看来，使马克思主义根本区别于资产阶级科学的东西，不是经济动机在解释历史方面所占有的首要地位，而是所谓"总体性"的观点。认为总体性范畴、整体对于部分的绝对优势，是马克思从黑格尔那里继承下来、并以一种独创的方式放在一种崭新的科学基础之上的方法的精髓。总体性范畴是科学中革命原则的体现者。

卢卡奇认为，总体性有两个方面的含义：第一，总体是某一特定时刻包

---

① ［匈］卢卡奇. 历史与阶级意识——关于马克思主义辩证法的研究［M］. 杜章智，等，译. 北京：商务印书馆，1992：147—150.

括现实所有内容的一种状态，在这种状态下，存在着政治、经济、思想、法律等各个方面许许多多具体的事物，马克思主义辩证法要求考虑这些事物时，必须把它们与整个状态联系在一起、让整体赋予每个具体事物以意义。第二，总体是包括过去、现在和将来的一种运动着的趋势，在这一历史的整体中，存在着一个个的特定时刻的片段，马克思主义辩证法要求把历史的片段和历史的整体紧密结合在一起，让各个片段在整体中加以说明。

基于对总体性的这种理解，卢卡奇认为，总体性在逻辑上是先于事实的，它不能由事实的积累中，也不能从经验的论证中确立起来。因为，事实并不能说明它们本身，它们的意义只表现在同整体的关系之中，对于整体表现预先知道。马克思的革命和社会主义理论只能建立在对社会的全面理解的基础上，但这种理解却不能通过任何详细的事实分析来得到。怎样预先知道总体？卢卡奇认为，需要有一种能够把一切现象同整体、总体关联起来的正确的辩证方法，总体就源于这种方法。这种方法就是矛盾总体性方法。为了说明这个问题，他援引了马克思关于"在一切社会形式中都有一种一定的生产支配着其他一切关系的地位和影响"的论述，认为马克思在这里就是运用了这一方法。即整体决定部分，论述决定现实的方法。

卢卡奇以总体性的理论批判第二国际的领导人主张的改良主义路线。批判他们只图眼前的为改善工人经济状况的斗争，并没有把经济斗争和政治斗争联系在一起，没有从革命的最终目标中，使经济斗争获得应有的意义。卢卡奇认为，在资本主义这个全面物化的社会中，只靠经济斗争是不能克服这种物化的。所以，他说，这里决定性的事情是要有对"总体性的渴望"。据此，卢卡奇提出无产阶级所进行的社会主义革命，应该是"总体性革命"，要从经济、政治、思想等诸方面进行革命。

后来，卢卡奇承认，他把总体性放在体系的中心，凌驾于经济的优先地位，是对总体性作了黑格尔式的歪曲。

从卢卡奇的上述哲学思想中可以看出，卢卡奇的哲学比较重视主体，重视主体——人的能动作用，对主体和客体的辩证法作了较深刻的说明。特别是他运用这一理论来分析无产阶级的历史地位和作用，内含着无产阶级是伟大的历史创造者的思想；他的物化理论在人们还未了解马克思的异化思想时对于分析和批判资本主义社会有着积极意义；他提出的总体性理论尽管有黑格尔式的歪曲，但在一定意义上加深了对辩证法的理解，特别是在实践中有着积极的意义。当然，卢卡奇的哲学思想有很多是明显错误的，如他曾反对自然辩证法、反映论，曲解马克思主义；他忽视经济因素的决定作用，片面强调意识的作用，暴露了其哲学的唯心主义方面；他还用"阶级意识"的自觉来代替阶级斗争，对无产阶级革命的道路作了错误的认识等。这些错误中，尽管有很多他自己已经认识到了，但是它对后来某些西方学者有着很大的影响，并成为他们曲解马克思主义的根据。因此，对卢卡奇的哲学思想必须进行科学的分析，吸取其精华，剔除其糟粕。

第三节　葛兰西的哲学思想及其马克思主义观

葛兰西（1891—1937）是意大利共产党的创始人，在意大利被公认为20世纪最重要的理论家之一。葛兰西出生在意大利撒丁尼亚岛的一个叫阿莱士的小村里。1911年秋，他靠奖学金进入意大利都灵大学攻读文学和哲学。1913年年底，葛兰西加入意大利社会党。1917年12月24日，他在《前进报》上发表了欢呼十月革命胜利的著名文章：《反对〈资本论〉的革命》。1919年4月、5月间和陶里亚蒂、塔斯卡、特拉西尼等人一起创办了《新秩序》周刊。1920年10月15日，葛兰西和波兰迪加、特拉西尼等人发表宣言，号召把意大利社会党改造成共产党，同年11月的伊莫拉会议批准了这个宣言。1922年3月，葛兰西作为意大利代表团的成员之一被派往莫斯科参加共产国际会议，并在加入共产国际二届执委会以后成为一名执委。1924年8月，葛兰西被任命为意大利共产党的总书记。1926年11月8日，他被意大利法西斯逮捕。从1929年2月以后，葛兰西开始写他的《狱中笔记》。1937年4月27日，葛兰西病逝。《狱中笔记》内容广泛、思想深刻，其中包括意大利历史、教育、文化、哲学、知识分子的作用、国家理论、妇女地位、天主教，等等。西方有些人之所以会认为葛兰西开拓了适用于发达资本主义条件下的"新马克思主义"理论，一个重要的原因是这个主题以系列的分析贯穿于《狱中笔记》的片段和评论之中。除此之外，葛兰西在狱中还给他的亲友写了大量的书信，这些书信不仅记录了葛兰西在狱中坚忍不拔的斗争，而且还被列为现代意大利文学的经典作品。葛兰西的哲学思想比较集中地反映在他的《狱中笔记》中。

一、"实践的哲学"

葛兰西把马克思主义以及他自己的哲学称作"实践的哲学"。在葛兰西的哲学思想中，关于理论和实践的统一、思想和行动的统一、主观和客观的统一，是他论述马克思主义实践观点的一贯主题。

"实践"这一概念，在他看来就是理论和实践的统一。研究葛兰西的学者普遍认为，他常用的"实践哲学"一词就是"马克思主义"。还有人认为，"实践哲学"也是"历史唯物主义"的同义语。葛兰西之所以用"实践哲学"一词，是为了混过监狱检查官的耳目，因当时法西斯主义也标榜自己是实践的哲学。

根据葛兰西的"实践的一元论"，实践被理解为物质和精神、人和自然的"对立的同一性"，以物质、自然为一方，以精神、意识为另一方，他把这两种要素都统一在人的实践之中。客观物质世界之所以成了实践的一个要素，就在于葛兰西不把物质按照自然科学给予它的意义来理解，不把物质作为它本身来考察，而是作为社会、历史为生产所组织起来的东西来考察。

葛兰西在阐述实践哲学的来源时说，实践哲学是黑格尔主义、费尔巴哈主义和法国唯物主义三者辩证统一过程中的综合，有了它就使人成为"用脚走路的人"而不会使人头脚倒置地去思考问题，弄不清是非和真理。实质上，葛兰西把马克思主义哲学观点理解成了唯物论和唯心论的综合的"实践哲学"。

葛兰西根据他对马克思《关于费尔巴哈提纲》有关实践问题的理解，反对把理论当作实践的"辅助物""附属品"，他要求正确理解理论和实践的统一，而不是把它们放在互相从属的地位。

葛兰西认为，没有人，宇宙的实在就没有意思，一切科学都是和人的需要、人的生活、人的活动结合在一起，人的活动是一切价值的创造者。离开了人的活动，"客观性"就没有什么意义。根据这种实践哲学，使存在离开思维，使人离开自然，使活动离开物质，使客观离开主观是不可能的。葛兰西认为，没有仅仅描述独立于人之外的宇宙现状的科学，没有只管"反映"

实在的现状而不问我们是否认识的哲学。

葛兰西心目中的"实践"是革命者追求共同目标的"自觉活动",因此,从这个政治内容来看,实践产生的不是商品,也不是服务性行业,而是政治哲学(关于世界的概念),它促使我们去改变社会(或属于保守势力,抵制这种改变),从而取得对市民社会的思想领导权。

按照葛兰西的实践哲学观点,自然史包括在人类史之中,所以他不同意卢卡奇的反自然辩证法的观点,认为卢卡奇这样做是预先假定了自然和人之间的二元论的缘故。葛兰西正是在上述意义上,承认辩证法也适用于自然。

二、反对"经济决定论",主张集体"意志论"

"经济决定论"者忽视了哲学、心理学、文化、思想意识等精神方面的作用,以为在客观条件下不具备、经济条件不"成熟"的情况下,工人阶级就不能闹革命,只能"观望""等待"。葛兰西认为这是一种"宿命论""机械论"和"庸俗唯物主义"。他反对所谓"社会的剖析是由它的经济来决定的"这种提法。因为社会是个复杂的问题,马克思主义者必须在理论工作中持严肃的态度,否则就会把复杂的问题弄得简单化了。

葛兰西认为,人类的活动总的要受到社会结构的束缚,应该说人类的活动是由社会结构"决定"的,但如果无产阶级意识到客观条件强加于自己的局限性,而提出超越这种"桎梏"的心愿和要求并进行斗争,这样就会推翻"经济决定论"的神秘力量。

面对有人指责他是"唯意志论"者,葛兰西认为,他自己的"意志论"同唯心主义片面强调主观力量以及法西斯主义的"元脑论"的概念完全不是一回事。他主张的"意志"是一种符合客观历史要求的合理意志。在争取社会主义转变的斗争中,历史的局限性是可以通过政治活动(实践)得到克服的。同时,个别人的意志不能促使阶级觉悟的提高,而只有集体意志才能使被压迫的阶级做到这点。

葛兰西认为,抛弃"经济决定论"并不意味着人的意志可以随心所欲地获得一切而受限制,问题是在若干种可能发展中究竟哪一种将发生,这并不是由任何历史法则所预先决定的,因为历史无非是人的实践,因而是包括意志的。

三、经济基础和上层建筑观

葛兰西从实践是人的实践引出集体"意志论",导出他所特有的经济基础和上层建筑观。葛兰西是"上层建筑"的理论家,他认为,不能把马克思主义看成是"经济基础的科学",而要把它看成是经济基础和上层建筑关系中的理论和实践的复杂的纽带。因此他在这方面修正了当时的许多提法,制定了关于经济基础和上层建筑的关系的概念,阐述了他的历史唯物主义观点。

葛兰西认为,马克思主义的理论和实践最初是在上层建筑领域内表现出来的。思想意识是历史上的需要,有"精神上"的效果;思想意识能"组织"人民群众和创立人类活动的领域,使他们意识到自己的地位和斗争等等。

葛兰西从历史的复杂性中去考察经济基础和上层建筑的关系,认为只有辩证地看问题,才能确立真正的历史唯物主义。从辩证的观点出发,既不能把历史唯物主义归结为纯粹的经济主义,也不能忘记上层建筑本身固有的政治作用。经济基础和上层建筑的关系是不断变化和相互作用的;政治、思想、宗教和文化可能不是独立自主的,但是在特定的转变时期它们可能成为压倒一切的力量。葛兰西反对把经济基础和上层建筑截然分开,认为经济基础和上层建筑的区别是无关紧要的。按照他的观点,经济基础和上层建筑无所谓哪一个更"首要",他认为,作为历史唯物主义的一个首要假设被表现出来的关于能够把政治和意识形态的每一个波动表述和阐释为经济基础的一个直接表现的主张,必须在理论中被驳斥为原始的幼稚病。这样,葛兰西就否定了经济基础的首要性和它对上层建筑的决定作用。①

葛兰西之所以这样认为,除了上述他对经济基础和上层建筑的关系的"辩证理解"之外,还因为他的经济基础和上层建筑概念中,本身包含着阶级关系和政治斗争的因素。葛兰西经常提到的"领导权"或"思想领导权"的概念就是这方面的问题。他认为,经典马克思主义者包括列宁在内,虽然

---

① ［意］安东尼奥·葛兰西. 狱中札记［M］. 曹雷雨,等,译. 中国社会科学出版社,2000:321-326.

都主张夺取政权，但是他们是有限的领导权的概念，片面地单单注意作为经济统治基础的暴力和高压政治的作用，而忽视了"思想领导权"。因此，在葛兰西的理论中是把"经济基础和上层建筑"、经济和政治、组织和意识、主观和客观、自由和必然、暴力和舆论等的复杂的辩证关系紧密地联系在一起的。他认为，如果强调革命过程中单方面的因素，看不到辩证整体中有关的另一方，就必然会破坏马克思主义战略上的统一性，并使革命走进死胡同。

与上述经济基础和上层建筑理论相联系，葛兰西在革命问题上强调"总体革命"，即是说，他强调革命变革必须包括社会的一切方面，既包括经济，也包括政治、文化、社会关系、意识形态等各个方面。按照他的这种革命观，将人的能动性置于革命过程的中心地位；并认为，无产阶级革命不仅要求无产阶级在一些国家用暴力或逐步夺取政权，而且要求无产阶级努力创造一种包含有人的生活和文化的一切方面的变化的新文化。他认为，革命的真正的中心问题是形成一种具有新文化，在一个新的精神容积中，为一种新秩序而斗争的新人。

在政党、阶级、领袖和群众的关系上，葛兰西竭力强调政党与阶级、领袖和群众之间的血肉联系。他猛烈抨击官僚主义集中制，反对集权主义。他首先强调工人阶级的政治运动应当成为真正的工人运动，而不是从工人阶级那里寻求支持的职业政治家的运动。他认为，一个把群众只是当作策略机动对象，而不是灵感源泉的政党，注定要堕落成为职业派系小集团，并变成一股反革命力量。

总之，葛兰西的思想是博大精深的。他在哲学上的一个重要贡献就可以说是恢复了马克思主义思想中主观的具有创造性的方面。他和卢卡奇一样，强调总体性概念，作为一个彻底的革命家，他重新强调了马克思主义的政治方面和意识形态斗争在社会主义改造过程中的重要性。在哲学上，他把人、人的实践问题提到了很重要的位置上来，在历史唯物主义方面有一定的建树。不过，在葛兰西的哲学中，有明显地调和唯物主义和唯心主义的倾向；在强调人的能动作用时，否定了历史决定论；在谈经济基础和上层建筑的辩证关系时，有夸大思想上层建筑方面的作用的倾向，否认经济基础的"首要性"。因此，葛兰西的哲学思想有明显的和马克思主义哲学的经典作家所不一致的地方。

第四节 阿尔都塞的哲学思想及其马克思主义观

路易斯·阿尔都塞（1918—1990），法国共产党党员，是法国著名哲学家和"结构主义马克思主义"的奠基人。1918年出生于阿尔及利亚首都附近的比曼德利小镇。从20世纪60年代初开始接受结构主义思潮影响，运用结构主义方法解释马克思的著作，对经验主义、历史主义和人道主义进行了批判，构成了有别于正统马克思主义的"结构主义马克思主义"思想体系，并在法国形成了一个学派。在他生命中的最后10年，阿尔都塞将大部分精力转向了对马基雅维里的思考，"偶然的唯物论"的提出使阿尔都塞的理论在他去世多年后再次成为学术界关注的焦点。《保卫马克思》是阿尔都塞的代表著作。

一、"认识论断裂"的思想

这个思想可以说是他对马克思主义哲学史的一个观点。他之所以能得出"认识论断裂"的思想，与他提出的阅读马克思著作的方法紧密相关。他的这个方法就是所谓"症候阅读法"。这个概念是他从结构主义心理学那里借来的，实际上源于弗洛伊德的精神分析。阿尔都塞认为，读马克思的著作也应像医生看病观症候那样。马克思的思想不是在表面的文字里，而是在理论结构中。读书不仅要看到文字关系（表层结构），而且要解出字里行间所隐藏的深刻道理（深层结构）。只有把握深层结构，才能真正弄懂书中的精神实质。

根据这个方法去"读马克思的著作"，阿尔都塞得出的第一个结论就是：马克思的著作中有一个"认识论断裂"。

阿尔都塞认为，马克思的思想在发展中有一个"决裂""断裂"的过程。这就是意识形态时期和科学时期（这里阿尔都塞把意识形态和科学对立起来，说意识形态不具有科学的价值）。他说，"1845年断裂前是'意识形态'

阶段，1845 年断裂后是'科学'阶段"①。在具体说明时，他又把马克思的思想分成四个阶段。他说："（1）我建议把马克思第一个大阶段的著作，即从他的博士论文到 1844 年手稿，《神圣家族》也包括在内，叫作马克思青年时期的著作；（2）我建议用断裂时的著作这个新词来称谓 1845 年断裂时的著作；（3）我建议用成长时期的著作这个新词来称谓 1845 年至 1857 年期间的著作；（4）我建议把 1857 年以后的所有著作一概叫作成熟时期的著作。"②

他认为，马克思在 1840 年至 1845 年这一段写的著作都是意识形态的东西，是非科学的。因为这里没有摆脱黑格尔、费尔巴哈的影响。《关于费尔巴哈的提纲》和《德意志意识形态》则标志着马克思由意识形态到科学，断裂的位置就在《德意志意识形态》一书。阿尔都塞宣扬"认识论断裂"，从他反人道主义、反异化的观点出发，完全否定了马克思的早期著作，以非历史主义态度否定和歪曲马克思思想的形成和转变的过程。这种观点显然是非科学的。

二、"多元决定"论

阿尔都塞与卢卡奇等人竭力揭示马克思主义的黑格尔根源相反，他则千方百计地在马克思的思想（特别是成熟思想）中排除掉"黑格尔的因素"。通过这种方式来修改马克思的唯物史观。他在《保卫马克思》一书中作了几点论证。

首先，他认为包括俄国革命和中国革命在内的全部马克思主义革命经验证明，成功的革命永远也不是生产力和生产关系之间经济矛盾的简单结果。生产力和生产关系之间的矛盾总是被它在其中起作用的那些社会形态和具体历史情况所特殊化的。这对矛盾同整个社会有机体的结构不可分割，同该结构的存在条件和制约领域不可分割。所以他得出结论说，生产力和生产关系之间的矛盾在社会有机体内部受到各种不同矛盾的影响，"它在同一项运动

---

① ［法］路易·阿尔都塞. 保卫马克思［M］. 顾良，译. 北京：商务印书馆，1984：14.

② ［法］路易·阿尔都塞. 保卫马克思［M］. 顾良，译. 北京：商务印书馆，1984：15.

中既规定着社会形态的各方面和各领域，同时又被它们所规定"①。

其次，他认为，在马克思的理论中，虽然经济和政治是决定和被决定的，但不是本质和现象那种决定和被决定的关系。经济起决定作用，但经济不是本质，政治虽然被决定，但政治并不是现象，因而它们之间，像黑格尔的本质和现象之间的那种同一性消失了。他说，马克思已经给我们提供了"链条的两端"：一方面，生产方式（经济因素）归根到底是决定性因素；另一方面，上层建筑及其特殊效能教育有相对独立性。他并且引证恩格斯关于经济因素和政治因素交互作用的论述来加强自己的结论。他认为，经济因素的最终决定作用表现在：一是决定自己起不起决定作用，二是在自己是非决定性因素的时候，它决定上层建筑中哪一个因素成为决定性因素。所以，不是生产力和生产关系之间的一个简单的经济矛盾在支配着每一样东西，而是有一个存在于社会构造的一切方面和构成一种在它内部的效力体系。

再次，整体中每一个相对自主的平面，都有其相对自主的历史，都有它自己法则的韵律和连续性。任何一个国家的上层建筑，尽管被经济所决定，但它们有不同于经济基础的发展规律。依据上述理由，他把马克思的历史观说成是多元决定论，之所以是多元决定论而不是多元论，因为经济因素归根到底起决定作用。在他讲"多元决定"的时候，他很欣赏毛泽东《矛盾论》中关于矛盾双方的相互作用的论述。他认为，毛泽东阐述的就是"多元决定"。

阿尔都塞的历史观是"多元决定"论，是为了说明矛盾的"多元决定"。阿尔都塞说，马克思和黑格尔的矛盾观是分别建立在其历史观基础之上的。由他们之间的历史观的不同模式便可导出他们矛盾观的不同结构。因此，阿尔都塞认为，马克思的辩证法绝不是对黑格尔的辩证法的颠倒，他们之间根本不同，不可能有继承关系。因为马克思的矛盾观是多元决定，而黑格尔的矛盾观是一元决定，这就是它们之间的根本区别。在这里，他斩断了马克思和黑格尔的联系，从另一个极端与强调马克思的黑格尔根源的论者相对抗。

---

① ［法］路易·阿尔都塞. 保卫马克思［M］. 顾良，译. 北京：商务印书馆，1984：78.

三、"理论实践"观

阿尔都塞认为，在马克思那里，理论和生产实践一样，也是一种实践。之所以叫作理论实践，因为它也符合于实践一般的定义。所有的实践都有一个共性，都有三个要素：任何实践都要给一定的原料；都要生产一定的产品；都有一种改造活动。而理论也是把一定的给予的原料改造成为一定的产品的过程，也是由一定的人类劳动，使用一定的生产手段所实现的改造。据此，他否定"实践"在理论发展中的作用，认为理论加上理论就产生了理论，而认识的真理性标准问题，不过是一个虚假的问题。因为"理论实践"是自己的标准，它本身就包含着把自己的产品弄确实的"议定书"，它所建立的科学本身就给自己提供了认识上确实性的标准。

根据他的这种"理论实践"的观点，他曾一度把辩证唯物主义称之为"关于理论实践的理论"。在他看来，马克思在他的理论实践和科学研究中用以把他的"材料"加工成认识的方法，正是马克思的辩证法。这种以实践状态出现的辩证法包含着对马克思和黑格尔的关系问题的解答，包含着所谓"颠倒"的真相。①

为了宣扬这种"理论实践"论，阿尔都塞认为，马克思主义是一种反经验主义。他猛烈攻击"把认识看作是见识"的经验主义认识论，说它把实在本身当成了认识对象，把有关实在的思想还原为实在本身而把二者混淆起来，并使认识不能充分地适合于它所认识的实在。阿尔都塞认为，经验主义是意识形态哲学，从经验主义下面解放出来，是把成年马克思和青年马克思全部分开的决裂标志之一。在阿尔都塞看来，成熟的马克思哲学的独创性就在于把认识看作是生产，就在于把理论实践看成是以作为生产手段的一门科学的基本概念，去改造作为认识对象的概念和抽象，而得出作为产品的科学概念，实在本身只是归根到底意义上的认识对象。

阿尔都塞在谈到"理论实践的过程"时，强调认识的对象（客体）与实在的客体这两者有着明显区别，但是，认识的过程经过认识的对象（客体），

---

① ［法］路易·阿尔都塞. 保卫马克思［M］. 顾良，译. 北京：商务印书馆，1984：146.

最终所认识的对象，还是实在的客体，实在的客体只是在归根到底意义上才是认识的对象。他把这"两种客体"的观点看作是马克思主义的观点，实际上，马克思当谈到认识对象 3，就是指客观的实在的客体。阿尔都塞的"理论实践"论完全否定了理论和实践的区别，并在认识对象和认识的真理性标准问题上篡改了马克思的原意。

四、"反人道主义"观

阿尔都塞上述的反经验主义论，是为他的"反人道主义"奠定基础的。

在阿尔都塞看来，马克思主义是反人道主义。他认为：马克思只是对他青年时代（1840—1845）的理论基础——人的哲学——作了彻底地批判后，才达到了科学的历史理论。青年马克思宣扬人的哲学，但青年马克思的人道主义在后来遭到了彻底的否定。从 1845 年起，马克思就同一切把这种和历史归结为人的本质的理论进行了彻底的决裂。这一决裂包括三个不可分割的理论方面：（1）制定出建立在崭新概念基础上的历史理论和政治理论，这些概念是：社会形态、生产力、生产关系、上层建筑、意识形态、经济起最后决定作用以及其他特殊的决定因素等等。（2）彻底批判任何哲学人道主义的理论要求。（3）确定人道主义为意识形态。阿尔都塞强调，必须把人的哲学的神话打碎，否则，人们就不能认识人的任何东西。他说，历史是无主体的过程。主体、人的本质和异化的概念在成熟马克思那里消失了。

阿尔都塞认为，反人道主义有如下几个意思：一是马克思反对从人的本质的概念里引出社会发展的必然性。马克思的历史观是以生产力和生产关系，经济基础和上层建筑之间的矛盾引申出旧社会必然灭亡、新社会必然产生的结论的。二是说生产关系不是人与人之间的关系，是生产关系结构来决定进行生产的人所占据的位置和作用。人们只是这些作用的"支撑者"。三是说马克思主义否认人在社会变革中的作用。

阿尔都塞公开提出反人道主义的观点，认为马克思主义不谈人的作用，对人道主义的内容一概抛弃，视为非科学的意识形态，这并不符合马克思的原意。他走的是和用人道主义解释社会历史发展的论者相反的另一条极端的路。这两种极端行为都不是马克思主义的。

总体来讲，卢卡奇等人在他们特定的历史条件下，对马克思主义哲学的若干曾忽视的方面，特别是对历史运动的辩证法，作了相当深入的开掘和探讨。尽管其中有许多失误和混乱，但对他们的工作不应简单否定。对他们的思想理论的形成和演变，对他们的著作中包含的实质性内容，应当认真研究和分析，以有利于马克思主义哲学的深入发展。

第五节　萨特的"存在主义的马克思主义"

萨特（1905—1980）是当代西方著名的存在主义哲学家。他既是哲学家，又是文学家、文学批评家、政治理论家，还是著名的社会活动家。他的主要哲学著作有《想象》《存在与虚无》《存在主义是一种人道主义》《辩证理性批判》和《方法论若干问题》。这些著作已成为 20 世纪资产阶级哲学思想发展变化的重要思想资料。萨特企图以存在主义去结合和补充马克思主义，而西方有些人则把他称作是一个"不断地以人的名义和人的自由的名义向现代世界提出抗议，恢复人的价值"的思想家。在萨特看来，"一种哲学在十分敏锐有力之时，绝不会表现为一种惰性物，不会表现为知识的已经终结的消极统一；它产生于社会运动，本身就是运动，并影响着未来"[1]；"哲学的特点是一种研究和解释的方法；它对自己和它未来发展的信心只会再现拥有它的阶级的自信心"[2]，"任何哲学都是实践的"，"方法是一种社会的和政治的武器"[3]。

一、萨特关于人的本质的观点

萨特认为人的存在就是自由，而人的本质是人自由选择的结果，在这方面他有其独特理解。这种理解表现于他的著名论断——"存在先于本质"之

---

① ［法］让－保罗·萨特. 辩证理性批判［M］. 林骧化，徐和瑾，陈伟丰，译. 合肥：安徽文艺出版社，1998：8.

② ［法］让－保罗·萨特. 辩证理性批判［M］. 林骧化，徐和瑾，陈伟丰，译. 合肥：安徽文艺出版社，1998：8.

③ ［法］让－保罗·萨特：《辩证理性批判》，林骧化、徐和瑾、陈伟丰译，安徽文艺出版社，1998 年，第8.

中。萨特的哲学不关心自然观的问题。在他看来，哲学只应以研究人为基础。他认为，马克思主义哲学"把人忘掉了"，而存在主义哲学的任务就是要在"人"这个问题上对马克思主义进行"补充"。所以，他的"存在先于本质"命题的前提就是"人"。这里的"存在"指的是人的存在，这里的"本质"讲的是人的本质。"存在先于本质"就是人的存在先于人的本质。在萨特看来，人与物有着根本的不同，物的本质是在它被生产出来之前就被生产者预先确定了的。而对于人来说，没有一个东西能够事先设计人的本质，然后再按照这本质造人。所以，上帝造人是欺人之谈。人是先存在后有本质。他解释说，人首先是存在、露面、出场，后来才说明自身。人是自己按照自己的意志造就自身。

萨特从"存在先于本质"的原理出发，得出人具有绝对自由。自由是人类的普遍的属性。"人存在的本质"就在于他的自由。按照萨特的意思，人的本质是由人后来选择的，所以是不确定的。人可以自由选择自己的本质。可见在萨特关于人的本质的论述中，包含着人的存在是先有的，而人的本质是逐渐形成的思想，他反对把人的本质看成是生而有之，凝固不变的，这一思想较为深刻。但是，他把人的存在和人本质分开，说存在在先，本质在后，却是不科学的，而且把人的本质规定为自由选择的结果，他的自由就成了绝对的意志选择，从而走向了唯意志论。

二、"人学辩证法"

既然萨特认为哲学只着眼于研究人，所以他就用"人学辩证法"去取代唯物辩证法。

在萨特看来，纯粹的自然界是一些自在的存在，其中没有运动的源泉，只是些偶然事件的堆积。能动性、运动、发展及一切可能性都是来自自为的存在，即人自身。因此说到辩证法，就只有人类社会才有。按照萨特的说法，"人学"就是研究人的实际的，是为研究作为主体的人对自己的体验所作的自我了解的，它在从主体方面去理解人的基础上，建立起关于人的对象性认识。所谓"人学辩证法"，用萨特在《辩证理性批判》中的一句话来说，就是"为辩证法奠定基础，把它作为人学普遍适用的方法和普遍适用的规律"。

萨特在强调了只有人的活动才有辩证法的性质后，就否定了辩证法的普遍性和客观性。他坚决否定自然辩证法，认为承认自然辩证法的存在，这是恩格斯的错误。并且把辩证唯物主义理解为自然辩证法，把辩证唯物主义排除在马克思主义哲学之外。

在萨特看来，辩证法有两个基本的规定，即变化性和总体性。而这些规定在人类社会中明显地体现出来，且总体性只存在于人类社会之中。萨特还认为，要理解辩证法，必须立足于总体性上，例如否定之否定只有在总体性的范围内才提供出肯定，对立面的统一只有在总体性过程中作为部分与整体、整体与部分、部分与部分以及整体与其自身的对立才有意义。这里，萨特的辩证法的立足点总体性，就是生物学上的个人在既定历史条件下的需要、劳动和享受。所以，这种辩证法显然与马克思主义的辩证法相去很远。

三、"历史人学"

萨特否定辩证唯物主义，承认历史唯物主义。但是他所说的历史唯物主义又和我们通常讲的历史唯物主义不同，他理解的所谓的马克思主义的历史唯物主义，实际上是一种关于社会集团的形成和分解的理论，萨特自称其为"历史人学"。

在《辩证理性批判》中，萨特从三个层次上来展开其对"历史人学"的论述。

第一个层次是"个人实践"。他把"个人实践的辩证法"叫作"构成辩证法"。认为，作为生物的人在社会中为了生存，就产生了需要，但是又没有任何一个社会能满足所有人的需要，于是，个人的需要与匮乏就使人与周围世界发生关系。人的实践首先设法取得基本生活的必需品。基于这种根本立场，萨特认为匮乏是人与人之间相争的根源，是异化和阶级斗争的根源，也是暴力和剥削的最初根源。

第二个层次是"群集"。在萨特看来，个人实践的主体在匮乏的领域中被链接起来。但是，一旦人与物之间形成了被动的无力的统一，即萨特称之为"实践——惰性"领域时，就出现了"群集"的状态。在这个团体中，个人不是集合在一起从事共同的实践活动，他们没有共同的目标。这个阶段，群集的人们虽已初步形成集体，但还是散漫的乌合之众。

第三个层次是"集团"。萨特认为，在社会中，众人的存在受到威胁，则靠众人同心协力才能消除。个人可以共同协同行动，萨特称之为"融合集团"的行动。它和"群集"的不同之处在于，这里已有共同的目标和行动，每个人都体现了共同的人。但是，萨特认为，这种集团还是不稳固的，当目的和压力一旦消失，它又会成为"群集"。于是就需要每个成员都发誓牺牲自己个人的自由而保证公共的自由，产生了所谓"誓愿集团"，这种集团的进一步发展，产生了把集团的关系明确地加以规定的、在非有机的制度中把成员固定化的"制度集团"。这样就产生了人人必须服从的主权者，集团的共同目的也由主权者来决定了，发展到极点就是"官僚国家"。

可见，萨特《辩证理性批判》中已把目光转向共同的实践，力图投身于社会，使哲学改变世界。他终于认为，个人的自由离不开人人的自由。绝对的个人自由行不通。萨特关于社会集团和分解的理论，揭示了发达资本主义社会和苏联模式中存在的一些问题，但是，他把这些观点冠以马克思主义的历史唯物主义，是大错特错的。萨特的"存在主义的马克思主义"，强调个性解放，个体自由，以个体为出发点又复归于个体的自由发展，这总体来说，仍然属于资产阶级的哲学范围。

总之，马克思主义哲学在当代西方传播范围非常之广。西方对马克思主义哲学的研究，尽管在某些问题上有着一致的答案，如从早期卢卡奇到法兰克福学派、萨特，都强调人，强调主体的作用，主张人道主义，反对自然辩证法等，但他们哲学的性质有着明显的区别。某些问题的出发点和具体内容也有着原则的不同。如在主体能动性问题上，卢卡奇和萨特都是很注重的，但是，卢卡奇强调这个问题的出发点是社会解放，他的主体主要是阶级的主体，强调无产阶级意识的作用，最终目的还是要实现社会主义革命。萨特却不同，他立论的出发点是个性的解放，主体主要是个人，最终目的是争取个性的自由。"西方的马克思主义"者，内部观点也有很大的分歧，如卢卡奇和阿尔都塞的理论之间，有很多是大相径庭的。他们的分歧给人们的启示是，对任何问题都不能采取绝对化的态度，无论是对马克思的早期哲学著作，还是对待人道主义问题，抛弃唯物辩证法是不能得出问题的正确答案的。

思考题

1. 论述西方马克思主义主要流派及观点。
2. 论述卢卡奇的哲学思想。
3. 论述卢卡奇的马克思主义观。
4. 论述葛兰西的哲学思想。
5. 论述葛兰西的马克思主义观。
6. 论述阿尔都塞的哲学思想。
7. 论述阿尔都塞的马克思主义观。
8. 论述萨特的"存在主义的马克思主义"。

专题九

马克思主义巨大而深远的历史影响

学研导引

1. 马克思主义对人类"思想理论"的变革。

2. 马克思主义对人类"历史进程"的影响。

3. 马克思主义对人类世界格局的深远影响。

4. 马克思主义对人类文明的重新建构。

5. 马克思主义对人类社会的重新形塑。

马克思主义的创立、传播和发展，不仅深深地改变了人类社会的近现代历史转型，而且将会长期地影响着甚至引领着人类历史的走势与发展。恩格斯在《马克思墓前的讲话》中指出："正像达尔文发现有机界的发展规律一样，马克思发现了人类历史的发展规律。"[①] 马克思首先是一个革命家，他毕生的真正使命就是以这种或那种方式参加推翻资本主义社会及其所建立的国家设施的事业，参加现代无产阶级的解放事业。马克思主义诞生后的人类社会和人类历史发生了翻天覆地的变革。西方资本主义国家一统天下的局面被彻底打破，资本主义国家建构起来的世界殖民体系也逐渐瓦解，殖民地国家纷纷独立，社会主义国家雨后春笋般地建立起来并逐步走上健康发展的轨道。马克思主义的诞生和社会主义性质的制度及国家的建立，使人类社会历史和人类文明迎来了新的历史纪元，使世界无产阶级和劳动人民逐步走上幸

---

① 中共中央马克思恩格斯列宁斯大林著作编译局. 马克思恩格斯文集：第3卷［M］. 北京：人民出版社，2009：601.

福生活的光明之路。马克思主义不是固步自封、僵化不变的学说，而是在总结实践经验的基础上形成的，在实践中不断地得到验证和发展的。当今时代，西方主要发达资本主义国家所导致的世界经济危机和金融危机不断爆发，发达资本主义国家染指的地区性冲突接连不断，而中国特色社会主义的茁壮发展，都再次验证了马克思主义理论的科学性和正确性。习近平指出："马克思主义是科学的理论，创新性地揭示了人类社会发展规律；马克思主义是人民的理论，第一次创立了人民实现自身解放的思想体系；马克思主义是实践的理论，指引着人民改造世界的行动；马克思主义是不断发展的开放的理论，始终站在时代前沿。"① "今天，马克思主义极大推进了人类文明进程，至今依然是具有重大国际影响的思想体系，马克思至今依然被公认为'千年第一思想家'。"② 在当代中国，坚持中国特色社会主义道路，就是真正坚持社会主义；坚持中国特色社会主义理论体系，就是真正坚持马克思主义。

第一节 马克思主义对人类"思想理论"的变革

马克思主义诞生之前，各种各样的宗教信仰、封建迷信和唯心主义历史观构成人类精神文明领域的主要内容，控制人们的心理和精神，操纵着人们的日常精神生活和人们的理想信念。因而，人类对自己生活于其中的现实世界和历史得不到科学正确的认识和解释，致使人们不能科学正确地认识和把握自己的命运。马克思主义的诞生不但科学正确地揭示了人类社会和历史发展的真实奥秘，而且认为真正科学的理论在于为无产阶级和劳动人民认识自己的命运，获得彻底的解放提供精神武器，在于从根本上改变旧的世界建立新的世界。所以，马克思主义的诞生开辟了人类精神文明的新篇章。

马克思主义产生于 19 世纪 40 年代，是资本主义矛盾激化和工人运动发

---

① 习近平. 在纪念马克思诞辰 200 周年大会上的讲话 [M]. 北京：人民出版社，2018：7-9.
② 习近平. 在纪念马克思诞辰 200 周年大会上的讲话 [M]. 北京：人民出版社，2018：11.

展的产物，以 1848 年 2 月《共产党宣言》的问世为标志。马克思主义诞生之前，在人类精神领域占统治地位的是各种各样的宗教信仰、封建迷信和唯心主义历史观。马克思主义的诞生不仅批判超越了一切封建迷信和各种各样的宗教信仰，而且也超越了与马克思恩格斯同时代的西方哲学。马克思主义的诞生实现了人类认识史和哲学史上的伟大革命。"马克思主义"一词作为马克思恩格斯创立的学说的总称在马克思恩格斯在世时就已经出现。19 世纪 70 年代末，在法国社会主义者的著作中曾广泛使用，但内容受到歪曲，马克思对此提出尖锐批评。恩格斯在 19 世纪 80 年代初开始使用"马克思主义"一词，并在 1886 年专门作了说明。

　　马克思恩格斯创立的学说，是包括科学世界观、社会历史发展学说、无产阶级革命理论以及社会主义和共产主义建设理论在内的科学理论体系，是工人阶级政党的理论基础和指导思想。从总体上来看，马克思主义理论包含三个主要组成部分，即马克思主义哲学、政治经济学和科学社会主义。这三个部分的内容构成马克思主义的完整的科学体系，它们之间不是彼此割裂的，而是一个相互联系的有机整体。马克思主义是世界各国无产阶级认识世界和改造世界的思想武器。它的主要特征是科学性和革命性的结合，理论和实践的统一。马克思主义作为一个完整的理论体系是在同各国工人运动和革命斗争实践的结合中发展的，是在同各种错误思潮的斗争中发展的，是在对时代发展提出的新问题和出现的新情况进行创造性研究的过程中不断发展的。马克思恩格斯对当时的整个哲学史作了批判性的总结：一方面他们克服了形而上学唯物主义的不彻底性，把唯物主义原则贯彻到包括社会历史和人类思维在内的一切领域。另一方面又纠正了唯心主义辩证法的反科学性，把辩证法规律从唯心主义的泥潭中解救出来，重新建立在唯物主义基础之上。从而第一次正确解决了哲学与具体科学的关系，第一次实现了唯物主义与辩证法、唯物主义自然观与历史观的有机统一，并且，在社会作用上，马克思主义第一次强调哲学的使命不仅要认识世界，更重要的在于指导实践，改造世界。这样，马克思主义不仅在哲学领域完成了一次伟大的变革——把唯物主义与辩证法有机统一起来，把辩证唯物主义和历史唯物主义结合起来，创立了一个十分完备而又严密的唯一科学的世界观，而且也为全部科学提供了崭新的世界观和方法论。随着马克思主义的诞生，整个社会科学也就进入了现代发展阶段。马克思主义政治经济学正是以这种科学世界观和方法论为依据，从物质生产力的状况是一切思想和趋势的根源入手，分析和研究了各种社会经济形态特别是资本主义的产生、发展和衰落的过程及根源，得出了资本主义发展和转变为社会主义的科学结论。马克思主义政治经济学的创立不仅吸收发展了英国古典政治经济学的精华，而且实现了经济学史的革命。科学社会主义，是马克思恩格斯根据人类社会发展的一般规律，根据对资本主义经济社会所作的深刻分析，对未来社会主义和共产主义发展普遍规律的科学预测。科学社会主义克服了空想社会主义的弊端，实现了人类社会发展认识史上的伟大变革。因此说，马克思主义的创立是人类思想史上的伟大革命。马克思和恩格斯逝世后，他们的继承者继续把马克思主义理论推向前进。列宁把马克思主义同俄国革命的具体实践结合起来，创造性地发展了马克思主义。列宁创立了马克思主义的帝国主义理论，丰富发展了马克思恩格斯关于无产阶级革命和无产阶级专政的理论，制定了关于建立新型无产阶级政党的学说。列宁总结了苏维埃俄国的实践经验，提出了社会主义建设的基本原则和指导思想。列宁对马克思主义的发展使马克思主义进到一个新阶段即列宁主义阶段。在中国，以毛泽东为代表的中国共产党人把马克思主义的基本理论与中国历史和社会实践相结合，创立了毛泽东思想。在毛泽东思想的指导下，中华民族推翻了"三座大山"，实现了社会主义革命的胜利，建立了社会主义制度，走上了社会主义道路，实现了中华民族的伟大复兴。

　　马克思主义诞生后，随之而来的就是对马克思主义的解读和领会。早在马克思恩格斯晚年时期就存在着对马克思主义的误读。可以说，在马克思主义的发展历程中，对其进行的解读和领会构成马克思主义与时俱进的核心问题。有的学者认为，从马克思主义诞生到现在，大致可以分为三个发展阶段，大体存在过三种流行的主导解读模式：19世纪后期，主要流行的是"以恩解马"解读模式——通过恩格斯通俗性、论战性著作来解读马克思哲学；20世纪前期，主要流行的是"以苏解马"解读模式——根据苏联模式的哲学教科书体系理论框架来解读马克思哲学；20世纪后期，主要流行的是"以西解马"解读模式——依据近现代西方哲学框架来解读马克思哲学。对于流行的这三种主导解读模式，我们应当具体地、历史地分析其历史贡献与历史局限。

　　在马克思主义发展史上，西方还存在着一种认识和把握马克思主义的流派，称为西方马克思主义流派（Western Marxism）。它出现于 20 世纪 20 年代，最初是共产国际内部的一种"左"倾思潮，在受到共产国际的批判后，在党外发展起来。1955 年，梅洛·庞蒂在《辩证法的历险》一书中，强调西方马克思主义同列宁主义的对立，并把前者的传统追溯到卢卡奇在 1923 年发表的《历史和阶级意识》。在这以后，人们就广泛地用"西方马克思主义"这个概念称呼这一思潮。在 20 世纪 60 年代末期西方的新左派运动中，特别是在 1968 年的法国"五月风暴"中，这一思潮曾被激进的青年学生和工人奉为反对发达资本主义社会等级制异化制度的思想武器。西方马克思主义企图把马克思主义同现代西方哲学的一些流派结合起来，在对现代资本主义社会的分析和对社会主义的展望上，在革命的战略和策略上，提出了一些新见解和新思路。在西方马克思主义思潮内部，有两种不同的趋向：一是按照黑格尔主义、弗洛伊德主义、存在主义的精神解释和发挥马克思主义，被称作黑格尔主义的马克思主义、弗洛伊德主义的马克思主义和存在主义的马克思主义；还有一种是按照新实证主义、结构主义的解释范式解释和发挥马克思主义，被称作新实证主义的马克思主义和结构主义的马克思主义。西方马克思主义的不同趋向和流派，在分析研究发达资本主义社会出现的新情况和新现象的基础上，在一定程度上揭露了资本主义制度的痼疾和问题，探索了西方革命的途径，并且批评了苏联社会主义模式的弊端和缺陷。但是，由于它们脱离了马克思列宁主义的科学世界观和方法论，因而没有能够为现代西方社会指出一条摆脱资本主义、走向社会主义的道路。每况愈下的西方思潮，包括西方马克思主义思潮，所反映的不过是在全球背景下不断加剧的西方资本主义的困境。实际上，西方马克思主义所提出的各种生存论主张，乃是相比于马克思主义的倒退。在当代，对马克思主义的理解和解读更是"百家争鸣"，异彩纷呈。怎样才能科学地正确地解读和领会马克思主义？新近有学者提出了"以马解马"的解读模式。在这种观点看来，对马克思主义的解读和领会，应根据马克思恩格斯本人文本还原独特语境，结合人生道理，多重历史背景，追溯理论来源，把握来龙去脉，抓住理论起点，结合整个体系，观照内在逻辑，忠于精神实质。

　　马克思主义产生于西方传统，但本质上又超越了西方传统并向整个人类社会开放。马克思恩格斯谋求的是无产阶级和人类的彻底解放，而且，正是人类性文化深刻地影响着整个马克思主义的历史运动，马克思主义在历史上的确表现为不同的形式，但人类性却是马克思主义的主导方向，并使马克思主义成为这一时代最有影响力的思想。有学者认为，对马克思主义的理解，不能停留于一种表浅化的意识形态层面，不能走向一种将对立和矛盾绝对化的斗争哲学。在这一观点看来，表浅化的意识形态通常只考虑到思想观念与当下现实之间直观的需要关系，必然忽视思想观念与现实生活的批判关系。还有，马克思恩格斯并不只是一般地接受哲学人类学。马克思恩格斯继承了在康德那里就初步展开、并在费希特及费尔巴哈那里进一步巩固起来的德国哲学人类学传统，而哲学人类学也是马克思恩格斯在其思想演进中所要批判和超越的。马克思恩格斯真正颠覆了近代式的西方中心主义，从而开启了一条通向非西方的道路。马克思主义所启动的对整个西方哲学与文化传统的现代转变，是迎着传统西方哲学最"硬"的地方下手的，这就是存在论革命。在现代哲学的起点上，马克思完成了西方哲学的存在论革命。今日世界，正处于全球资本主义，占主要地位的价值观是自由主义，但西方哲学及文化依然处于其后现代的转折与过渡状态，而时代精神的相对主义与虚无主义，更使得当代西方哲学与文化在自我理解方面陷入困境。西方中心主义即使困境重重，但仍然有其传统的惯性并且依然在世界范围内发挥作用。这就要求我们更加自觉地坚持马克思主义，实现马克思主义的与时俱进。

时至今日，马克思主义的诞生距今已有170多年的时间，为什么还对世界历史和人类文明发生着如此重大的影响？这是因为其"真精神"具有永恒的价值。马克思主义的理论逻辑是历史逻辑与实践逻辑的客观反映，具有严密的科学性；马克思主义以其深刻的科学性和彻底的批判性，深刻地影响着资本主义的存在和发展以及整个世界的历史进程；马克思主义理论所展现的关于人的自由全面发展、实现无产阶级和全人类的彻底解放，为人类社会的进步指明了方向；马克思恩格斯的科学求真精神及其伟大的人格力量，始终为我们后人所敬仰。在逝世一个多世纪之后，马克思被评为千年思想家和最伟大的哲学家，法国哲学家萨特提出，马克思是一座不可被超越的思想高峰，德里达在新世纪初就发出"向马克思致敬"的口号，这些都证明了马克思思想的巨大力量和魅力。最根本的就是要从马克思主义理论内部的有机联系和马克思主义与其时代以及历史实践的内在联系中来把握马克思主义的精神实质。在马克思恩格斯那里，哲学、政治经济学和科学社会主义构成了一个有机的思想整体，因此我们仅从哲学出发来理解马克思的哲学，就无法真正把握马克思思想的整体面貌和实质。所以，我们还应当从世界观、价值观和方法论之高度以及马克思主义思想体系之理论特征的角度来把握马克思主义。从世界观、价值观和方法论的高度看，马克思主义是对人类社会发展一般规律和资本主义发展特殊规律的揭示，是关于历史生成机制和社会发展机制的科学，唯物史观对人类社会结构和运行发展机制的揭示在当代依然是具有解释力的，对分析和把握当代社会的发展规律依然具有不可替代的重要指导意义。

第二节　马克思主义对人类"历史进程"的影响

马克思恩格斯创建的"新哲学"是科学的世界观和方法论，是世界无产阶级和劳动人民争取自身解放的精神力量和理论武器。马克思主义有力地指导着世界共产主义运动，指导着世界殖民地国家的独立和解放运动，引领着社会主义制度和社会主义国家的建立与发展。马克思主义理论的诞生使人类历史的总体进程产生了根本性的改观。马克思主义是真正意义上的科学的人类学。

人类历史由民族历史进入世界历史，是西方主要资本主义国家通过世界范围的殖民主义扩张展开的。资本主义世界殖民体系的形成开始于新航路的开辟，终止于20世纪后期亚非拉国家的独立和解放。新航路开辟后，西班牙、葡萄牙率先开始了早期的殖民扩张，建立了最早的殖民地。17、18世纪，通过早期资产阶级革命和产业革命，英、法、美等西方发达国家相继确立了资本主义制度，它们的大肆侵略和掠夺，形成了资本主义世界体系的雏形。19世纪六七十年代，在工业革命和新科学技术革命的推动下，资本主义制度在世界范围内确立起来，资本主义各国对全世界展开扩张和争夺，使资本主义世界体系初步形成。19世纪末20世纪初，在第二次工业革命推动下，资本主义向帝国主义过渡，帝国主义各国终于将世界瓜分完毕，使资本主义世界殖民体系最终形成。这标志着包括殖民体系在内的资本主义世界体系的最终确立。在资本主义国家内部和资本主义国家与殖民地国家之间，无产阶级反对资产阶级的斗争，殖民地国家反对资本主义殖民者的斗争就没有停息过。马克思恩格斯对资本主义发展过程中存在的矛盾，对无产阶级的解放斗争事业和殖民地国家争取独立与解放的革命运动给予了高度关注。

"世界历史"所呈现的现代性开启了人类普遍交往的时代，带来了人们社会生活的巨大变革，并以其特定的方式打破了从前的一切秩序，每个人都在亲身经历并感受着与世界历史的直接联系。19世纪中期，当资本主义生产方式掀起经济全球化的第一次浪潮时，马克思恩格斯站在历史发展的高度，从哲学本体论上批判性地反思和审察了资本主义文明在物质实践、人的本质和社会存在等诸方面所引发的历史性变革及其发展走势。以"人的世界历史性存在"为总体背景，以"人类的彻底解放"为最高价值诉求，马克思恩格斯不但对资本主义制度进行了科学而深入的分析和批判，而且对其所建构起来的世界殖民主义体系也从根本上给予了分析和揭露。以工业文明为先导的世界现代历史进程，是近代以来人类文化发展的最具深远意义的事件。作为现代资本主义内在精神的现代性问题、民族传统与现代化问题、现代化与人类历史总体进程等，都是马克思恩格斯特别给予关注的问题。马克思恩格斯是现代资本主义的自觉批判者。总体来看，马克思和恩格斯对资本主义现代性的考察，既坚持了对人类价值理想的终极关切，又正视历史发展的现实过程，并特别强调现代化实践既是理性与价值冲突的不断生成过程，同时又是这种冲突的不断消解过程，从而在理性与价值的双重审视中达到对社会历史发展规律的把握。马克思恩格斯运用"世界历史"的理论范式，以理性的历史主义态度，对资本主义现代化（工业化）所开启的"世界历史"时代给予了鲜明的肯定，认为它体现了一个向未来敞开的时代的到来，这是一个为未来而生存的时代。

在马克思恩格斯看来，资本主义文明开启了现代文明的新纪元，也集中体现了现代性的复杂特点——善恶并举的二重本质，对这种复杂特点的准确把握必须诉诸理性尺度与价值尺度相统一的历史分析。首先，马克思恩格斯从理性主义视野肯定了资本主义现代性对于社会历史的巨大推动作用。他们指出，资本主义在全球化的历史进程中，起着推动的作用，具有非常革命的性质。资本主义使人类的社会成为实质意义上的"人类"社会。在此之前，许多孤立发展的人们并不具有现实的"人类性"，世界一体化则使每个人的行为都成为人类社会体系上的一环，使每个民族、国家的发展都汇入到了人类发展历史的洪流中来，彼此不可分割，于是每个民族甚至每个人的发展、发明都会迅速传遍全球，避免了封闭状态下人们所走的历史弯路，加速了世界文明的发展。但是，马克思恩格斯也指出了资本主义在全球一体化的推进过程中，客观上造成了世界呈现出"中心—外围"结构体系。这个庞大的体系以西方发达国家为中心，以东方和其他落后地区为边缘；以现代化城市为中心，以自然形成的城市和乡村为边缘；以大多数资本家为中心，以广大的工人和劳动人民为边缘。结果是：一方面是处于中心的社会和国家控制着世界市场，敛取绝大部分的产品附加值，掠夺巨大的财富；另一方面，处于外围或更边缘的国家则深受中心国家的剥削和控制，不但分享不到世界一体化所带来的好处，反而日益贫困，导致其地位更加边缘化。马克思恩格斯作为对资本主义最为激烈、最为深刻的批判者，也同样是现代性观念的最为科学的阐释者。作为彻底的辩证唯物主义者，马克思恩格斯在历史地肯定了现代性为世界历史的展开、为人的本质的自由而全面的发展创造了条件的同时，也指出了它所造成的罪恶的殖民统治以及人的本质力量的异化。历史的发展往往就是这样，"自我异化的扬弃同自我异化走的是一条道路"。只有在理性与价值之间保持必要的张力才能达到对现代性的合理理解。为了缓解现代性所造成的矛盾、对立与冲突，马克思恩格斯提出了共产主义的理想目标。他们认为由狭隘"地域性的个人"向"世界历史性的"个人转化，建立"自由联合起来的个人"的共产主义社会，将是人类的一次重大的历史性飞跃。马克思恩格斯预言共产主义社会将是人类社会发展的最终归属，这是不可逆转的历史规律。

在马克思主义理论的引领下，世界无产阶级革命和社会主义运动蓬勃发展。1914 年第一次世界大战爆发。1917 年，还在第一次世界大战期间，俄国从资本主义最薄弱的环节中挣脱出来，建立了世界上第一个苏维埃社会主义国家，这标志着资本主义建构的世界殖民体系开始解体。第二次世界大战后，中国等一大批社会主义国家的建立则标志着资本主义世界殖民体系的彻底瓦解；20 世纪 90 年代，非洲最后一块殖民地解放，标志着殖民体系的彻底崩溃。20世纪的社会主义国家对人类历史作出了巨大的贡献。马克思主义指导的社会主义运动是一个不断发展的历史进程，它经历了从空想到科学、从理论到现实、从一国到多国和从单一模式到各具特色四个发展阶段，或者说经历了四次大的飞跃。其中，除从空想到科学这次飞跃是在19世纪中叶，由马克思恩格斯完成的以外，其他三次飞跃都是在20世纪内完成的：1917年俄国十月社会主义革命的胜利，列宁领导的布尔什维克党在俄国建立了第一个社会主义国家，把科学社会主义变成了现实；1945年世界人民反法西斯战争的胜利，在苏联的帮助下，欧洲和亚洲先后建立了一批社会主义国家，社会主义由一国变成了多国，成了一个拥有相当实力的国家集团和阵营。所以说，马克思主义的诞生和发展，从根本上改变了人类历史的总体进程。

第一，在马克思主义的指导下，俄国建立了第一个苏维埃社会主义国家，打破了资本主义一统天下的局面，开创了人类历史的新纪元。1917年11月，在列宁的领导下，俄国布尔什维克党利用第一次世界大战造成的俄罗斯的内外危机，在彼得堡发动了武装起义，建立了工兵代表苏维埃这个全新的红色政权，推翻了资产阶级临时政府，标志着无产阶级上升为统治阶级，开始执掌政权并创造新的历史。在实现人类长期渴望的建立"大同世界"的理想、实现空想社会主义者渴望建立的"和谐社会"和"劳动公社"制度、实现马克思主义的无产阶级要解放全人类、建立共产主义制度的漫漫征途中，迈出了重要的一步。这是前所未有、开天辟地的大事情，也是把科学社会主义理论变成现实的第一步。它敲响了剥削阶级统治的丧钟，为人类社会的发展开辟了新的前进方向。

第二，在马克思主义的指导下，世界人民取得了1945年反法西斯战争的胜利，使得社会主义越出了一国的范围，实现了社会主义从一国向多国的发展。"二战"前，只有苏联一个社会主义国家。"二战"后，1945—1949年，在欧洲和亚洲相继建立了11个人民民主国家，它们先后走上了社会主义道路。特别是中国，在抗日战争胜利后，在中国共产党的领导下，又经过四年的和平谈判和解放战争，终于打败了美国全力支持的蒋介石集团，建立了中华人民共和国。中国在外交方面率先打破了雅尔塔体制，实行"一边倒"的外交政策，并于1950年2月和苏联签订《中苏友好同盟互助条约》，使得欧亚社会主义国家连成一片。这样，从面积、人口、资源、实力诸多方面大大地加强了社会主义的力量。随着这些国家经济、军事、科技的发展，实力的增强，它们必然成为国际舞台上一支维护和平民主事业的重要力量，从而推进人类进步事业的发展。

第三，在马克思主义的指导下，有力地推动了社会主义国家的建立与发展，推动了殖民地半殖民地国家人民反帝反殖和争取民族独立与解放的斗争，使得持续了几百年的帝国主义殖民体系土崩瓦解。社会主义国家的存在和发展为殖民地国家获得独立创造了极为有利的国际环境，并且社会主义国家也向这些国家提供了道义的、政治的、经济的以及军事的支持，这也是他们能够取得斗争胜利的一个不可缺少的重要条件。

第四，在马克思主义的指导下，社会主义国家的存在和发展，给发达资本主义国家造成了极大的挑战和压力。"二战"后，西方发达资本主义国家在经过恢复时期之后，很快进入了迅速发展的"黄金时代"，经济实力得到很快的增长，但这些国家无时不感受到社会主义国家的挑战和压力。这就迫使这些国家注意改善人民生活，实行福利政策，保障人民的基本生活需要，有的国家还实行了"从摇篮到坟墓"的福利制度。在企业里，实行民主管理，吸收工人代表参加管理，搞企业管理的民主化，还大量吸收工人入股，搞资本所有权的所谓社会化，来模糊资本与劳动的界线。在政治上，放宽选举条件，扩大选民范围，完善民主制度，来掩盖资本主义民主制的阶级实质。这些国家的统治者在社会、经济、政治等诸多方面采取的一系列措施，都是应付社会主义国家的挑战和压力的表现。而这一切，在客观上有利于这些国家工人阶级和劳动群众开展改善劳动条件、增加工资收入、提高社会地位、参与政治生活的斗争。当然，他们的目的是为了缓和阶级矛盾，维护和巩固垄断资本主义的统治。在发达资本主义国家不存在革命形势的条件下，应该承认，这种改良也是一种进步。

20世纪后期，由于种种因素，世界社会主义运动进入低潮状态。从20世纪70年代末开始，以邓小平为代表的中共中央领导中国人民开创的建设有中国特色的社会主义事业，20多年来取得了中国历史上前所未有的、令世界为之震惊的伟大成就，就是社会主义具有顽强生命力、并且不可战胜的最有说服力的证明。中国改革开放的成功，使社会主义焕发出新的生机和活力，展示出社会主义新的前景和希望。在新的世纪里，社会主义从单一模式向各具特色模式的飞跃，无疑将对整个人类进步事业产生广泛、深远的影响。这也同样显示了马克思主义的科学性和正确性。

综上所述，我们可以得出明确的结论：马克思主义的诞生和发展与世界无产阶级革命事业和社会主义运动的发展形成了相互辉映、共同发展的态势。马克思主义是人类历史进入世界历史时代的科学理论，是对人类"世界历史时代"的科学把握，而世界无产阶级革命事业和社会主义运动正是马克思主义的现实实践和具体体现。所以说，马克思主义从根本上改变了人类历史的总体进程。

第三节　马克思主义对人类世界格局的深远影响

马克思主义的诞生从根本上改变了人类社会历史的总体进程，也在总体上改变了人类世界政治经济的格局和面貌。西方主要资本主义国家为了最大限度地榨取剩余价值而建构起来的世界市场，决定了这种政治经济秩序是为他们服务的，而殖民地半殖民地国家则处于受欺压受剥削的不利境地。马克思恩格斯揭露了资本主义和帝国主义国家建构的政治经济旧格局的剥削本质，并指导苏联建立了社会主义国家，指导殖民地半殖民地国家获得了独立和解放，走上社会主义的发展道路。这就在总体上改变了人类世界政治经济的旧格局，逐步实现向政治经济的新秩序转变。

资本主义的发展和变化具有双重性。一方面，资产阶级的本性和资本主义经济的绝对规律是为了最大限度地榨取雇佣工人创造的剩余价值。发达资本主义国家通过建立世界殖民主义体系以维护发达资本主义国家的利益。资本主义的基本矛盾决定了资本主义国家不断爆发经济危机，金融危机是经济危机的高级表现形式，而资产阶级的本性则又决定了它们必然将危机的后果转嫁给其他的殖民地国家。资产阶级为了维护资本主义的统治，不断地对生产关系进行调整，使资本主义发生了许多新的变化，但资本主义本质没有改变，资本主义的基本矛盾没有消除，社会主义代替资本主义的历史总趋势没有改变。所以，资本主义控制下的世界经济政治格局，既是不公正的也是不健康的，必然给人类文明的发展带来深重的灾难。另一方面，自从社会主义制度和社会主义国家诞生之后，发达资本主义国家就对自身的问题不断进行反省，并进行了一系列的调整。早在 20 世纪初期，列宁在《帝国主义论》中就指出了"帝国主义的寄生性、腐朽性和垂死性资本主义"。这一科学论断揭示了资本主义的黯淡命运和社会主义光明的前景。从英国资产阶级的革命算起，资本主义的发展已有三百多年的历史，资本主义也走过了产生、发展、危机、动荡的岁月，特别是 20 世纪上半叶，更是萧条冷落。然而，"二战"后，资本主义出现新的转机，不仅没有消失而且有很大的发展，在经济上、军事上、科技上，在世界上都处于领先地位。在经济全球化的浪潮中，也是发达国家唱主角。这种情况的出现，是不是意味着人类社会历史发展规律，即资本主义灭亡，社会主义必然胜利的规律已不再成立呢？应该看到，资本主义的这种变化跟资本主义自身的调整是分不开的。这种调整使资本主义的生产力在"二战"后仍能迅速发展，而且还将继续发展。但是，资本主义的矛盾，即生产资料私有制和社会化大生产之间的矛盾是与生俱来的，这个矛盾只可缓解不可根治，而且这个矛盾会随着资本主义的发展而进一步扩大。

首先，资本更加集中。资本主义企业经过几个轮回的兼并、重组、调整，资本越来越集中在少数的大财团手中。一些家族式大资本家与大银行、大财团相互持股，转化为资本更加雄厚的垄断财团，不仅垄断生产而且垄断原料、设计、销售网等各环节，在分工与协作更加细密，生产、流通和交换连成一体，而且科研、文化、教育、第三产业广泛社会化的今天，这种生产资料高度私人占有，无疑对生产力的进步发展构成了严重阻碍。

其次，贫富两极分化更为严重。生产的发展、资本的积累、两极分化是资本主义世界最普遍的现象，一极是贫困的积累，另一极是财富的积累。在美国，大公司经理资本家的收入相当于普通员工的 400 多倍。目前，没有财产的家庭占 40% 以上，许多家庭的负债超过微薄的资产，约有 20% 的人生活在全国贫困线以下，2000 多万人缺乏足够的食物，200 多万人露宿街头。500 个城市中，每 6 个人中就有 1 个贫困者。死亡人口中，有一半死于贫困。

再次，资本主义的寄生性、腐朽性更加突出。资本家阶级的本性，就是凭着他们拥有的巨额资本无偿占有和共同瓜分劳动者的剩余价值。资本家们总是凭借巨额资本和广泛的社会联系，在资本主义社会中继续起着"大吸血鬼"的作用。而那些不参加实际生产过程的资本家则利用手中的巨额资本，从事证券投机活动，成为纯粹的食利者和真正的寄生虫。

此外，战后资本主义世界弥漫着疯狂的消费主义、享乐主义和个人主义的风气。超强的生存、就业压力使广大劳动者的精神、脑力与体力处于崩溃的状态。美国是精神病患者最多的国家，吸毒、自杀、犯罪率居高不下。

另外，阶级矛盾仍是社会的主要矛盾。随着产业结构、劳动就业结构的变化，阶级结构日益复杂化和多层次化。第一、二产业劳动者锐减，第三产业劳动者剧增。工人阶级中出现"蓝领工人"、"白领工人"、"粉领工人"（女性从业工人）、"灰领工人"（指维修人员、营销者、知识产业开发者）、"金领工人"（指工程技术人员），社会阶级结构中的"中间阶级"扩大（即在无产阶级与资产阶级之间存在的一些处于分化、过渡状态的社会阶层），白领的收入确实比蓝领高，但其实并不富有，随时有被解雇的威胁。因此，无产阶级与资产阶级的矛盾仍然是不可调和的。

最后，在经济全球化的浪潮中，资本主义是推动者、主导者，这必然把资本主义的基本矛盾推向全世界，其结果只能是引起全球的经济动荡和金融危机，在世界范围内激化生产者和消费者之间的矛盾，垄断资产阶级与无产阶级和广大劳动人民之间的矛盾，北方发达国家与南方发展中国家之间的矛盾以及发达国家之间的矛盾。霸权主义、强权政治的全球化，造成了冲突、战争、瘟疫和死亡。伴随经济全球化，还有生态破坏的全球化，资源破坏的全球化，甚至犯罪、饥饿、堕落的全球化。所有这一切，严重阻碍了人类生产力的发展和社会的全面进步。而人类社会发展的历程揭示了资本主义必然灭亡的历史趋势，在它后面，将是一个怎样美好的世界呢？马克思恩格斯在一个半世纪之前就作出了石破天惊的回答：社会主义和共产主义。回首20世纪，社会主义曾有过凯歌行进的光辉岁月，同时也经历了迂回曲折的历程。随着东欧剧变、苏联解体，国际共产主义运动遭到前所未有的重大挫折。历史的辩证法就是这样，任何新生事物的发展都不可能一帆风顺，都要经历一个从小到大，由弱变强的曲折发展过程。没有哪一次巨大的历史灾难不是以历史进步为补偿的。一些国家出现严重曲折，社会主义好像被削弱了，但是人民受到锻炼，从中吸取教训，将促使社会主义向着更加健康的方向发展。只要无产阶级政党坚定信念，历史地、唯物地、辩证地看待社会主义运动的挫折，把握社会历史发展的客观规律，就能把社会主义推向高潮。资本主义基本矛盾已经全球化，这是资本主义基本矛盾的地域极限。所以无论资本主义怎样挣扎都无法摆脱灭亡的客观规律，人类美好的前程必然是社会主义。

资本主义的新变化不能改变人类历史的发展规律。这就要求，社会主义国家在世界社会主义运动中应肩负起更加崇高的历史责任，起到更加积极的表率作用。总结与分析东欧剧变与世界社会主义运动出现低潮的原因，除了资本主义的分化、瓦解，甚至颠覆、渗透这一外部原因外，社会主义国家内部及自身的原因还是主要的。长期以来，苏联僵化的社会主义模式始终深刻地影响着社会主义国家，闭关自守、中央集权、单一的计划经济、民主法制不健全，所有这些导致生产力落后、人民生活水平低下，影响了社会主义的声誉，破坏了共产党的形象。因此，社会主义国家必须坚持改革开放，尽快发展生产力，提高人民生活水平，完善社会主义的民主与法制，充分发挥社会主义制度的优越性，增强社会主义的示范作用与吸引力。中国的情况就是一个有力的例证。中国曾深受苏联社会主义模式的影响，在相当一段时间内无论在经济体制方面还是在政治体制方面都很滞后。改革开放后，中国重新焕发出勃勃生机，国家空前强大，人民空前富足，社会空前安定。世界人民从中国的发展中重新看到了社会主义的希望。由此可见，社会主义国家努力把自己的事情做好，逐步在制度、生产力与人民生活水平等方面取得与资本主义的比较优势，是完全可能的。

当代马克思主义者既要坚定社会主义信念，又要开拓视野，发展新观念，进入新境界，丰富与发展马克思主义。当代资本主义的新变化确实给世界社会主义带来了消极不利的影响，它不仅扰乱了人们的思想，涣散了人们的斗志，动摇了人们的信心，而且使社会主义在当前的"两制"（社会主义与资本主义）竞争中暂时处于不利的态势。然而，作为当代马克思主义者与社会主义者，我们更应该历史地、辩证地、发展地而不是教条地、墨守成规地看问题。首先，我们要坚定社会主义信念，坚信作为人类最高理想的、物质文明与精神文明极大丰富的、人的潜能得到最好发挥的社会主义，无论在任何方面都超过资本主义。如果说，社会主义遇到挫折与失败，那绝不是社会主义崇高理想与信念的失败，而是某种曲解社会主义的模式的失败，是唯心主义、主观主义的社会主义解释模式的失败。其次，我们应对当代资本主义的新发展和新变化进行辩证地看待。资本主义的新发展和新变化正是人类历史发展规律的必然和表现。列宁曾经说过，国家垄断资本主义是社会主义的最充分的物质准备，是社会主义的前阶。从某种意义上来说，当代资本主义是资本社会化的最高形式，为最终建立社会主义制度创造了前提条件。作为国家垄断资本主义并开始向国际垄断资本主义过渡的当代资本主义，在一定意义上也为发达资本主义国家向社会主义过渡准备了渐趋成熟的主客观条件，即日益雄厚的物质基础、较完善的社会管理机制与高素质的人才；也在促进资本主义世界内部社会主义因素与变革因素的增长。由此可见，从某种意义上来说，当代发达资本主义不是离社会主义更远了，而是更近了，也不排除在发达资本主义国家首先实现与建成社会主义的可能性。最后，我们还应看到当代资本主义的新发展和新变化在一定意义上也为现实的社会主义国家提供了发展机遇。当代资本主义国家所主导的经济全球化当然首先有利于它们自己。但它们的先进技术、经验与管理模式，尤其是信息化与高科技化对于促进社会主义国家在经济方面实现跨越式发展提供了极为有利的外部条件。它们在民主与法制、社会保障体系及精神文明方面也不乏值得我们借鉴的地方。社会主义国家应该把资本主义国家一切有用的、行之有效的经验、方法看成是全人类共有的经验、财富加以借鉴和利用，在经济和人民生活水平方面尽快缩小与发达资本主义国家的差距，以显示出社会主义的巨大优越性。

总之，马克思主义的诞生，从总体上逐步改变和正在改变着人类世界政治经济的格局与秩序。无论是社会主义国家的建立和发展，还是资本主义国家的新发展与新变化，从历史发展的长河来看，都是社会主义的物质力量和因素不断增长和丰富的历史进程。

第四节　马克思主义对人类文明的重新建构

马克思主义的诞生为全世界无产阶级和劳动人民提供了健康的科学的精神信仰，从总体上改变了人类社会的政治经济格局和人类历史的进程，也在根本上改变了人类文化的旧的生活样式，使人类文化生活样式呈现出新的景观。

马克思恩格斯创立的"新哲学"在根本价值上就是谋求个人的自由全面发展和人类的彻底解放精神。传统形而上学哲学和基督教构成西方文化的基本内容。但西方民族是以知识理性和物理学层面的力量为基础来理解自由与德性意蕴的。在西方，自由不是社会伦理关系意义上的，而是指建立在人与自然关系基础上的物理学自由、机械性自由，是另一种意义上的德性。以形式逻辑为底蕴的形而上学，以基督教的时空观为先验法则的时空意识，是西方自由观念、社会秩序的知识论基础。以知识、力量为基础，通过培育个体性的自由精神来改变人与自然的关系，建构社会秩序，构成西方文化活动的主旋律。实际上，从西方哲学的发展演变逻辑来看，马克思主义的自由与德性理论正是对西方文化传统内在的自由与德性问题的克服和解决。马克思主义的历史唯物主义解释原则，不再囿于知性形而上学的知性原则和观物思维方式来解释人性，不再囿于基督教文化来解读人的存在及人类历史，也不再囿于理性主义传统来诠释自由与德性的意蕴。恰恰相反，马克思主义视野的自由与德性理论实现了从绝对化、排他性、中心主义到批判性、革命性、生成性的实践转向。马克思恩格斯创立的唯物史观从人的自由全面发展和人类的彻底解放的广阔视野来把握自由与德性问题，赋予了自由与德性以全新的内涵。

首先，马克思主义对人类文化生活样式的改变表现在从知性与德性统一的理念来理解人性。人性问题是人的文化生活的"原初性问题"。西方民族赋予了这一"原初性问题"以自由与德性取向。人的自由与德性的生成和健全发展也就构成了西方人文精神的理想。在古希腊哲学里，智慧、正义、勇敢和节制"四德"既是这一人性理想的表达，又支撑着人们对这一理想的践行。但在西方文化的演化发展中，本体论哲学、基督教的人文精神和主体性哲学逐渐成为西方文化世界和社会制度建构的基础观念。以理性主义精神为底蕴的自由主义、个人主义、功利主义和实证主义，始终构成西方文化的根本和中心。而现代社会发展所创造和正在创造的社会，是一个用量化的指标衡量与规划的社会。这个时代，信仰的普遍消弭带来了价值的多元乃至虚无，技术的盲目泛滥导致了主体的迷失，个人主义与交往障碍普遍存在，人无法全面地占有自身。在丰富多彩的生活掩盖下，人的个性化成为一种片面的个性化，人的多样性成为一种肤浅的多样性。在个性张扬却又模式单一的社会中，人必然面对既自由又不自由的困境。资本主义制度统治下的劳动异化、生命异化和社会异化，使启蒙理性当初所倡导的正义、平等、自由、节制等人文精神受到质疑。在自由与德性问题上，只有唯物史观才真正超越了西方近现代哲学、基督教人文精神和资本主义文化逻辑。马克思主义认为，自由与德性是人的文化生命和社会生命本身，人的生命观应该是对人的生命整体和宇宙生命系统的领悟，作为人的生命存在方式与生成方式的文化和生活实践应是自由、自觉与自律的高度统一。在《1844年经济学哲学手稿》中，马克思指出："动物只有按照它所属的那个种的尺度和需要来构造。而人懂得按照任何一个种的尺度来进行生产，并且懂得处处都把内在的尺度运用于对象；因此，人也按照美的规律来构造。"① 而"美的规律"就体现着人类文化生活的真理尺度与价值尺度的统一，体现着科学精神与人文精神的合一。

其次，马克思主义对人类文化生活样式的变革表现为竞生与共生的相生相成。从人的文化生命的特性和本性来看，效率与意义构成人的生命活动的根本要求。人的文化生命活动内蕴着以技术性为基础的效率原则和以人文性为灵魂的效益原则。商品经济与市场机制构成现代文化、全球化和世界历史进程的基础和纽带。全球化与世界历史进程就是由商品经济和市场运行机制世界性发展推动的。任何生命的自体性都不具有自足性、自明性，只有从物质世界的整体性来看才具有自足性、自明性。世界历史时代的文化特征意味着当代文化实践应具有一体性与互动性、整体性与健全性、开放性与批判性的辩证品质。随着民族历史向世界历史的转化，不同民族国家的差异性、不平衡性与相关性、互动性状态同时展示出来。以绝对化思维方式和中心主义、功利主义价值观念为内核的西方理性主义文化传统既造成了人与人的疏离，又导致民族国家的分裂和冲突，西方现代化模式的非生态性逐渐显露出来。西方现代化模式的非生态性根源于其发展模式的趋利机制与文化传统的

---

① 中共中央马克思恩格斯列宁斯大林著作编译局. 马克思恩格斯文集：第1卷［M］. 北京：人民出版社，2009：163.

殖民主义和帝国主义。唯物史观作为人类思想史上的根本性变革，是马克思借助于"世界历史"形成的。马克思以"世界历史"的广阔视野，全方位、多向度地考察了"人的世界历史性存在方式"的文化生命内涵，深刻而科学地揭示了人的世界历史性存在方式所蕴含的竞生与共生的辩证关系。马克思恩格斯以面向世界的宏大视野系统深刻地揭示了"世界历史"和"人的世界历史性存在"，为此，他们特别强调，真正的哲学就应该是"世界哲学"。

最后，马克思主义对人类文化生活样式的变革还表现在从批判与解放统一的视域来理解人之自由与德性的生成。在《共产党宣言》中，马克思恩格斯指出："资产阶级，由于一切生产工具的迅速改进，由于交通的极其便利，把一切民族甚至最野蛮的民族都卷到文明中来了。……它迫使一切民族——如果它们不想灭亡的话——采用资产阶级的生产方式；它迫使它们在自己那里推行所谓的文明，即变成资产者。一句话，它按照自己的面貌为自己创造出一个世界。"① 以绝对化、封闭性、自我中心主义和物质功利主义为"第一原理"的西方发达国家导致了一系列深层性的生存危机。与此同时，马克思、恩格斯又高度肯定了资本主义所开创的世界历史的积极意义。马克思、恩格斯指出："过去那种地方的和民族的自给自足和闭关自守状态，被各民族的各方面的互相往来和各方面的互相依赖所代替了。物质的生产是如此，精神的生产也是如此。各民族的精神产品成了公共的财产。民族的片面性和局限性日益成为不可能，于是由许多种民族的和地方的文学形成了一种世界的文学。"② 在这样一个矛盾性叠生的生存境遇中，人的自由和德性只能是个人与社会、民族学与人类学辩证统一意义上的自由和德性，而这样的自由和德性也只能在世界性与人类性辩证统一的意义上来获得。为此，马克思恩格斯称自己的"新哲学"为"实践唯物主义"。马克思、恩格斯指出："对实践的唯物主义者即共产主义者来说，全部问题都在于使现存世界革命化，

① 中共中央马克思恩格斯列宁斯大林著作编译局．马克思恩格斯文集：第2卷［M］．北京：人民出版社，2009：35—36.
② 中共中央马克思恩格斯列宁斯大林著作编译局．马克思恩格斯文集：第2卷［M］．北京：人民出版社，2009：35.

实际地反对并改变现存的事物"①;"共产主义对我们来说不是应当确立的状况,不是现实应当与之相适应的理想。我们所称为共产主义的是那种消灭现存状况的现实的运动"②;共产主义革命,就是"同传统的所有制关系实行最彻底的决裂;毫不奇怪,它在自己的发展进程中要同传统的观念实行最彻底的决裂"③。随着现代大工业的发展,以科学技术革命为基础的竞争普遍化了。所以,当代人类文明的生态发展必须扬弃大工业的资本主义性质、批判资产阶级的个性、超越西方国家的狭隘民族主义和种族优越论调。这既是当代人类自由和德性生成的内在环节及应有内涵,也是人的自由发展与全面发展的必由之路。

总之,在马克思主义视野里,健全的人性、社会的和平发展与和谐,构成人类文化生活样式的崭新内容,而这样的文化生活是不能建立在个人主义和功利主义基础上的。人类文化生活中的共产主义不仅是世界历史进程中内在的人文精神,也是世界历史运动的实践品格。只有坚持和弘扬共产主义的理想信念,才能不断推进世界历史与全球化进程的优化和生态性,才能真正生成人类学意义上的人类文化生活。

思考题

1. 论述马克思主义巨大而深远的历史影响。

2. 论述马克思主义对人类"思想理论"的伟大变革。

3. 论述马克思主义对人类"历史进程"的深远影响。

---

① 中共中央马克思恩格斯列宁斯大林著作编译局.马克思恩格斯文集:第1卷[M].北京:人民出版社,2009:527.
② 中共中央马克思恩格斯列宁斯大林著作编译局.马克思恩格斯文集:第1卷[M].北京:人民出版社,2009:539.
③ 中共中央马克思恩格斯列宁斯大林著作编译局.马克思恩格斯文集:第2卷[M].北京:人民出版社,2009:52.

专题十

对待马克思主义的科学态度

学研导引

1. 对待马克思主义的科学态度。
2. "马克思主义"提法的由来。
3. 马克思恩格斯眼中的马克思主义。
4. 马克思主义是"由一整块钢铸成的""严整的科学体系"。
5. "两个凡是"。

马克思主义作为科学的理论，早已随着自身的传播和社会主义运动的发展在全世界广泛流传，成为指导无产阶级革命的理论武器。但是，众所周知，从1842年马克思主义的创始人马克思和恩格斯创立指导无产阶级和全人类解放的科学理论起，由于马克思坚决反对用他个人的名字为学说命名，仅用"共产主义"等概念来表述自己的理论和世界观，在很长一段时间这门博大精深的科学理论并未被冠之以"马克思主义"。那么，究竟"马克思主义"这一提法是怎样提出的？又是由谁在何时提出的？原意为何？又有何演化、发展呢？

第一节 "马克思主义"提法的由来

"马克思主义"的提法，是在19世纪70年代早期由马克思的"敌人"——当时俄国无政府主义者巴枯宁等人最早提出和使用的。当然，他们并非大发慈悲心肠来为"马克思主义"冠以一个光荣、伟大和科学的称号。恰恰相反，以巴枯宁为首的"反权威派"及法国社会党人中的一些反对派，深知马克思是他们所反对的理论的始祖，并深知马克思竭力反对以个人名字为理论命名，因而，为诋毁马克思及信仰马克思所创立的科学理论的追随者，歪曲和诽谤马克思主义理论，压制马克思及其学说的影响，扰乱工人协会并破坏革命阵营，他们别有用心地使用了"马克思主义""马克思主义者"，及"Marxides""Marxists""Marines"等词语，从贬义的角度上突出马克思个人，并以"主义"的提法污蔑马克思理论是"泛日尔曼主义""泛斯拉主义"和"俾斯麦主义"，在语言的遣词造句上歪曲马克思理论和学说的科学性。所以，在"马克思主义"一词刚提出时，马克思就坚决反对这种提法，仍沿用"新唯物主义""共产主义"或"革命的无产阶级的科学社会主义"等代指自己的学说和思想。

随后，19世纪70年代末，法国部分"马克思派"又以马克思主义者自诩，由于存在严重的宗派主义、教条主义和庸俗化倾向，也遭到马克思的强烈制止。对此，马克思曾多次断然宣称："我只知道我自己不是马克思主义者。"为避免"马克思主义"一词被歪曲和滥用，无论从反面或正面，马克思都竭力反对"马克思主义"的提法，因此"马克思主义"的说法并未能得以真正使用和传播。马克思逝世后，为纪念马克思在理论上的卓越贡献，一些国家的工人阶级和社会主义者才正式提出，并从褒义上使用"马克思主义"的说法。其中，在1883年3月18日的《纽约人民报》中，《一个德国社会主义者》一文提道："尤其要感谢马克思主义的理论"；同年4月6日，在奥地利社会民主党机关刊物《真理》杂志第7期上，德国考茨基发表名为《卡尔·马克思》的悼念文章，多处明确使用"马克思主义"的提法。随后，"马克思主义"的提法逐渐流行起来。然而，真正将"马克思主义"作为一个科学概念使用，实现从贬义词到褒义词的彻底转换的，是马克思并肩作战的挚友——恩格斯。19世纪80年代中期，为科学地还原科学社会主义学说的本质内涵，澄清什么才是真正的马克思主义，更好地与反对派展开论战；为消除法国工人运动内部众多派别，如"可能派""布朗基派""集体主义派"和"布鲁斯派"等之间的冲突和摩擦，防止革命阵营产生分裂，恩格斯决定用"马克思主义"这一因被反对派屡次使用而为人们所熟知的提法，为科学社会主义学说正名。

在 1886 年所撰写的《路德维希·费尔巴哈和德国古典哲学的终结》一文中，恩格斯明确提出："从黑格尔党派的解体过程中还产生了另一个派别，唯一的产生真实结果的派别。这个派别主要是与马克思的名字联系在一起的。"① 在同一页的注脚处，恩格斯又进一步指出："马克思比我们一切人都站得高些，看得远些，观察得多些和快些。马克思是天才，我们至多是能手。没有马克思，我们的理论远不会现在这个样子。所以，这个理论用他的名字命名是公正的。"② "马克思主义"的提法在经历一个曲折过程后，才成为一个科学名称和"光荣的称号"，并开始为各国马克思主义者所广泛采用。

此后，"马克思主义"这一提法在全世界广为流传开来，马克思主义作为一种科学学说，用理性的光辉照亮着人类的精神国度，成为指导无产阶级革命的思想锐器，被它的继承者和信仰者在全世界广泛传播。一个半世纪以来，"马克思主义"在历史的砥砺淘洗中愈发显现出耀眼的光芒，旗帜鲜明地引领人类社会不断实现文明的跨越式发展，以真真切切的伟大实践证明了这一理论的科学性，"马克思主义"无愧为一个光荣、伟大而科学的理论称号。

第二节　马克思恩格斯眼中的马克思主义

马克思主义创立过程中，尽管马克思恩格斯很早就踏上了独立思考与探索的征程，但他们毕竟还是站在巨人的肩上，有着一定程度的"黑格尔崇拜"和"费尔巴哈崇拜"。可以说，这种批判和自我批判的精神作为解密马克思主义永葆青春的密码，贯穿于马克思主义发展的始终，既是马克思恩格斯对待自身理论的真实写照和缩影，也是我们理解马克思恩格斯眼中的马克思主义的逻辑起点。当然，在不断批判和超越的同时，马克思恩格斯并不否

---

① 中共中央马克思恩格斯列宁斯大林著作编译局. 马克思恩格斯选集：第 4 卷［M］. 北京：人民出版社，2012：248.
② 中共中央马克思恩格斯列宁斯大林著作编译局. 马克思恩格斯选集：第 4 卷［M］. 北京：人民出版社，2012：248.

定前人的历史地位。对于自己创立的理论，马克思则谦虚地说道："至于讲到我，无论是发现现代社会中有阶级存在或发现各阶级间的斗争，都不是我的功劳。在我以前很久，资产阶级的历史家就已经论述过阶级斗争的历史发展，资产阶级的经济学家也已对各个阶级做过经济上的分析。"① 马克思认为，他所加上的新内容就是论证了下列几点："阶级的存在仅仅同生产的一定的历史发展阶段相联系；阶级斗争必然导致无产阶级专政；这个专政本身不过是达到消灭一切阶级和达到无阶级社会的过渡……"②

在对待社会主义理论的创建与发展方面，马克思和恩格斯也不忘总结历史实践中的经验。在被马克思称之为"科学社会主义入门"的著作——《社会主义从空想到科学的发展》中，恩格斯指出："社会主义，同任何新的学说一样，它必须首先从已有的思想材料出发，虽然它的根源深藏在经济的事实中。"③ 在马克思恩格斯看来，马克思主义是他们站在前人肩上，在继承前人已有的思想材料和优秀成果的基础上创立的，这一理论经历了从空想到科学的上下求索。众所周知，马克思是在常人难以想象、颠沛流离和极端贫困的条件下展开研究的。在马克思恩格斯眼中，马克思主义与其说是一项科学研究，倒不如说是他们为追求人类自由而孜孜不倦、执着追求和甘愿奉献终生的崇高信仰。

在《共产党宣言》中，马克思和恩格斯指出："共产党人的理论原理，决不是以这个或那个世界改革家所发明或发现的思想、原则为依据的"，"这些原理不过是现存的阶级斗争、我们眼前的历史运动的真实关系的一般表述"④。在此基础上，马克思恩格斯反复强调要从实际出发，以理论联系实际的态度对待马克思主义，并以此反驳那些机械地、僵死地把马克思主义当作标签、公式和套语的教条主义者和书呆子们。恩格斯多次强调指出："社

---

① 中共中央马克思恩格斯列宁斯大林著作编译局. 马克思恩格斯选集：第3卷 [M].
　北京：人民出版社，2012：427.
② 中共中央马克思恩格斯列宁斯大林著作编译局. 马克思恩格斯选集：第4卷 [M].
　北京：人民出版社，2012：426.
③ 中共中央马克思恩格斯列宁斯大林著作编译局. 马克思恩格斯选集：第3卷 [M].
　北京：人民出版社，2012：775.
④ 中共中央马克思恩格斯列宁斯大林著作编译局. 马克思恩格斯文集：第2卷 [M].
　北京：人民出版社，2009：44—45.

会主义自从成为科学以来，就要求人们把它当作科学看待"①；"我们的理论是发展的理论，而不是必须背得烂熟并机械地加以重复的教条"②。在《致卡·考茨基》信中，恩格斯再次指出："马克思的整个世界观不是教义，而是方法。它提供的不是现成的教条，而是进一步研究的出发点和供这种研究使用的方法。"③ 在马克思恩格斯那里，马克思主义不是教义，而是随着客观实际不断变化的科学方法和行动指南，始终与具体实践相结合是它的生命之源和力量所在。

不仅如此，马克思恩格斯还特别关注在实践中发展马克思主义。在这方面，他们时刻关注世界风云变幻，不断对自身理论进行修订、补充和完善就是最好的明证。众所周知，马克思在晚年疾病缠身的苦痛折磨下，仍写下大量研究笔记——《人类学笔记》，提出落后东方国家可以跨越"卡夫丁峡谷"的伟大构想。恩格斯晚年仍非常关注时代发展新气象，紧扣时代脉搏，在汲取新的实践经验和反击敌对思潮中不断提出一系列新论断。

最值得称赞的是，马克思恩格斯虽是理论上的权威，但从不避讳自身理论中不妥当、陈旧过时乃至不对的地方。《资本论》第一卷出版时，马克思就真诚地欢迎"任何的科学批评的意见"。谈及《共产党宣言》，马克思和恩格斯坦诚承认，"这个纲领现在有些地方已经过时了"，"对于社会主义文献所作的批判在今天看来是不完全的"，"关于共产党人对待各种反对党的态度的论述虽然在原则上今天还是正确的，但是就其实际运用来说今天毕竟已经过时"④。由此可见，在马克思恩格斯那里，马克思主义不是被当作原本设定的抽象对象来表述的，而是随着时代的发展而不断发展和完善的。

关于究竟"什么是马克思主义"这个"历史之谜"，在马克思本人那里并没有明确而系统的回答。马克思生前从不承认"我是马克思主义者"，也

---

① 中共中央马克思恩格斯列宁斯大林著作编译局.马克思恩格斯文集：第10卷［M］.北京：人民出版社，2009：691.

② 中共中央马克思恩格斯列宁斯大林著作编译局.马克思恩格斯文集：第10卷［M］.北京：人民出版社，2009：691.

③ 中共中央马克思恩格斯列宁斯大林著作编译局.马克思恩格斯文集：第10卷［M］.北京：人民出版社，2009：691.

④ 中共中央马克思恩格斯列宁斯大林著作编译局.马克思恩格斯文集：第2卷［M］.北京：人民出版社，2009：5—6.

竭力反对"马克思主义"的提法，对动辄就构筑什么"体系"更是深恶痛绝，他的思想理路和逻辑脉络往往隐藏在他的思想建构中。在这个问题上的追问，有证可查的仅仅在给魏德迈的信中，马克思系统归纳了自己的"三点新贡献"："阶级的存在仅仅同生产的一定的历史发展阶段相联系；阶级斗争必然导致无产阶级专政；这个专政本身不过是达到消灭一切阶级和达到无阶级社会的过渡。"① 这三点新贡献当然不是"什么是马克思主义"的直接阐述，但是我们可以从中窥测马克思本人对马克思主义理论构建的某些具体思想内容。

那么，被称之为"马克思的第二个我"的恩格斯又是如何认识马克思主义呢？事实上，作为马克思的亲密战友，恩格斯虽承认"这个理论用他的名字命名是理所当然的"，并从马克思主义的发生、出发点、基本特征、价值论等方面作过说明，但他也没有对"马克思主义"这一概念的内涵作出过具体表述。在很长时间里，他都用"辩证唯物主义""新唯物主义""实践的唯物主义"和"唯物主义史观"等代指马克思主义。仅在被列宁誉为"马克思主义百科全书"——《反杜林论》中，恩格斯第一次以马克思主义哲学、政治经济学和科学社会主义为视角，对马克思主义进行了系统化和多向度地逻辑展开。当然，恩格斯并无意于创造一个新体系，只是为全面回击论敌的挑战，他不得不广泛涉及各个理论领域。虽不知马克思赞同与否，但这无疑为我们研究马克思主义提供了独特的视角。

第三节　什么是马克思主义

对于"什么是马克思主义"的论断，马克思本人并未进行直接界定。恩格斯在《卡尔·马克思》中说，马克思"在整个世界史观上实现了变革"②，"马克思的第二个重要方向，就是弄清了资本和劳动的关系，换句话说，就

---

① 中共中央马克思恩格斯列宁斯大林著作编译局.马克思恩格斯选集：第4卷［M］.北京：人民出版社，2012：426.
② 中共中央马克思恩格斯列宁斯大林著作编译局.马克思恩格斯选集：第3卷［M］.北京：人民出版社，2012：722.

是揭示了在现代社会内，在现存资本主义生产方式下，资本家对工人的剥削是怎样进行的"①。

　　恩格斯在对待"什么是马克思主义"的问题上，不仅坦诚"这个理论用他的名字命名是理所当然的"，还从马克思主义的发生、出发点、基本特征、价值论等方面作了一系列的说明。在恩格斯晚年时期，针对教条主义者们对历史唯物主义的歪曲和诘难，恩格斯还反复强调马克思主义不是教条，而是科学方法和行动指南。恩格斯的这些论述实际上都是其从间接层面对"什么是马克思主义"这一问题的积极探索和继续回答。恩格斯指出："作为科学家，马克思十分重视科学中的每一个新发现，把科学看成是一种在历史上起推动作用的、革命的力量；作为革命家，他毕生满腔热情、坚忍不拔和卓有成效地为无产阶级解放事业而奋斗。"②

　　如果说马克思和恩格斯在世时，对于"什么是马克思主义"这一的问题的商讨还尚处于萌芽状态，那么在列宁和斯大林时期，这一问题已成为马克思主义发展史上的重大问题凸显出来。

　　列宁在《卡尔·马克思》中给出了马克思主义的传统定义："马克思主义是马克思的观点和学说的体系"③，还将马克思主义比作"由一整块钢铸成的"严整的科学体系④，"马克思的观点极其彻底而严整"⑤，"即将来临的历史时期，定会使马克思主义这个无产阶级的学说获得更大的胜利"⑥。与列宁界定马克思主义理论的侧重点不同，斯大林则主要是从阶级利益和阶级属性维度来阐发马克思主义，认为"马克思主义是工人阶级根本利益的科

①　中共中央马克思恩格斯列宁斯大林著作编译局. 马克思恩格斯选集：第3卷［M］. 北京：人民出版社，2012：724.
②　中共中央马克思恩格斯列宁斯大林著作编译局. 马克思恩格斯选集：第3卷［M］. 北京：人民出版社，2012：1134.
③　中共中央马克思恩格斯列宁斯大林著作编译局. 列宁专题文集 论马克思主义［M］. 北京：人民出版社，2009：7.
④　中共中央马克思恩格斯列宁斯大林著作编译局. 列宁选集：第2卷［M］. 北京：人民出版社，2012：221—222.
⑤　《列宁专题文集 论马克思主义》，人民出版社，2009：7.
⑥　中共中央马克思恩格斯列宁斯大林著作编译局. 列宁专题文集 论马克思主义［M］. 北京：人民出版社，2009：65.

学表现"①。斯大林还在《马克思主义和语言学》一文中首次对"马克思主义"进行明确界定:"马克思主义是关于自然和社会的发展规律的科学,是关于被压迫和被剥削群众的革命的科学,是关于社会主义在一切国家中胜利的科学,是关于建设共产主义社会的科学。"② 这在思想层面上第一次明确将马克思主义作为一种科学来加以界定。

在马克思主义中国化的进程中,毛泽东和邓小平也对"什么是马克思主义"展开了积极的探索与回答。1945 年 4 月,毛泽东在《论联合政府》中指出:"马克思列宁主义是全世界无产阶级的最正确最革命的科学思想的结晶。"③ 不仅如此,毛泽东还在本质论意义上将马克思主义的全部理论精髓言简意赅地归结为"实事求是"四个大字,要求人们要牢记列宁的话,即"马克思主义的精髓,马克思主义的活的灵魂:对具体情况作具体分析";从特征论的角度揭示马克思主义的阶级性、实践性、革命性和科学性;从结构论的角度剖析马克思主义的有机构成。毛泽东指出:"马列主义应包含三部分:一是马列主义的哲学,这是理论基础;二是马列主义的经济学,这是用马列主义的观点来考察经济现象的学说;三是马列主义的革命学说,包括关于阶级斗争、政党、无产阶级专政等的学说。"④

改革开放以后,为彻底驳斥和肃清"两个凡是"的错误思想,邓小平首先通过逆向思维的角度来指明"什么不是马克思主义"以扫除人们认识上的种种迷雾和盲区。在此基础上,他还一再强调"马克思主义是科学","马克思主义是很朴实的东西,很朴实的道理"。在 1992 年南方谈话中,邓小平再次讲到:"实事求是是马克思主义的精髓。要提倡这个,不要提倡本本。我们改革开放的成功,不是靠本本,而是靠实践,靠实事求是。"⑤ 邓小平还指出:"马克思主义的另一个名词就是共产主义。我们多年奋斗就是为了共产

① 斯大林. 斯大林全集:第 13 卷 [M]. 北京:人民出版社,1954:333.
② 斯大林. 斯大林选集:下卷 [M]. 北京:人民出版社,1979:538.
③ 毛泽东. 毛泽东选集:第 3 卷 [M]. 北京:人民出版社,1991:1093.
④ 毛泽东. 毛泽东文集:第 8 卷 [M]. 北京:人民出版社,1999:5.
⑤ 中共中央文献编辑委员会. 邓小平文选:第 3 卷 [M]. 北京:人民出版社,1993:
382.

主义，我们的信念理想就是要搞共产主义。"① 在邓小平看来，马克思主义就是共产主义，它的价值理想和最高目标就是要实现共产主义。他还特别强调："马克思主义最注重发展生产力。"② 邓小平认为马克思主义的基本原则是要发展生产力。

那么，究竟该如何准确地回答"什么是马克思主义"？如何将这一问题的研究推向更深入呢？对于这个命题的研究不仅必须能够全面反映马克思主义的本质属性，即马克思主义的理论内涵、研究对象、发展变化和价值目标，而且能为判断和甄别真马克思主义和伪马克思主义提供客观的尺度与准绳。因此对"什么是马克思主义"的回答，不仅要着眼于马克思主义的理论内核和理论基础，也要着眼于马克思主义的特点，还要着眼于马克思主义的发展轨迹与趋势，必须进行多角度和全方位的考察。

首先，就马克思主义的理论内核和理论基础而言，恩格斯曾在《在马克思墓前的讲话》中精彩地指出：马克思一生的成就是多方面的，最伟大的发现有二，即唯物史观和剩余价值学说，前者揭示了人类历史的发展规律，后者揭示了资本主义生产方式和它所产生的资产阶级社会的运动规律。它们共同构成了全部马克思主义理论大厦的基础，是构筑马克思主义的理论基石。而其中的唯物史观就是马克思主义的"源"，它的创立犹如"一次壮丽的日出"，第一次解开了最变幻莫测、纷繁复杂的人类历史之谜，揭示了人类社会发展的最一般最普遍的规律和动力。它不仅是马克思主义最根本的哲学基础和理论内核，也是甄别真假马克思主义，判断马克思主义理论究竟是修正还是创新的标准之一。因而，我们要判断什么是马克思主义，首先一条就是要弄清楚什么是马克思主义的本源，准确把握马克思主义的理论内核和理论基础。

其次，就马克思主义的理论特征来讲，一方面，我们要抓重点，把握马克思主义的阶级性、实践性等不同于其他学说的最鲜明、最根本的理论特点。比如，作为马克思主义的本质特征之一，阶级性不仅指明了马克思主义

---

① 中共中央文献编辑委员会. 邓小平文选：第 3 卷［M］. 北京：人民出版社，1993：137.

② 中共中央文献编辑委员会. 邓小平文选：第 3 卷［M］. 北京：人民出版社，1993：63.

"以无产阶级解放和全人类解放为最终目标"的阶级属性和目标导向，也是甄别真假马克思主义的另一重要标准。如果抛开无产阶级性质来谈论马克思主义，就必然会导致马克思主义丧失人民性和群众性，也就无法将马克思主义与其他学派和思潮划清界限。可见，要界定什么是马克思主义，就要学会抓住马克思主义的本质特点或根本特征。另一方面，要力求理论体系研究的全面性和系统性，尽可能全面地认识和把握马克思主义的各个特点，诸如实践性、科学性、阶级性、整体性、系统性、层次性、开放性、批判性、与时俱进性等。列宁指出：马克思主义"对世界各国社会主义者所具有的不可遏止的吸引力，就在于它把严格的和高度的科学性（它是社会科学的最新成就）同革命性结合起来，并且不仅仅是因为学说的创始人兼有学者和革命家的品质而偶然地结合起来，而是把二者内在地和不可分割地结合在这个理论本身中"[1]。坚持马克思主义，就必须把握和研究它的一切方面、一切联系和"媒介"，避免犯"只见树木不见森林"的错误。

最后，就马克思主义的发展来看，一部马克思主义的历史就是马克思主义创始人及其后继者在人类社会实践特别是无产阶级和全人类解放实践的发展背景下，不断进行理论创新的历史。从狭义的角度来看，马克思主义是以马克思为主要创造者，以恩格斯为主要参与者而共同创造的理论学说；从广义角度上看，马克思主义不仅包括马克思主义早期创始人的学说体系，还包括随后承继者列宁、毛泽东和邓小平等的理论观点，是原生态、继生态和再生态马克思主义的总和。因而，要准确理解马克思主义的本质内涵，就必须全面认识和把握马克思主义的理论形态的发展、理论体系的发展、学科体系的发展和理论的原创性和综合创新性的发展等。我们不仅要理解马克思主义创始人对理论的贡献，还要明确马克思主义继承者在社会主义实践进程中所提出的契合社会发展的理论创新，这对于全面把握马克思主义并使其永葆生命力意义重大。

总之，马克思主义是一个博大精深的理论体系。习近平指出："马克思主义理论体系和知识体系博大精深，涉及自然界、人类社会、人类思维各个

---

① 中共中央马克思恩格斯列宁斯大林著作编译局. 列宁专题文集 论辩证唯物主义和历史唯物主义 [M]. 北京：人民出版社，2009：213—214.

领域，涉及历史、经济、政治、文化、社会、生态、科技、军事、党建等各个方面，不下大气力、不下苦功夫是难以掌握真谛、融会贯通的。"① 马克思主义是当今时代的真理，是引领当代中国实践的行动指南。习近平指出："我们看世界，不能被乱花迷眼，也不能被浮云遮眼，而要端起历史规律的望远镜去细心观望。"② 人类历史发展到今天，与马克思所处的时代相比已经发生了巨大而深刻的变化，但从人类历史发展的大视野来看，世界仍然处于马克思主义所指明的从资本主义走向社会主义的大时代。联系当代资本主义的变化和社会主义的发展，透过纷繁复杂的社会现象，我们看到：马克思主义所揭示的人类社会发展规律，所揭示的社会主义代替资本主义的历史趋势，依然存在并发生作用。马克思主义致力于探寻人类社会的奥秘，揭示人类历史的规律，指明人类前进的方向。马克思主义给予我们透视时代风云的锐利目光。人类的未来仍然需要马克思主义的启迪和指引。

思考题

1. 怎样科学对待马克思主义？

2. 论述社会主义从空想到科学的发展。

3. 恩格斯对"两种思维方法的实质"的论述。

4. 如何理解马克思主义是"由一整块钢铸成的""严整的科学体系"？

5. "两个凡是"错误思想的实质是什么？

6. 论述马克思恩格斯"德意志意识形态"批判的内容、理论地位。

7. "生活实践"观点如何构成历史唯物主义的基础、主轴和理论灵魂？

8. 论述"意识形态"思想、"生活实践"观点、"共产主义"理论的关系。

9. 为什么说唯物史观是科学的历史观？

---

① 习近平. 在哲学社会科学工作座谈会上的讲话 [M]. 北京：人民出版社，2016：11.

② 国务院新闻办公室，中央文献研究室. 习近平治国理政：第二卷 [M]. 北京：外文出版社，2017：442.

参考文献

一、经典文献

［1］中共中央马克思恩格斯列宁斯大林著作编译局．马克思恩格斯选集：第1—4卷［M］．北京：人民出版社，2012.

［2］中共中央马克思恩格斯列宁斯大林著作编译局．马克思恩格斯文集：第1—10卷［M］．北京：人民出版社，2009.

［3］普列汉诺夫．普列汉诺夫哲学著作选读：第3卷［M］．北京：生活・读书・新知三联书店，1959.

［4］中共中央马克思恩格斯列宁斯大林著作编译局．列宁选集：第1—4卷［M］．北京：人民出版社，2012.

［5］中共中央马克思恩格斯列宁斯大林著作编译局．列宁专题文集：第1—5卷［M］．北京：人民出版社，2009.

［6］斯大林．斯大林选集：上卷［M］．北京：人民出版社，1979.

［7］毛泽东．毛泽东选集：第1—4卷［M］．北京：人民出版社，1991.

［8］中共中央文献编辑委员会．邓小平文选：第3卷［M］．北京：人民出版社，1993.

［9］中国社会科学院哲学研究所马克思主义哲学史研究室．马克思哲学思想研究译文集［M］．北京：人民出版社，1983.

［10］习近平．在纪念毛泽东同志诞辰120周年座谈会上的讲话［M］．北京：人民出版社，2013.

［11］习近平．在哲学社会科学工作座谈会上的讲话［M］．北京：人民

出版社, 2016.

　　[12] 习近平. 在庆祝中国共产党成立 95 周年大会上的讲话 [M]. 北京: 人民出版社, 2016.

　　[13] 习近平. 在纪念马克思诞辰 200 周年大会上的讲话 [M]. 北京: 人民出版社, 2018.

二、中文著作

　　[14] 安启念. 当代学者视野中的马克思主义哲学: 俄罗斯学者卷 [M]. 北京: 北京师范大学出版社, 2008.

　　[15] 陈先达, 靳辉明. 马克思早期思想研究 [M]. 北京: 北京出版社, 1983.

　　[16] 陈先达. 马克思主义基础理论若干重大问题研究 [M]. 北京: 经济科学出版社, 2009.

　　[17] 陈先达. 处在夹缝中的哲学——走向 21 世纪的马克思主义哲学 [M]. 北京: 北京师范大学出版社, 2013.

　　[18] 陈先达. 走向历史的深处——马克思历史观研究 [M]. 北京: 中国人民大学出版社, 2010.

　　[19] 陈学明. 20 世纪西方马克思主义哲学历程: 共四卷 [M]. 天津: 天津人民出版社, 2013.

　　[20] 程恩富, 胡东明. 马克思主义基本原理学科建设与整体性研究 [M]. 桂林: 广西师范大学出版社, 2014.

　　[21] 丁立群. 哲学, 实践与终极关怀 [M]. 哈尔滨: 黑龙江人民出版社, 2000.

　　[22] 冯景源. 马克思异化理论研究 [M]. 北京: 中国人民大学出版社, 1987.

　　[23] 丰子义. 马克思主义社会发展理论研究 [M]. 北京: 北京师范大学出版社, 2012.

　　[24] 高清海, 孙利天. 马克思的哲学观变革及其当代意义 [M]. 北京: 中国社会科学出版社, 2003.

　　[25] 高清海. 马克思对 "本体论思维方式" 的历史性变革 [M]. 哈

尔滨：黑龙江教育出版社，2004.

[26] 高清海. 哲学思维方式的历史性转变，思想解放与人的解放 [M]. 哈尔滨：黑龙江教育出版社，2004.

[27] 高清海. 哲学的憧憬——《形而上学》的沉思 [M]. 长春：吉林大学出版社，1993.

[28] 高清海，胡海波，贺来. 人的"类生命"与"类哲学" [M]. 长春：吉林人民出版社，1998.

[29] 高清海. 找回失去的"哲学自我"——哲学创新的生命本性 [M]. 北京：北京师范大学出版社，2004.

[30] 高文新. 欧洲哲学史研究 [M]. 北京：人民出版社，2016.

[31] 郭建宁. 20 世纪中国马克思主义哲学 [M]. 北京：北京大学出版社，2005.

[32] 胡刘. 马克思主义基础理论专题研究 [M]. 北京：人民出版社，2018.

[33] 胡大平. 回到恩格斯 [M]. 南京：江苏人民出版社，2011.

[34] 胡大平编. 西方马克思主义哲学概论 [M]. 北京：北京师范大学出版社，2010.

[35] 韩庆祥. 马克思主义哲学前沿问题研究 [M]. 北京：中共中央党校出版社，2012.

[36] 韩震. 历史哲学——关于历史性概念的哲学阐释 [M]. 昆明：云南人民出版社，2002.

[37] 何中华. 重读马克思 [M]. 济南：山东人民出版社，2009.

[38] 何萍. 马克思主义哲学发展史教程 [M]. 北京：人民出版社，2013.

[39] 何萍. 马克思主义哲学与文化哲学 [M]. 武汉：武汉大学出版社，2002.

[40] 胡潇. 文化的形上之思 [M]. 长沙：湖南美术出版社，2002.

[41] 贺来. 辩证法的生存论基础：马克思辩证法的当代阐释 [M]. 北京：中国人民大学出版社，2004.

[42] 黄克剑. 人韵 [M]. 上海：东方出版社，1996.

[43] 黄楠森.马克思主义哲学史 [M].北京:高等教育出版社,1999.

[44] 黄力之,张春美.马克思主义文化哲学与现代性 [M].上海:上海三联书店,2006.

[45] 侯才.青年黑格尔派与马克思早期思想的发展 [M].北京:中国社会科学出版社,1994.

[46] 隽鸿飞.发展:人之生存方式的变迁 [M].北京:社会科学文献出版社,2004.

[47] 姜丕之.马克思与黑格尔 [M].北京:中国青年出版社,1983.

[48] 康渝生.马克思主义哲学的人学致思理路 [M].北京:社会科学文献出版社,2004.

[49] 柯锦华,任平.马克思主义哲学研究范式:创新与转换 [M].北京:社会科学文献出版社,2010.

[50] 李德顺,孙伟平,赵剑英,等.马克思主义哲学范畴研究 [M].北京:中国社会科学出版社,2010.

[51] 李文阁.回归现实生活世界:哲学视野的根本置换 [M].北京:中国社会科学出版社,2002.

[52] 李小娟.走向中国的日常生活批判 [M].北京:人民出版社,2005.

[53] 李广昌.民族主体性的觉解:马克思主义哲学中国化的想象力 [M].北京:中国社会科学出版社,2010.

[54] 李云峰.马克思学说中人的概念 [M].北京:人民出版社,2007.

[55] 林国荣.马克思《历史学笔记》与19世纪 [M].上海:上海人民出版社,2013.

[56] 刘奔.关于文化自觉问题之我见 [M]//文化自觉与社会发展(世界论坛论文集).北京:商务印书馆,2005.

[57] 吕世荣.马克思社会发展理论研究 [M].北京:中国社会科学出版社,2001.

[58] 马俊峰.马克思主义价值理论研究 [M].北京:北京师范大学出

版社，2012.

[59] 欧阳康，等．在观念激荡与现实变革之间——马克思实践观的当代阐释 [M]．北京：中国人民大学出版社，2008.

[60] 聂锦芳．清理与超越：重读马克思文本的意旨、基础与方法 [M]．北京：北京大学出版社，2005.

[61] 倪志安．马克思主义哲学方法论研究 [M]．北京：人民出版社，2007.

[62] 潘于旭．从"物化"到"异质性"——西方马克思主义哲学逻辑转向的历史分析 [M]．杭州：浙江大学出版社，2009.

[63] 邱少全．人及其世界：马克思主义哲学与现代西方哲学思想比较研究 [M]．上海：上海人民出版社，2000.

[64] 任平．创新时代的哲学探索——出场学视域中的马克思主义哲学 [M]．北京：北京师范大学出版社，2009.

[65] 孙麾，汪信砚．马克思主义哲学中国化与当代中国哲学建设 [M]．北京：社会科学文献出版社，2011.

[66] 孙正聿．哲学通论 [M]．沈阳：辽宁人民出版社，1998.

[67] 孙正聿．理论思维的前提批判——论辩证法的批判本性 [M]．沈阳：辽宁人民出版社，1992.

[68] 孙正聿．思想中的时代——当代哲学的理论自觉 [M]．北京：北京师范大学出版社，2004.

[69] 孙正聿，等．当代中国马克思主义哲学专题研究 [M]．长春：吉林人民出版社，2010.

[70] 孙正聿．马克思主义辩证法研究 [M]．北京：北京师范大学出版社，2012.

[71] 孙利天．论辩证法的思维方式 [M]．长春：吉林人民出版社，2006.

[72] 孙伯鍨．卢卡奇与马克思 [M]．南京：南京大学出版社，2000.

[73] 孙伯鍨．作为方法的历史唯物主义 [M]//叶汝贤，李惠斌．马克思主义唯物史观的当代阐释．北京：社会科学文献出版社，2006.

[74] 宋惠昌．当代意识形态研究 [M]．北京：中共中央党校出版

社，1993.

[75] 陶德麟，汪信砚.马克思主义哲学的当代论域［M］.北京：人民出版社，2005.

[76] 陶德麟，何萍.马克思主义哲学中国化的理论与历史研究［M］.北京：北京师范大学出版社，2011.

[77] 陶富源.陶富源哲学论著集——青年马克思与费尔巴哈［M］.合肥：合肥工业大学出版社，2006.

[78] 吴江.马克思主义是一门大史学［M］.北京：中央编译出版社，2002.

[79] 吴晓明.论马克思对现代性的双重批判［M］.重庆：重庆出版社，2009.

[80] 吴晓明，等.全球化背景下的现代性问题［M］.重庆：重庆出版社，2009.

[81] 吴晓明，陈立新.马克思主义本体论研究［M］.北京：北京师范大学出版社，2012.

[82] 吴晓明.超感性世界的神话学及其末路——马克思存在论革命的当代阐释［M］.北京：中国人民大学出版社，2011.

[83] 吴晓明.哲学之思与社会现实——马克思主义哲学的当代意义［M］.武汉：武汉大学出版社，2010.

[84] 吴晓明，张亮.当代学者视野中的马克思主义哲学·西方学者卷［M］.北京：北京师范大学出版社，2011.

[85] 吴玉贵.马克思恩格斯列宁斯大林论社会形态［M］.北京：中国社会科学出版社，2012.

[86] 王南湜.马克思主义哲学中国化的历程及其规律研究［M］.北京：北京师范大学出版社，2012.

[87] 王干才.实践思维——马克思主义哲学当代形态研究［M］.北京：中国社会科学出版社，2004.

[88] 王雨辰.中国语境中的西方马克思主义哲学研究［M］.武汉：湖北人民出版社，2010.

[89] 王东，丰子义.马克思主义与全球化：《德意志意识形态》的当代

阐释［M］. 北京：北京大学出版社，2003.

［90］王东. 马克思主义哲学综合创新论——王东哲学创新论集［M］. 武汉：武汉大学出版社，2010.

［91］王珍. 马克思恩格斯宗教思想研究［M］. 北京：宗教文化出版社，2005.

［92］王永贵，等. 马克思主义意识形态理论与当代中国实践研究［M］. 北京：人民出版社，2013.

［93］王玉平. 马克思主义哲学在中国的理论嬗变［M］. 北京：中国社会科学出版社，2005.

［94］王祖唐. 全球化时代和马克思主义哲学［M］. 北京：世界知识出版社，2008.

［95］王宗礼. 马克思主义基本原理热点问题研究［M］. 北京：中国社会科学出版社，2018.

［96］萧灼基. 马克思传［M］. 北京：中国社会科学出版社，2008.

［97］萧琨. 从黑格尔，费尔巴哈到马克思［M］. 南京：江苏人民出版社，1982.

［98］郗戈. 从哲学革命到资本批判——马克思历史唯物主义基本范畴的当代阐释［M］. 北京：世界图书出版公司，2012.

［99］杨丽珍.《德意志意识形态》中的马克思历史观新探［M］. 北京：科学出版社，2013.

［100］杨学功. 超越哲学同质性神话——马克思哲学革命的当代解读［M］. 北京：北京大学出版社，2010.

［101］杨学功. 在范式转换的途中：马克思主义哲学研究评论［M］. 北京：中央编译出版社，2012.

［102］袁贵仁，杨耕. 当代学者视野中的马克思主义哲学：中国学者卷［M］. 北京：北京师范大学出版社，2008.

［103］袁贵仁. 马克思主义人学理论研究［M］. 北京：北京师范大学出版社，2012.

［104］衣俊卿等编. 当代学者视野中的马克思主义哲学·东欧和苏联学者卷［M］. 北京：北京师范大学出版社，2012.

[105] 余源培，付畅一．新世界观的第一次公开问世：《哲学的贫困》当代解读 [M]．上海：复旦大学出版社，2012.

[106] 俞宣孟．本体论研究 [M]．上海：上海人民出版社，1999.

[107] 俞吾金．意识形态论 [M]．上海：上海人民出版社，1993.

[108] 俞吾金，陈学明．国外马克思主义哲学流派新编 [M]．上海：复旦大学出版社，2002.

[109] 俞吾金．重新理解马克思——对马克思哲学的基础理论和当代意义的反思 [M]．北京：北京师范大学出版社，2005.

[110] 俞吾金．从康德到马克思 [M]．桂林：广西师范大学出版社，2004.

[111] 俞吾金．实践诠释学 [M]．昆明：云南人民出版社，2001.

[112] 俞吾金．马克思主义认识论研究 [M]．北京：北京师范大学出版社，2012.

[113] 俞可平．全球化时代的"马克思主义" [M]．北京：中央编译出版社，1998.

[114] 余一凡．从马克思到列宁："社会主义意识形态"的确立 [M]．北京：人民出版社，2012.

[115] 仰海峰．形而上学批判——马克思哲学的理论前提及当代效应 [M]．南京：江苏人民出版社，2006.

[116] 杨魁森．马克思主义与当代思潮 [M]．长春：吉林大学出版社，1998.

[117] 杨春贵．马克思主义哲学发展史教程 [M]．北京：中共中央党校出版社，2003.

[118] 杨耕．论马克思的实践唯物主义 [M]．上海：学林出版社，1998.

[119] 杨耕．马克思主义哲学基础理论研究 [M]．北京：北京师范大学出版社，2013.

[120] 杨耕．马克思主义历史观研究 [M]．北京：北京师范大学出版社，2012.

[121] 杨谦．中国哲学的现代追寻：马克思主义哲学中国化的过程与机

制［M］.北京：中国社会科学出版社，2007.

［122］俞良早.马克思主义东方社会理论研究［M］.北京：中共中央党校出版社，2006.

［123］张盾.马克思的六个经典问题［M］.北京：中国社会科学出版社，2009.

［124］张世英.哲学导论［M］.北京：北京大学出版社，2008.

［125］张世英.中西文化与自我［M］.北京：人民出版社，2011.

［126］张西平.社会存在的本体论［M］.重庆：重庆出版社，1993.

［127］张一兵，蒙木桂.神会马克思：马克思哲学原生态的当代阐释［M］.北京：中国人民大学出版社，2004.

［128］张一兵.回到马克思［M］.南京：江苏人民出版社，1999.

［129］张一兵.回到列宁［M］.南京：江苏人民出版社，2009.

［130］张一兵，胡大平.西方马克思主义哲学的历史逻辑［M］.南京：南京大学出版社，2003.

［131］张一兵.当代国外马克思主义哲学思潮：上中下［M］.南京：江苏人民出版社，2012.

［132］张奎良.马克思的哲学思想及当代意义［M］.哈尔滨：黑龙江教育出版社，2000.

［133］张奎良.马克思的哲学历程［M］.上海：上海人民出版社，1993.

［134］张奎良.当代中国的马克思主义［M］.哈尔滨：黑龙江教育出版社，1996.

［135］张奎良.时代呼唤的哲学回响［M］.哈尔滨：黑龙江人民出版社，2000.

［136］张奎良.马克思主义哲学中国化的基石与灵魂［M］.北京：社会科学文献出版社，2010.

［137］张雷声.马克思主义理论学科体系建构与建设研究［M］.北京：经济科学出版社，2011.

［138］张雷声.马克思主义基本原理的中国化与中国化的马克思主义基本原理［M］.北京：中国人民大学出版社，2012.

［139］张雷声．马克思主义基本原理与当代中国［M］．北京：经济科学出版社，2017.

［140］张雷声．马克思主义基本原理专题研究［M］．北京：中国人民大学出版社，2018.

［141］张文喜．马克思论"大写的人"［M］．北京：社会科学文献出版社，2004.

［142］张有奎．形而上学之后：马克思的实践哲学思想及其流变［M］．北京：人民出版社，2003.

［143］张敏．超越人本主义：马克思与费尔巴哈关系新论［M］．北京：人民出版社，2011.

［144］赵家祥，聂锦芳，张立波．马克思主义哲学教程——博雅大学堂·哲学［M］．北京：北京大学出版社，2003.

［145］赵家祥，丰子义．马克思东方社会理论的历史考察和当代意义［M］．北京：高等教育出版社，2002.

［146］赵敦华，孙熙国．中西哲学的当代研究与马克思主义哲学创新—马克思主义哲学创新研究：第4部［M］．北京：人民出版社，2011.

［147］赵常林．马克思早期哲学思想研究［M］．北京：北京大学出版社，1987.

［148］赵士发．世界历史与和谐发展——马克思世界历史理论的当代研究［M］．北京：人民出版社，2006.

［149］赵剑英，孙正聿．中国化马克思主义哲学新形态：第五卷［M］．北京：社会科学文献出版社，2006.

［150］郑永廷，叶启绩，郭文亮．社会主义意识形态研究［M］．广州：中山大学出版社，2001.

［151］邹诗鹏．实践生存论——实践哲学丛书［M］．南宁：广西人民出版社，2002.

［152］邹诗鹏．生存论研究［M］．上海：上海人民出版社，2005.

［153］邹诗鹏．人学的生存论基础——问题清理与论域开辟［M］．武汉：华中科技大学出版社，2001.

［154］曾国屏．现代科学技术与马克思主义哲学创新—马克思主义哲学

创新研究：第 3 部［M］．北京：人民出版社，2011.

［155］曾红宇．马克思社会有机体思想研究［M］．北京：中国社会科学出版社，2013.

［156］周树智．马克思的新世界观——马克思《关于费尔巴哈的提纲》研究文集［M］．北京：社会科学文献出版社，2012.

［157］周宏．理解与批判：马克思意识形态理论的文本学研究［M］．上海：上海三联书店，2003.

［158］中国浦东干部学院教务部．马克思主义理论经典原著导读［M］．北京：人民出版社，2016.

三、外文译著

［159］J. 哈贝马斯，M. 哈勒．作为未来的过去［M］．章国锋，译．杭州：浙江人民出版社，2001.

［160］让－保罗·萨特．辩证理性批判［M］．林骧化，徐和瑾，陈伟丰，译．合肥：安徽文艺出版社，1998 年。

［161］路易·阿尔都塞．保卫马克思［M］．顾良，译．北京：商务印书馆，2006.

［162］悉尼·胡克．对马克思的理解［M］．徐崇温，译．重庆：重庆出版社，1989.

［163］罗伯特·海尔布隆纳．马克思主义：赞成与反对［M］．易克信，等译．上海：东方出版社，2016.

［164］卢卡奇．历史和阶级意识［M］．杜智章，等译．北京：商务印书馆，2017.

［165］安东尼·吉登斯．现代性与自我认同［M］．赵旭东，等译．北京：生活·读书·新知三联书店，1998.

［166］特里·伊格尔顿．马克思为什么是对的［M］．李杨，等译．北京：新星出版社，2011.

［167］葛兰西．狱中札记［M］．曹雷雨，等译．北京：中国社会科学出版社，2000.

后 记

通过对本书的学习，使研究生能够对马克思主义理论进行较为深入系统的了解与把握，为将来在本学科领域继续深造，或从事教学、研究及相关实际工作打下坚实的基础。为此初衷，我们经过多年的教学锤炼和研究，并学习和借鉴已有资料，使每一个专题的内容更加系统，更加精准，更加严谨，形成比较规范、系统的教学专题。在教学和研究过程中，得到了校研究生处的热情支持和关怀，并获得2018年度山东省研究生教育优质课程的立项建设资助（编号：SDYKC18075），在此表示衷心感谢！在本书撰写过程中，马克思主义学部书记、马克思主义学院院长、泰山学者、博士生导师李安增教授，马克思主义学院常务副院长、博士生导师孙迪亮教授给予了悉心关怀和指导，顾训宝副教授、刘宝杰副教授给予了大力支持和指导，对他们表示诚挚的谢意！同时，本书的出版还得到山东省重点马克思主义学院建设资助、山东省特色名校工程重点专业建设资助，在此表示感谢！

在教学研究以及书稿的编写过程中，课题组深入领会和响应习近平总书记关于"构建中国特色哲学社会科学，一是要体现继承性、民族性；二是要体现原创性、时代性；三是要体现系统性、专业性"的讲话精神，深入探索与新时代精神、研究生需求和社会发展相适应的马克思主义理论宣传和教育教学模式，采取具有针对性的教育教学路径和方法，以使教学和研究取得越来越好的效果。由于能力所限，本书还存在许多不足之处，敬请广大同仁批评指正。

编者

2020 年 8 月